刑事訴訟における片面的構成
―事実認定と上訴をめぐって―

平田　元　著

熊本大学法学会叢書 15

成　文　堂

まえがき

先生、今どこで何をしていますか
今度また宝満にでも登りませんか
先生が一番元気なことは皆も認めますから
今度は竈門神社の方から登りましょう
○○君の結婚祈願もかねて

恩師横山晃一郎先生のもとで、一九七〇年代後半、研究の機会を与えられ指導を受け、これまで、誤判原因論、事実認定論、上訴審論などに関心をもってきた。思えば、横山先生が亡くなられて三〇年近くが経過し、既に先生の齢を優に超えてしまった。この間どれだけの研究成果が残せたかと考えると、忸怩たるものがある。不肖の弟子と名乗るのも憚られる。先生が存命であったならばと怠惰な私には非常に悔やまれる。先生にはただ感謝という言葉ではいい尽くせない。

「刑事訴訟における片面的構成」という標題でここに収録したのは、これまで刑事上訴と事実認定をめぐって発表してきた諸論考である。本書がモノグラフィーとしての統一性があるかと問われれば、否であろう。しかし、本書の標題である「片面的構成」という問題意識を、一貫してもち続けたつもりである。

とりわけ刑訴法学の領域において、学説と実務の懸隔が以前から叫ばれ、さらに法科大学院制度導入の後、教育の場のみならず研究においても、より実務志向が高まり、実用法学、判例を分析しその射程をさぐる予測法学が中心となりつつあるように感じられる。従来から大学に身をおいて研究してきた者の存在意義はどこにあるのかとの疑問がわく。私は判例・実務に対して距離をおき、現状の変更を目指し将来を見据え、批判的精神をもつことが重要と考えるものである。本書での主たる主張の一つは、第一審「証明なし無罪」に対して上訴は不可能であり、それは有罪判決に対してのみ可能との、上訴審の片面的な構成の主張である。このような情況において、ある意味、今の訴訟実務からは全く乖離した主張にもかかわらず、後藤昭教授、故田宮裕教授、光藤景皎教授などからのご批判だけではなく、実務家の方々からも検討の俎上に載せて頂き、誠にありがたく思っている。

本書では、「片面的上訴」の主張へのこれまでの諸批判に対して、むすび「補論　刑事訴訟における片面的構成」において若干の検討を加えた以外、内容や註など修正は最小限にとどめ、原則として初出のままである。さらに本書の刊行は遅きに失している感は否めない。ただ、諸論考の中にはその発表によって「事実誤認の性格」や「間接事実」をめぐり、その後の議論の一端を担っているのではという点において、何らかの歴史的な意味は残っていると考え、本書を編することとした。もっとも、ご批判に対して充分な反論になっていないのではないかと、危惧するところである。

このような書にもかかわらず、これまで、横山先生の学恩のみならず多くの方々からご指導、ご支援を頂いてきた。愛媛大学時代に内田博文先生から刑法各論の講義を受けたことが大学院を目指すきっかけの一つだったように思う。九州大学大学院時代には、故井上祐司先生には修士論文をはじめ様々な場面でお世話になるとともに、多くの研究仲間に恵まれた。とりわけ宗岡嗣郎氏（現久留米大学教授）は優柔不断な私に対し権威を疑うことを諭された。強烈な印象として今でも残っている。また、院生時代のみならず一九九五年イギリスでの海外研修に際しても、鯰越澁弘氏（現創価大学教授）からは公私にわたってご支援を頂いている。一九八八年からの三重大学は最初の赴任先であり、上野達彦教授をはじめ、当時若手であった同僚の方々との交流を通して、大学での生活を大変に実り豊かなものとさせて頂いた。二〇〇三年に熊本大学へ移る際には稲田隆司教授にお世話になった。本書の刊行にあたって、大学院時代からの友人で研究室が向かいの山田秀教授は毎日のように来室され励まして下さり、相談にも乗って頂いた。すべての方々の名をここに挙げることは出来ないが、これまで多大なご指導、ご支援を頂いた皆様に心よりお礼申し上げたい。

本書は、熊本大学法学会の支援を受け、同法学会叢書の一冊として刊行が可能となった。法学会会員各位には感謝申し上げる。最後に、成文堂編集部の飯村晃弘氏には何かとご無理を聞いて頂き、ここに感謝の意を表したい。

二〇一七年　初　夏

黒髪にて

平　田　元

目次

初出一覧

第一章　刑事訴訟における片面的構成

第一節「上訴審による自由心証主義のコントロール」九大法学五二号（一九八六年）

第二節「刑事訴訟における片面的構成の理論的基礎」横山晃一郎先生追悼論文集『市民社会と刑事法の交錯』（成文堂、一九九七年）

第三節「控訴審における破棄自判・有罪の問題」光藤景皎編『事実誤認と救済』（成文堂、一九九七年）

第四節「検察官の上訴は、なぜ許されるか」法学セミナー四一八号（一九八九年）

第二章　イギリスにおける刑事上訴

第一節「イギリスにおける刑事陪審と上訴制度――『内在的疑い（lurking doubt）』を中心に――」竹澤哲夫先生古稀祝賀記念論文集『誤判の防止と救済』（現代人文社、一九九八年）

第二節「イギリス刑事上訴法改正」刑法雑誌三六巻二号（一九九七年）

第三節「イギリスにおける『二重の危険』論議をめぐって――最近の法律委員会報告書を中心に――」『光藤景皎先生古稀祝賀論文集下巻』（成文堂、二〇〇一年）

第三章　刑事事実認定論

第一節「救済の観点からみた証明論」刑法雑誌三九巻二号（二〇〇〇年）

第二節「間接事実の立証――刑法学会における議論から――」季刊刑事弁護二七号（二〇〇一年）

第三節「事実認定の理論と裁判実務――自白の注意則研究を中心に――」法律時報七七巻一一号（二〇〇五年）

第四節「冤罪からみた日本の刑事手続の問題点――事実認定のあるべき姿――」九州法学会会報（二〇〇九年）

第五節「ドイツにおける目撃証人の取り扱い」渡部保夫監修・一瀬敬一郎他編著『目撃証言の研究――法と心理学の架け橋をもとめて』（北大路書房、二〇〇一年）

第四章　控訴審・上告審論の展望

第一節「控訴審・上告審論の展望」村井敏邦他編『刑事司法改革と刑事訴訟法（下巻）』（日本評論社、二〇〇七年）

第二節「無罪推定を基調とした捜査・証拠評価を〈板橋強制わいせつ事件／最判一九八九年一〇月二六日〉」法学セミナー四四一号（一九九一年）

第三節「ある第一審無罪・控訴審破棄差戻し事件の考察」熊本法学一二〇号（二〇一〇年）

むすび

「補論　刑事訴訟における片面的構成」（書き下ろし）

※本書において、初出論文の題名、内容、註などに若干の修正・加筆を行った。なお、第三章第四節「冤罪からみた刑事手続の問題点――事実認定のあるべき姿――」では、註なしの報告に、最小限の註を加えた。

第一章　刑事訴訟における片面的構成

第一節　上訴審による自由心証主義のコントロール

一　はじめに

もし、裁判が神によって行われるなら、そこに誤りはない。

しかし、裁判が人の手によって行われる以上、そこに誤りの介在を免れない。その意味で誤判は、人間の制度としての裁判の宿命である。

だが、最近の再審事件・冤罪事件に見られるように、それがとりわけ死刑事件・重大事件に及ぶとき、誤判を人間の制度につきまとう宿命として、放置するわけにはゆかない。現行刑事訴訟法の理念として無辜の不処罰が掲げられ、刑事手続の再構成（誤判防止手段としての再構成）が唱えられるのは、[1]このためである。

ところで、刑事手続を無辜の不処罰のための手続として再構成するには、何よりもまず、誤判のよって来たる原因の追及・発見が必要である。それなくして、いかなる有効な防止策も考えられないからである。二〇世紀以降の世界各国における誤判研究は、これをめざし、行われてきた。たとえば、ドイツのヒルシュベルク・ペータース、アメリカのボーチャード・フランク、日本の上田誠吉・青木英五郎・横山晃一郎らの研究がそれである。[2]

私は先に、「世界史上最初の本格的総合的実証的誤判研究」[3]と評価されたペータースの研究[4]を生んだドイツにおける誤判研究の歴史の検討を試みた。[5]

そこで諸研究が繰り返し指摘する誤判原因の一つに裁判官の証拠評価の誤りがある。これは自由心証主義に内在的な問題であるといってよい。[6]したがって、誤判防止を考えるなら、この自由心証主義につきまとう証拠評価の誤りをいかにチェックするかを考える必要がある。ところで、このチェックの方法として考えられるのは、事前・事際・事後の抑制である。[7]まず第一に、第一審の充実（事前・事際の抑制）が重要であることはいうまでもない。しかし、それに負けず劣らず重要なのは上訴（事後抑制）の問題である。すなわち、たとえ第一審が充実されようとも、人間の裁判につきまとう誤判のおそれを完全に払拭することは不可能であり、これを、防ぐためには上訴審によるチェック・システムが組み込まれていなければならないからである。しかし、有効な上訴審によるチェック・システムとは、どのようなものか。

ドイツの誤判研究の歴史が教えるように、自由心証主義の採用にともなう口頭主義の刑事訴訟への導入は、書面主義を排斥し、公判調書・判決書作成の義務を緩和し、事後審査の可能性を非常に制限することになった。[8]この状況を、たとえばアルスベルクは誤判原因の一つとしてあげ、書面主義に一定の好意を示し、書面による事後審査の可能性の確保を試みる。[9]だがペータースは、これに対し、不充分な書面・記録に基づく控訴審の審査はかえって事実認定を誤らせるもので、控訴審は誤判の防止に役立っていないとする。[10]ここに自由心証主義・口頭主義を採用する第一審と上訴審との関係をどのように位置付けるかという困難な問題が浮かび上がる。[11]

これをわが国の実定法に即していえば、とりわけ控訴審を一体どのように考えたらよいか、という問題である。

わが刑訴は旧刑訴の控訴覆審主義を廃し、いわゆる事後審査主義を採用した。そして検察官にも上訴申立て権を付与した。しかし、英米法の影響を受け制定された憲法・刑事訴訟法のもとで、「二重の危険論」による検察官上訴の禁止が解釈論として主張された。だが、最高裁は、この検察官上訴禁止の主張を「危険継続論」により否定し（最判昭和二五・九・二七刑集四巻九号一八〇五頁）、学説においても、この「危険継続論」が通説[12]、あるいは有力説[13]といってよい。しかし、検察官上訴に反対する見解が消えたわけではない[14]。たとえば、小田中聰樹教授は控訴審の構造をめぐる従来の議論に対して、「誤判のうけた被告人が、その是正、救済を求めて控訴する場合に、控訴審が事後審査であることを持ち出して新証拠の取調べを制限し諦めよとすることが果たしてできるであろうか。このようなもっとも素朴であるが重要な疑問に対して事後審査審（論）は答えを用意しえていないのではないか[15]」と疑問を提起され、刑事訴訟法三九三条一項の「事実の取調」における「必要があるとき」の解釈をめぐって、「被告人側に不利益な新証拠の取調が刑訴法三九三条一項本文で許容されることは同項但書の場合を除き殆ど全くないといってよいが、他方において被告人側に利益な新証拠の取調は概ね許される[16]」とするからである。ここには検察官上訴の禁止とは行かないまでも、上訴審を被告人の利益のために片面的に解釈・構成しようとする意図がある。

このように、上訴の問題は再審続出、誤判問題の浮揚によって、改めて見直され、考え直される時期にある、といってよい。本稿はこのような認識に基づき、第一審における口頭主義・自由心証主義の採用が上訴審（原審事実認定を不服とする上訴）に対してどのような意味をもつかを探り、そこから現行刑事訴訟法において、上訴審とりわけ控訴審での事実認定の誤りに対する救済を[17]、具体的にどのように構成し[18]、運用すべきか[19]を取り扱おう、とするものである。だが、そのためには、自由心証主義が歴史的にどのような内容のものとして生成・発展してきたかについての検討がまず必要であろう。そこで以下においてこの点についての検討を試み、本題に接近したい、と思う。

（1）たとえば、田宮裕『刑事訴訟とデュー・プロセス』（有斐閣、一九七四年）、横山晃一郎『憲法と刑事訴訟法の交錯』（成文堂、一九七七年）、小田中聰樹『現代刑事訴訟法論』（勁草書房、一九七七年）等がある。また、横山晃一郎『誤判の構造』（日本評論社、一九八五年）は無辜の不処罰、被告人の人権尊重の立場から、裁判官の法意識にまでメスを入れた研究である。

（2）わが国の誤判研究については、大出良知「主要冤罪・再審文献案内」日本の冤罪（法学セミナー増刊・一九八三年）二五六頁以下参照。ドイツにおける主要な誤判文献としては、Erich Sello, Die Irrümer der Strafjustiz und ihre Ursachen, Bd. 1, 1911; Max Alsberg, Justizirrtum und Wiederaufnahmeverfahren, 1913; Albert Hellwig, Justizirrümer, 1914; Karl Peters, Zeugenlüge und Prozeßausgang, 1939; Max Hirschberg, Das Fehlurteil im Strafprozeß, 1960; Walter Kiwit Fehlurteile im Strafrecht, 1965; Karl Peters, Fehlerquellen im Strafprozeß, 3 Bde., 1970-1974 等がある。またアメリカの文献としては、Edwin M. Borchard, Convicting the Innocent, 1932; Jerome a. Barbara Frank, Not Guilty, 1957 等がある。

（3）能勢弘之「ヨーロッパにおける誤判研究の現状」ジュリスト六六〇号（一九七八年）六一頁。

（4）この研究は、先にあげた Karl Peters, Fehlerquellen im Strafprozeß である。

（5）平田元「ドイツ誤判研究史」九大法学四七号（一九八四年）二二五頁以下。

（6）この点の指摘として、Alsberg, a.a.O., S. 26ff.; Hellwig, a.a.O., S. 59f.; Peters, Zeugenlüge und Prozeßausgang, S. 275f.; Hirschberg, a.a.O., S. 71f. u S. 118f.; Kiwit, a.a.O., S. 106f.; Peters, Fehlerquellen im Strafprozeß 2. Bd, S. 230f. がある。わが国において、この問題を正面から取り扱った研究として、青木英五郎『誤判にいたる病——自由心証主義の病理について』（一粒社、一九六七年）がある（『青木英五郎著作集Ⅱ』〔田畑書店、一九八六年〕に所収）。

（7）庭山英雄『自由心証主義』（学陽書房、一九七八年）二二頁以下参照。

（8）平田「前掲」一四一頁以下、二〇二頁以下参照。ドイツの誤判研究を一貫して制約してきたものも、また書面「資料」の質的不充分さであった。この問題は、誤判研究のみならず、上訴・再審にも、まず書面から事後審査を行う限り、つきまとう。

（9）平田「前掲」アルスベルクの項参照。

（10）Peters, Zeugenlüge und Prozeßausgang, S. 191ff., 平田「前掲」一七一頁参照。

（11）この点をとりわけ意識した誤判研究者として、アルスベルクがいる（vgl. Alsberg, a.a.O., S. XV）。

（12）熊本典道「検察官控訴」警察研究四二巻七号（一九七一年）四九頁（熊本典道『刑事訴訟法論集』〔信山社、一九八九年〕に所収）。

(13) 中野目善則「検察官上訴と二重の危険」比較法雑誌一七巻一号（一九八三年）五〇頁。

(14) たとえば、坂口裕英「検察官上訴と二重の危険」憲法判例百選〔第二版〕（一九六八年）、熊本典道「前掲」、上野裕久「検察官上訴の再検討」法学セミナー二一七号（一九七三年）一〇四頁、川崎英明「二重の危険と検察官上訴」別冊判例タイムズ第七号（一九八〇年）三五四頁、渥美東洋『刑事訴訟法』（有斐閣、一九八二年）、中野目善則「前掲」等がある。

(15) 小田中聰樹「控訴審の事後審査審的構造について」Law School, No. 52（一九八三年）八九頁。

(16) 小田中聰樹「控訴審における事実取調」平場安治博士還暦祝賀『現代の刑事法学(下)』（有斐閣、一九七七年）二六五頁（小田中聰樹『刑事訴訟と人権の理論』〔成文堂、一九八三年〕に所収）。その他に、同様な主張として、たとえば井戸田侃「刑事上訴の構造」『現代の刑事法学(下)』二三六頁（井戸田侃『刑事手続構造論の展開』〔有斐閣、一九八二年〕に所収）、高田昭正「裁判への不服申立」横山晃一郎編『現代刑事訴訟法入門』（法律文化社、一九八三年）二二五頁等がある。

(17) したがって、本稿では上告審・再審、量刑不当の問題については原則として取り扱わない。

(18) ちなみに、ドイツでは参審裁判所の管轄する軽微な事件のみ控訴を認めた。この点（通常事件に、事実問題についての控訴を認めないこと）を誤判原因として指摘する研究として、Hirschberg, a.a.O., S. 109f.; Judex, Irrtümer der Strafjustiz, 1963, S. 42; Kiwit., a.a.O., S. 113f. がある。

(19) 戦後、わが国では誤判問題との関係で自由心証主義をどのように捉え、運用するかが論じられた。そこでは、自由心証主義に対する法的制約として客観的な経験則が存在するとして、原審事実認定（心証）に対する上級審の介入を広く認めようとする方向と、それに反対する主張があった。この対立をよく示すものとして、最大判昭和二六・八・一刑集五巻九号一六八四頁以下参照。なお、白取祐司「自由心証主義の課題」北海道大学法学論集三一巻一号（一九七六年）一八五頁以下参照。

二　自由心証主義と口頭主義[1]・公開主義

一

1　近年、ドイツ「刑事訴訟法改革の五〇年」[2]と称される一九世紀前半に関する研究の蓄積が目立っている。[3]これらの研究は、今日の刑事訴訟の中で生き続けている主義や原則の生成・発展過程を探り、ひいては刑事訴訟の構造の正しい理解に役立てようとするものである。[4]そこで以下、これらの研究を参考としつつ、自由心証主義を中心とする刑事訴訟の主義・原則についての歴史・意義を振り返ってみることにしよう。[5]

ドイツ普通法上の糺問手続[6]はカロリナ法典（一五三二年[7]）を基礎として発展した。カロリナ法典において手続は原則として職権で開始される。糺問は、まず第一に犯罪の客観的側面である罪体についての確実性を、続いて主観的側面である行為者の特定についての確実性を追求した。[8] 前者の確定の根拠として自白を用いてはならず、自白は後者の確定のためにのみ用いることができた。[9] また、自白獲得手段としての拷問は、罪体が確定された場合、すなわち「確たる徴憑」が存在するときにのみ許容された。これらの手続の終了後、この糺問を行った裁判官（Richter）・参審員たちによって評議が行われる。被告人を有罪にするには、被告人の自白か、二人の信頼しうる目撃証人が必要とされた（法定証拠主義）。この評議の後、裁判官・参審員・被告人などが出廷する最終開廷日が開催され、その後に判決が言い渡されることになる。[10] 以上がカロリナ法典の手続の概略である。

このカロリナ法典において、拷問の要件として確たる徴憑が存在するか否か、免責事由が存在するか否か、等々の判断は裁判官の裁量に委ねられていた。[11] すなわち、徴憑をめぐる証拠（証言を含む）については反証が認められ、その証明力について裁判官は自らの裁量で判断した。[12] また徴憑をめぐってであろうと、主要事実の立証においてであろうと、証言は、「充全なる証言（Genugsames Gezeugknuss）」であることが要求され、それをめぐって、証言の信用性（Glaubhaftigkeit）・真実性等について裁判官は自由な判断を下すことができた。[13]

自白についても、カロリナ法典は、自白の任意性を確保するために、種々の手続を必要とし、さらに自白の信用性・真実性を確認するために、調査と検証を裁判官に要求している。[14] この結果、自白が事実と合致しない場合、再度拷問を行うことが可能であった。しかし最終的に「たとえ自白が任意であったとしても、裁判官が、自白を信用するに足らない（nicht glaubwürdig）と確信するならば、有罪判決を下す必要はなかった[15]」。以上のように、法定証拠主義を採るカロリナ法典においても、徴憑をめぐる個々の証拠についての信用性・証明力に関し、さらには主要事実をめぐる証拠の信用性に関して、裁判官に裁量の余地があった。しかも裁判官は自白・証言を自らの面前で聴取した。これに対して、個々の証拠（自白や証言）の証明力を総合的に評価し、主要事実を認定する自由は裁判官に認められていなかった。被告人の自白あるいは信頼しうる二人の目撃証人の証言の信用性を裁判官が認める限り、裁判官には有罪判決が義務づけられる。裁判官にはもはや裁量の余地はなかった。つまり、個々の証拠の信用性判断に関しては、裁判官の裁量に委ねられていたが、証拠方法の証拠価値（証明力）は、あらかじめ定められていた。この最後の点に法定証拠主義の特徴を認めることができる。だがこの主義のもとにおいて、裁判官には自由な証拠評価の余地が存在しており、ここに自由心証主義の萌芽を認めることができる[16]。

2　普通法時代、ドイツの糺問手続はカロリナからの逸脱が生じる。糺問手続は罪体を確定する一般糺問と行為者を確定する特別糺問が明白に分離される[17]。このことは、カロリナ法典自体の規定では少なくとも一連の糺問手続を同一の裁判官が実施していたのとは異なり、各糺問を異なる糺問官が審問することを意味する。このために、特別糺問では「一般糺問において、手続に拘束されることなしに調査された結果を記載した糺問記録（Inquisitionsartikel）に基づいて被告人は尋問される[18]」ことになる。書面主義の手続へのなお一層の浸透を示しているこの糺問手続の分化はカロリナ法典自体には規定されていない嫌疑刑（Verdachtsstrafe）・仮放免（absolutio ab instantia）[19]の発生とも関係している。すなわち、カロリナ法典において罪体確定手続から行為者確定手続への移行（さらには拷問許容）の単なる条件であった「確たる徴憑」の存否の問題は、さらに普通法時代に設けられた嫌疑刑・仮放免の要件とも結びつく。しかもこの判断の結果は手続の分化によって明確になった一般糺問の終了時点に明らかとなる[20]。このように、手続の分化は、嫌疑刑・仮放免といった一般糺問に伴う効果の発生と密接に関係しているように思われる。

この嫌疑刑・仮放免は、徴憑により嫌疑があるにもかかわらず、被告人が自白しない（または二人の目撃証人がいない）限り、完全な有罪とすることができないという法定証拠主義の狭隘性を、実体的真実の発見の方向において修正することを意図している。[21] また、他方において、この法定証拠主義の狭隘性への対応として自白獲得が絶対視されることになる。この方向において、普通法時代には、自白の信用性確認のための調査・検証といった厳格な手続要求は広範にわたって免除されることになる。[22]

以上のように、普通法時代、個人の保護のために規定されたカロリナの手続形式は実体的真実発見への方向で解体され、手続での糺問官の裁量が拡大してくる。だが、一方で、証拠法に関しては基本的に不変であったといえよう。なるほど、実際には、手続が形式性を失うにつれて、証拠規則が増加した。このことは、逆に法定証拠主義という証拠法を変化させることができなかったからこそ、嫌疑刑・仮放免という形式が生まれ、これに対応する徴憑についての証拠規則が必要となることからも認めることができる。こうして、証拠法においては、糺問官の自由裁量が証拠規則によって広範囲にわたって絶えず制限されていた。[23] しかしこれは、とりわけ主要事実（正規刑に関してであろうが、嫌疑刑・仮放免に関してであろうが）をめぐる証拠の証明力に関して糺問官に自由な裁量がなかったことを意味するだけである。たとえ、徴憑をめぐる証拠規則が増加しようとも、徴憑を証明する個々の証拠の信用性・真実性については、糺問官に裁量の余地が残されていた。普通法時代、証拠法は主要な点において、カロリナと変わってはいない。

このような事実は、普通法時代、さらに刑事手続が糺問手続（一般糺問・特別糺問）と判決手続とに厳格に分離した事実と相俟って、[24] 次のことを示している。すなわち糺問を主宰する糺問官には徴憑に関する個々の証拠の信用性・証明力について自由な証拠評価の余地があったが、他方、最終的な判決を下す判決裁判官には、このような自由がなかったことである。判決手続において、糺問官とは異なる判決裁判官が、もっぱら糺問手続の結果を録取した書面から、法定証拠主義に要求される証拠が存在するか否かを判断した（間接主義・書面主義）。ここには革命後一般化した口頭主義という考えはない。ここに法定証拠主義と書面主義の密接な関係が明らかとなる。[25]

3　糺問手続での証拠の王は自白であった。通常、信頼しうる目撃証人は存在せず、糺問は実体的真実発見のために、自ずから自白獲得へと向かうからである。拷問を行う要件として、犯行を被告人に帰するために「確たる徴憑」が必要であったとはいえ、[26]拷問が濫用されることになったのは、このためである。しかし、一八世紀中葉、フリードリッヒ大王の拷問廃止閣令により自白獲得が困難となり、法定証拠主義は主要な基盤を失うことになった。[27]

従来から、糺問官は個々の証拠について、実際にも法的にも価値判断を行う余地はあった。しかし、最終的な有罪・無罪の認定には法的に介入する余地はなかった。このことは、有罪・無罪の証拠の総合的判断に関して、直接に取調べをした糺問官自身が実際に行う判断と法定証拠規則にしたがった結果が相違しうることを意味する。また判決裁判官の判断と法定証拠規則にしたがった結果との間にさえ相違は生じうる。しかし、「一定の証拠が揃えば、たとえ裁判官が事実の存在に疑いをもったとしても、有罪を言い渡さなければならない」[28]。この事態から、かかる積極的法定証拠主義には耐えられない、[29]と意識されるようになる。ただ拷問廃止前には、個別的な証拠である自白の信用性を糺問官が認める限りにおいて、事件そのものが有罪とされ、その相違はほとんど問題とならなかったといってよい。

実体的真実の発見にとってあまりにも形式的な法定証拠主義にあって、拷問の廃止は、唯一その発見を保証すると考えられていた自白の獲得手段を奪い、完全有罪の言い渡しを困難とした。これによって法定証拠主義は刑罰権の実現にもはや役立たないことが一層認識される。

4　この拷問廃止によって生じた証拠法上の手詰まりを解消する自由心証主義への方向性を示す端緒は、まさに拷問廃止を命じたフリードリッヒ大王の発した一七四〇年の閣令である。すなわち、「疑いのない多数の証人などによる極めて強力で明白な徴憑（Indicia）や証拠が被告人に対して存在し、しかもそれが強情な悪意から出た供述でないならば、被告人は同一の法律によって処罰されなばならない[30]」との閣令を出し、自白のない場合にも、完全証明の効果である正規刑を科すことができるとした。これは徴憑や証言などの個々の証拠から主要事実を総合的に評価・認定する方向への一歩を踏み出したものといえよう。E・シュミットは「フリードリッヒは一七四〇年既に、拷問廃止による証明の手詰まりに対する唯一の正しい解答を見い出していた[31]」とする。さらにフリードリッヒ大王は一七五四年八月八日に閣令を出す。すなわち、「彼ら（被告人）に対し多数の情況証拠が現われ、それによって彼らの犯罪が完全に確信される場合は……あたかも自白が現実に存在するかのように判決されなばならない[32]」とし、さらに「情況証拠によって被告人の有罪を完全に証明できなくても、彼が当該犯罪を現実に犯したという嫌疑が高度に存在するとされ、しかも情況からみてそうしたことが最高度に蓋然的であるとみなされる場合には、被告人があくまでも自白を拒否し続けたとしても、当該被告人に対して終身の城塞拘禁を――その場合被告人は鉄鎖につながれる――言い渡さなければならない[33]」と。拷問の廃止と結びついたこの閣令は、ここでも法定証拠主義を修正し、総合的な証拠評価へと接近する。しかし、他方で、事実認定における証明の程度の調整原理として、完全なる有罪認定（völlige Überführung）とほぼ完全なる有罪認定（fast völlige Überführung）とを区別し、それに応じて正規の刑罰と嫌疑刑を設けた[34]。一七四〇年の閣令があるべき自由心証主義への方向を示していたとすれば、一七五四年八月八日の閣令は、嫌疑刑を容認する点において、それからの後退であった[35]。しかも実際にはこの正規刑はほとんど用いられず、むしろ拷問の代用として不服従罰（Ungehorsamesstrafe）が用いられた。結局、これらの閣令は自白のない場合に正規刑を科すことをほとんど不可能にした一七七六年一月一五日の閣令によって取り消され[36]、拷問廃止後に残ったのは嫌疑刑のみであった[37]。

ドイツでは、法定証拠主義を維持しつつ、拷問を廃止することにより、もう一つの実体的真実確保の手段である嫌疑刑・仮放免の増加へと至る[38]。従来、嫌疑刑は被疑者が拷問に耐えて自白しなかったとしても、なお強い嫌疑が残る場合、すなわち拷問を許容する充分な証拠がある場合に科された[39]。また仮放免も同様に拷問に耐え、自白しない場合であり、嫌疑の程度が嫌疑刑ほどではないときに、科された[40]。なるほど、嫌疑刑・仮放免には、嫌疑の前提である個々の証拠評価に関して主観的な要素が含まれていた。しかし、少なくとも拷問の要件を形成する「確たる徴憑」によって嫌疑は支えられねばならず、嫌疑刑・仮放免は、この意味において客観的な嫌疑によって判断された。これは、拷問廃止後の一七五四年八月八日の閣令での嫌疑刑においても同様である。その後、法定証拠主義下での嫌疑刑・仮放免の要件は客観的なものから主観的なものへと変化が生じる[41]。しかし嫌疑刑を蓋然的なものとして捉えようが、それに裁判官の主観的確信を要するものとして捉えようが、いずれにせよ、嫌疑刑・仮放免の適用に際して、法定証拠主義は破綻をきたす[42]。嫌疑刑・仮放免の適用において、法定証拠規則にしたがった結果と糺問官、さらには判決裁判官の主観的確信（判断）との間に生じる矛盾は顕著で耐えがたいものとなる[43]。こうして、拷問廃止をきっかけとして、法定証拠主義を否認し、個々の証拠の自由な評価に基づく総合判断、しかも裁判官の主観的確信を、正規刑をめぐる最終的な有罪・無罪の基準とする（自由心証主義への）方向性・展望が拓けてくる。だが、この移行は決して即座に生じたわけではない。この経緯の詳細は、おって以下、明らかになるであろう。いずれにせよ、拷問という自白獲得手段が完全に奪われ、完全証明の効果である正規刑を科すことがほとんど不可能であるという証拠法上の手詰まりに対して、最終的には事実認定を裁判官の自由な証拠評価に委ねる以外に方法はなかった。まさに、「拷問の廃止でもって……今や徴憑に基づく有罪判決の可能性を裁判官に与えねばならなかった」[44]のである。

フリードリッヒ大王の閣令はドイツにおいて即座に影響力をもちはしなかった。しかし法定証拠主義から自由心証主義への移行の必然性を示していたといってよい[45]。ただ閣令は、自由心証主義のもとにおいても嫌疑刑が認められることを示唆している。すなわち、嫌疑刑（さらには仮放免）の克服には、証拠評価の方法とは異なる挙証責任に関する「疑わしきは被告人の利益に」（in dubio pro reo）の原則をめぐる議論が必要であった[46]。ここに、法定証拠主義から自由心証主義への移行はすべての問題を決して解決しえないことが示されている[47]。つまり、自由心証主義は、一九世紀中葉成立する他の刑事訴訟上の原理と相俟ってはじめて現実的な有用性をもつことが可能となる[48][49]。

5　以上のように、拷問の廃止によって、法定証拠主義から自由心証主義への移行の契機が出現した。このような情勢の中で、依然として、糺問主義・法定証拠主義に基礎をおくドイツの刑事手続に、一九世紀前半、決定的な影響を与えたのはフランス法である。

フランス革命（一七八九年）以前、一六七〇年の刑事王令（Ordonnance de Louis XIV）に基づくフランス刑事手続には、ドイツと同様、糺問形式が採られ、官僚裁判官により、法定証拠主義・書面主義・秘密主義のもとで、裁判が行われた[50]。このような状況のなかで、フランス革命が生じる。絶対君主制批判の上に成り立った革命の後、国民憲法議会は、刑事訴訟手続について、人民主権の刑事手続への反映である陪審裁判制度の採用をまず決定し、この陪審に調和するシステムとして自由心証主義・口頭弁論主義・公開主義を採用する[51]。ここでは、判決を下す裁判官と訴追遂行者（公訴官、後の法律では検察官）が分離し、弾劾形式が導入されることとなる。こうして成立した一七九一年刑事訴訟法典は、一七九五年罪刑法典、一八〇一年重罪事件および軽罪事件における犯罪訴追に関する法律、一八〇八年治罪法へと基本的に受け継がれる。[52]

フランスでは、革命直前の拷問廃止と相俟って、[53]アンシャンレジームにおける糺問形式の刑事手続が、革命によって弾劾形式へと一気に転換された。この自由主義的性格をもつフランスの弾劾形式の刑事手続は、啓蒙主義がその批判の対象としていた非人道的な糺問手続を克服して登場してきただけに、ヨーロッパ各地に強い影響を及ぼした。[54]

ドイツにおいても、フランス一八〇八年治罪法がラインラントで効力をもっていたことも加わって、一九世紀前半にこれらの諸主義の導入をめぐって、激しい論争が生じた。[55]依然、糺問主義・法定証拠主義[56]を保持し、陪審制度を即座に導入しうる状況におよそなかったドイツにおいて、矛盾を孕みつつも、様々な主張がなされた。たとえば、この一つの例として、一八一三年バイエルン刑事訴訟法典起案でのフォイエルバッハの主張をあげることができる。[57]

そこで彼は積極的法定証拠主義を主張し、法もそれを採用する。しかし、一方で、「特別糺問によって糺明すべき事項が尽くされ、若しくはそれ以上詳しい糺明を望むべくもない段階に達したならば、被告人の弁護に役立つべき一切の事項を整え、また補足することを主目的とする終結手続（Schlußverfahren）[58]」をフォイエルバッハは主張した。しかもそれは公開で弁護人による弁護をうけ、被告人も発言可能であった。フォイエルバッハは、それを当初糺問裁判所での手続として、後には判決裁判所での手続として提案した。さらに、この判決裁判所（重罪裁判所〔Kriminalgericht〕）においては、まず第一に検察官（Kronfiskal）が論告を行うべきとの主張が加わった。[59]当時、なお維持されていた糺問手続の中に、たとえ形式的なものとはいえ、裁判官・検察官・弁護人（被告人）という三面的な弾劾主義的訴訟構造の提案がなされたことは、自由主義的なフランス刑事手続の影響力がいかに強かったかを物語っている。[60]

また、このバイエルン刑訴法の審議においてフォイエルバッハの終結手続を推し進め、「それをより創造的にするために再度の証人尋問や対質をも行う」[61]べきとの、弾劾主義実質化の主張があったことは[62]、注目に値する。このような事実は、いずれにしても拷問廃止後、法定証拠主義のもとにおいて、自由心証主義への移行が始まり、弾劾主義化した構造のもとで、裁判官に総合的な証拠評価の自由を許容しようとする考え方が優勢になりつつあったことを、意味しよう[63]。

6　拷問廃止後、積極的法定証拠主義から自由心証主義への移行過程に登場した事実認定のための一方策として、消極的法定証拠主義がある[64]。消極的法定証拠主義は、被告人を有罪とするために、裁判官の確信の他に一定の法定証拠を必要とした。この理論はイタリア人のフィランジェリによって当初展開された。彼は次のような前提をまずたてる。「(この)道徳的確実性(moralische Gewißheit)がないならば、有罪判決は絶えず不正なものであり、その執行は暴力的なものである」[65]と。しかしながら裁判官の様々な個人的資質は種々の評価へと導きうるので、この前提とされた裁判官の道徳的確実性(確信)のみでは決して充分ではない[66]。そこで「この非常に危険な無秩序を予防するために、立法(Gesetzgebungskunst)は調整手段をこの権威のために講じなければならない。つまり私の提案は極めて単純であり、裁判官の道徳的確実性を立法者によってあらかじめ定立された規範、すなわち法律上の規準に一致させることにある」[67]と主張する。消極的法定証拠主義は、有罪認定に自由な証拠評価に基づく「確信」を要求する。しかし、本来、理性に支えられるべき確信は、従来から不充分であるとされていた法定証拠にのみ最小限支えられればよく、実際にはその判断過程が理性により充分に支えられ得るとはいいがたい。この意味において積極的法定証拠主義を未だ抜け出ていない。しかし積極的法定証拠主義との比較において、少なくとも被告人を有罪とするために事実は真実であるとの裁判官の確信を必要とする。この確信の訴訟手続における認知は、この理論と積極的法定証拠主義とを分かち、また自由心証主義に相い通じるものである。さらにこのことは、消極的法定証拠主義ならびに後の自由心証主義において、被告人の有罪には、裁判官が「被告人は犯人であるに間違いない」との主観的確信を得なければならないことを意味する。すなわち、消極的法定証拠主義は、単に個々の証拠の自由な評価という証拠評価の方法のみを規定するのではなく、有罪認定に必要な証明の程度（Maß von Beweisen）をも規定するものである。前述したように、拷問廃止以前の糺問手続でも個々の証拠に対する評価は認められていた。それ以降の証拠法上の特徴は個々の証拠評価に加えて、証拠の総合評価の承認にある。消極的法定証拠主義は、それ（証拠評価の方法）を踏まえたうえで、（嫌疑刑とは異なる）正規の刑罰を科すためには、少なくとも裁判官に認定事実が真実であるとの確信が必要であるという、証明の程度までその射程に含んでいたといえよう。消極的法定証拠主義において、裁判官がたとえ確信を得たとしても、法定証拠が存在しない限り、また法定証拠が揃っても確信が生じない限り、当然のことながら正規の刑罰を科すことはできない。これは、法定証拠規則、裁判官の確信がともに正規刑に値する事実認定を阻止し、被告人の保護という方向で作用することを意味する。[68]

7　しかし、その結果、前述したように、現実には裁判官に確信は得られたものの、法定証拠が存在しないという状況が多発した。[69][70] ここでは証拠規則が余計なものと感じられることになる。すなわちこの状況では正規の刑を科すことができない。そこで、この法感情に反する結果を救済し、処罰を確保するために仮放免がさかんに適用される。[71] しかし、この打開策としての仮放免制度が、逆に「消極的法定証拠主義全体への不信という影響を及ぼし」[72]、法定証拠規則の廃棄、自由心証主義への移行を促した。消極的法定証拠主義におけるその規則は、積極的法定証拠主義におけると同様、その狭隘性から、実体的真実の発見を保証するものとして支持されるものではなかった。また、消極的法定証拠主義は、「一方において立法者は、誤りのない真実の表現であるべき基本的規則に裁判官を拘束し、しかし同時に裁判官にこの永遠の真実を疑い、個々の事件において独自の判断を行うように警告を発する」[73]という矛盾をもっていた。換言すれば、「裁判官の自由な確信に多大な信頼をおき、それをすべての判断の基礎にすべきであるとした一方で、同時に完全なる立証のために、さらなる要求をする限りにおいて、裁判官からこの信頼を再び奪う[74]」ものであった。

このように消極的法定主義には矛盾があり、とりわけ裁判官の自由な証拠評価を控制するにはあまりにも形式的であった。さらに法定証拠規則によって自由な証拠評価を控制しようとしても、前述のように自白・証人の信用性などの個別的判断は、結局のところ裁判官の裁量に委ねざるを得ないことも忘れてはならない[75]。ドイツの刑事訴訟法（学）の歴史は、自由心証主義の採用へと進むが、さらにこれにより整合性のある事実認定の方法を模索し、当初それを陪審裁判所に求めた[76]。

二　1　自由心証主義を採用し、かつ陪審によって事実認定を行おうとの考え方は、フランス法の影響を受けている。フランス法での自由な証拠評価の原則は内的確信（intime conviction）の理論による。しかしこの理論と陪審との関係はその発生史からみるならばドイツとフランスとでは異なる。

前述したように、フランス刑事手続の改革においては、まず第一に陪審裁判所の採用が政治的に決定される。陪審裁判所を中心に刑事司法が真に人民に帰属するものとして考えた場合、それに適合するのは口頭弁論主義・自由心証主義である。フランスでは一気にここまで進む。これに革命直前の拷問廃止が加わる。すなわち、積極的法定証拠主義から自由心証主義への移行が、消極的法定証拠主義という段階を経ることなく、行われる。拷問廃止下での法定証拠主義という問題、法定証拠主義と裁判官の自由な証拠評価に基づく確信をどのように関係付けるかの問題は生じなかった[77]。いわば政治的制度としての陪審裁判所が事実認定・証拠評価の方法という証明理論上の問題をも一挙に解決した（少なくともドイツのような問題を引き起こさなかった）。以上がフランスと急激な革命を体験しなかったドイツとの相違である。

ドイツにおいても陪審裁判所は政治的要求として主張されはした。[78] しかしむしろ陪審裁判所は、自由な証拠評価をめぐって、それを理論上控制するものとして主に主張され、議論が展開した。[79] ドイツにおいて「法定証拠主義か自由心証主義かではなく、陪審裁判所か否かが問題であった」[80]と評されるのもこれを意味する。

では、自由心証主義は、ドイツでどのように理解されたのか。そこに、フランスでの内的確信の理論の影響がみられるのは当然といってよい。このドイツに影響を及ぼしたフランスの内的確信の理論は、フランス一七九一年の訓令（instruction）にあるように、「印象（impression）」といった全く直感的なものに確信を基づかせ、主観性を著しく強調している。[81] この理論はドイツで「全体的印象（Totaleindruck）」の理論と呼ばれた。その主張者であるオッペンは次のようにいう。「すなわち、内的確信に立法者は……一連の行為の連続による全体的印象を要求する。それは丁度、絵画において一つ一つのタッチによってではなく、全体の概観によって印象が決まるように、……事実についての内的確信や道徳的確実性が結びつく糸はしばしば非常に弱く、お互いにもつれており、自分自身に対しても、ましてや他人に対しても、それらについて事細かに報告することは困難であろう……」、「（立法者は）むしろ陪審員の真実と考えること（Fürwahrhalten）で、たとえそれに判断根拠（Gründe）を呈示し得なくても満足する。それは、この真実と考えることが、陪審員の面前で生じたすべての事象についての明証（Evidenz）や直感に基づいているからである」[82]。また同じく、内的確信の理論を支持したケストリンは、尋問や書証を用いての行為のついての「全体的印象は、反省によってではなく、ただ直感からのみ生じうる」[83]とし、さらに「あらゆる経験的認識は絶えず欺瞞的なものであり、……事実は事物の通常の過程から単に抽象的に算定されるのではなく、個別的なものとして生き生きとした全体から認識されるはずのものである」[84]と述べる。機械論的な意味において客観的な法定証拠主義とは全く異なる。このような非常に主観化された内容が主張されたのは、自由心証主義を理論的にフランス法によってのみ知り得たことに加えて、[85]次のような哲学上の対立をも反映している。すなわち、法定証拠主義が「フォイエルバッハらの啓蒙主義法律家の『真実は事実自体の中に存する』[86]という「真実」概念の捉え方に依拠していたのに対し、この自由心証主義はヘーゲル哲学の影響を受け、「真実は、主観の側すなわち『判断主体が真実と考えること』にある」[87]という考え方に立っていることである。

「職業裁判官（Richter）と陪審員（Geschworene）の活動には根本的な相違がある。職業裁判官は反省という活動によって確実性・確信を獲得する一方で、陪審員は純粋な直感的な活動によってそれを得る」[88]というとき、そこには一人の人間が真実に迫る二つの方法が示されている。しかし、直感的な全体的印象により確信を得るという方法は余りにも主観的であるとの誹りを免れない。ここにこの理論に対する不信の契機がある。先に示したように、認定（確信）の判断根拠をあげることができず、少なくとも事後的に当該認定の当否を判断することはできない、という疑念である。この疑念を減少させようとすれば判断主体の増加による事前のコントロールが必要となる。しかし職業裁判官に対する従来からの不信は、もはや法定証拠規則といった控制手段を伴わない内的確信の理論に基づく職業裁判官による裁判を専断的で危険であるとみなした。[89]結局、自由な証拠評価におけるこの著しく強調された主観性を控制するには、発生史的には異なるが、内的確信の理論と密接に結びついている陪審裁判所制度しかなかったのである。また以上とは異なる自由心証主義理解の立場においても、多かれ少なかれ存在する主観性を控制するものとして陪審裁判所は主張された。たとえば、ミッターマイヤーは、先のオッペンの著作に対する書評において、内的確信の理論の基礎におかれた、ヘーゲル流の考え方が真実の唯一の獲得方法だという主張は行き過ぎであるとする。[90]もし、その主観的に過ぎるという危険性の控制手段として陪審裁判所を採用するとすれば、次のようにして真実獲得の保証が得られるとする。[91]一、市民へのより大きな信頼　二、被告人の忌避権（Recusationsrecht）　三、判決発見人（Urteilfinder）の著しい増加　四、有罪判決に必要な評決。[92]とりわけ、一について、フランス国民憲法会議でのデュポールの言を借りて、少し敷衍して述べるなら、「被告人との間に司法を破壊するいかなる優越的または従属的関係を持っていない……犯罪者を身近にみる習慣が、感動を全くひからびさせておらず、判断を全く硬直させていない……繊細な意識が真理の最も僅かなニュアンスさえその意識に痕跡を印し、その意識に感知されることを可能にする[93]」市民の方が職業裁判官よりも信頼しうる、ということになろう。

2　ドイツではこの極端に主観化された内的確信の理論は支配説とはならなかった。むしろ自由な証拠評価による心証形成を過程をいかに客観化するかが問題であった。すなわち「『論理的操作』と『確実性の確信（Gewissensüberzeugung）』を統一・調整する[94]」ことが目指された。この努力の線上において初めて、自由心証主義の控制手段としての上訴が陪審裁判所に代わって問題となりうる。

ところで、この方向において全く主観的な内的確信理論に異議を唱えたのはヤルケである。[95]彼によれば「真実はただ判断主体（Subject）の確信の中にのみあるものではなく」、また、フォイエルバッハのように「ただ事物の中にある」といったものでもなく、「判断主体と認識客体との一致にある」。事物とその確信が一致していること、真実であることの「唯一の保証は、ただ判断根拠・理由（Gründe）の中にある。決して確信そのものの中にあるものではない[96]」。この判断根拠による当該判断者の確信が他人によっても支持されるか否かが問題なのである。[97]「真実発見が判断根拠の問題であるならばそれは論理および正しい推論（Schlußfolgerung）の問題であり[98]」、「この判断根拠の審査と考量は反省、したがって、理性の任務となる[99]」。

従来の全体的印象説における極端な主観性を控制するには、何よりも判断主体の増加により客観性を担保する陪審裁判所制度しかあり得なかった。しかし真実は判断主体の確信と認識客体との一致にあるとするヤルケ流の真実観に立つならば、真実であるとの確信を客観的な判断根拠によって審査できるということになる。これは陪審員であろうと職業裁判官であろうと同様である。[100] すなわち、陪審裁判所制度以外にも確信に対するコントロールが可能であることを意味する。つまり職業裁判官に証拠評価の自由を認めることもこのように理解されてはじめて可能となる。事実認定（心証形成）におけるケストリン等の「真実は主観の側、すなわち判断主体が真実と考えることにある」との認識から、ヤルケの「真実は判断主体の確信と認識客体との一致にある」との考え方への変化は、非合理的な内的確信理論から合理的な確信理論への移行を促し、陪審裁判所という心証控制手段を相対的なものとし、「事実認定理由（Entscheidungsgründe）[101]」を契機とする上訴によって事後的に事実認定を控制する途を可能にした、といってよい。

ミッターマイヤーも「当該対象についての観念と対象とが一致していると見なすとき真実が発見されていると、我々は信じる[102]」と述べ、ヤルケの考え方にしたがっている。さらにミッターマイヤーは、陪審裁判所といえども決して全くの主観的確信によっているのではないことを示す。すなわち「イギリスの陪審では昔から証拠方法（Beweismitteln）により判決することが指示されている。これはドイツの手続でのような法定証拠理論にしたがうものではないが、多くの先例によって承認された詳細な証拠規則の総体にしたがって判決することを指示するものであり、この法則は伝統によって育まれ、研究者によって収集され、学問的に発展させられたものである……[103]」と。以上の認識から、ミッターマイヤーが陪審員のみならず職業裁判官に対しても、この「論理則と長い経験とに基づき、学問的に発展させられた理性的な証拠規則」の適用を示唆したことは重要である。[104] これによって、自由心証主義に対するもう一つの控制手段が獲得されることになる。控制手段としての陪審裁判所はより相対的なものとなる。

3　この方向性はサヴィニーによって完成をみる[105]。サヴィニーは、陪審ではなく職業裁判官が事実問題について判断するとき、どの程度この判断に対して、法規上、規則を設定しうるか、との問題を呈示し[106]、裁判官と事実認定の関係について言及する。サヴィニーは次のようにいう。従来、法定証拠主義において、「職業裁判官はその判決を証拠（Gründe）と規則にしたがって下さねばならなかった。しかしこの特有なメルクマールは法定証拠主義の廃止によっても変わるものではない。証拠規則が法規上定められていないからといって、裁判官は証拠と規則にしたがって判決を下し、それについて理由（Rechnenschaft）を示す義務まで免除されはしない。……法定証拠主義下の裁判官とそうでない裁判官との区別はただ次の点にのみある。すなわち、後者では普遍的論理法則や経験・知識を提供する証拠規則の発見・適用を裁判官に委ねている一方で、前者では一定の証拠規則がすでに法律自身によって決して変更できない形式で確定されている……[107]」。こうして自由心証主義が内的確信のように全く主観的なものでは決してないことを、サヴィニーは主張する。このような認識に立つとき、「職業裁判官であれ陪審員であれ、有罪・無罪判断の理由（Rechnenschaft）の外部への呈示を要求することなしに、事実認定を単なる個人的な確信に無責任に委ねることはできない。むしろ事実認定理由による判決の理由（Motivierung）そして控訴裁判官による審査が本質的で不可欠なものとして前提とされねばならない[108]」ことになる。

サヴィニーの理論・提案をもってドイツ刑事訴訟は陪審裁判所を採用することなく自由心証主義への移行が可能となり[109]、陪審裁判所の代わりに事実認定理由の記載、事実認定を不服とする控訴がその控制手段とされた。この自由心証主義の控制手段は、内的確信の理論とは異なり、事実認定（心証形成）過程を客観化することによりはじめて可能となったこと、またこの事実認定の審査（控訴）はその客観化された範囲において可能となることを、いま一度ここで確認しておく必要があろう。さらにサヴィニーが「提出された証拠能力のある（zulässig）証拠方法の証明力判断にあたって、裁判官の裁量は、特別の拘束力、法定証拠規則による制限を受けない。また裁判官は証拠能力のない（gesetzlich unzulässig）証拠方法を、その判断の基礎としてはならない[110]」と主張するとき、ここには先にミッターマイヤーが指摘したイギリス流の証拠規則の思想が包含されている。

4　事実認定理由の記載・事実認定を不服とする上訴制度と相俟って、口頭主義さらには公開主義が、自由心証主義による真実発見の合理性を保証するものと考えられ、陪審裁判所をより一層余計なものとした[111][112]。この公開主義の採用には様々な根拠があるが、よりより事実の認定という観点からの根拠を例示するならば、次のようなものがある。すなわち、公開主義は、それにより公衆が刑事司法の重要性を認めることによって、重要な証拠を裁判所に提供したり、証人が嘘をつけない精神的状況を作り出し、さらには、公衆の面前で、裁判官・検察官・弁護人が職務に忠実になることに寄与する[113]。この中でもとりわけ後者が重要であろう。

さらに、この公開主義の採用とともに、口頭主義の採用が自由心証主義と密接に関係していることを決して見逃してはならない。ドイツにおいて自由心証主義の内容（事実認定の過程）は極めて主観的な内的確信の理論から経験則・論理則を適用する客観的なものへと移行した。しかしこの客観化された自由心証主義による事実認定といえども、先に示したようにそのよって立つ真実観が「判断主体の確信と認識客体との一致」にあるとする限り、決して完全に客観化されうるものではなく、判断主体の個性に依存する主観的な要素を残している[114]。たとえば、ミッターマイヤーが「事実の真偽の判断には判断主体の個性が一様に作用[115]」し、「理性と経験とを確実性の最も重要な手段とする諸要素によって生じる裁判官の心証に、被告人の観察やさらには極めて微妙な諸事情の一致によって形成される心証が加わり[116]」、最終的な確信が形成されるとし、また、サヴィニーが間接証拠のみならず、「直接証拠さえもその大部分は裁判官の裁量に委ねざるを得ない[117]」と述べるのは、このことを示している。このように、事実認定にはあらかじめ一般法則で捉えることのできない当該事件の個別的要素が絶えずつきまとい、それを当該裁判官の主観的判断に委ねざるを得ない状況において、[118] 先の公開主義とともに口頭主義が真実の発見をよりよく保証するものとして採用されることになる。すなわち、それ自体では多義的で種々の法則が適用可能な証拠の信用性・証明力についての評価は、供述している被告人・証人などを裁判官（判断者）が直接観察することによって、さらにまた、裁判官の面前で両当事者により行われる生き生きとした口頭弁論全体との関連の中で最終的に初めて可能となる。[119]

サヴィニーが「裁判官は、口頭審理において彼の面前に呈示された証拠にその判決を基づかせなければならない」[120]とし、ミッターマイヤーが、「口頭手続における被告人や証人の判決裁判官の面前への出廷が、法定証拠理論が予見したり法則を決して与えることのできない有罪確信形成のための手段を与える」[121]と述べるのも、このことを示している。これは、よりよい事実認定（心証形成）は、公開の口頭弁論に直接臨んだ当該裁判官によって初めて保証されることを示している。公開主義とともに、口頭主義はいずれにしても最終的には主観的なものとならざるを得ない事実認定における判断をよりよく担保するために、書面主義に代わって採用されたのである。

たとえば、嫌疑刑の成立要件として一八〇五年プロイセン刑事訴訟法は主要事実に関する証拠の「高度の蓋然性」を単に要求する。少なくとも通説はこのように理解している。確かに刑罰の成立に「蓋然性」を要件とし、それに見合う心証を考えることもできる。しかし「証明度」として「蓋然性」を要求する限り、そこでは法廷に提出された個々の証拠に内在する蓋然性と個々の証拠の総合による蓋然性計算が客観的になされ、裁判官の主観的判断の介入する余地はなくなるだろう。「証明の程度」として蓋然性を単に要件とすることは、口頭主義よりもむしろ書面主義に親しむ。[122]

さらに、また口頭主義・公開主義の採用が、判決裁判官の面前で行われる生き生きとした審理により真実発見をよりよく保証するとの考えに立つとするならば、ここから次のような結論が導かれる。すなわち「この判決裁判官の面前での口頭審理が固有の刑事手続だ[123]」ということである。それに先立つ予審はこの公判準備のためのものである[124]。したがって公判への予審調書の顕出は、口頭主義の支配する公判への書面主義による干渉を意味し、原則として許されない[125]。予審調書はあくまで公判準備のための資料としてのみ使用されることになる[126]。

結局、口頭主義・公開主義を伴い、しかも客観化された自由心証主義のもとでは、有罪認定のためには、個々の証拠評価においてのみならずその総合判断においても、論理則や経験則に支えられた認定事実についての一定の客観的な蓋然性とそれに基礎をおく当該裁判官の主観的判断の両者が必要である。この主観的判断は、少なくとも、拷問廃止前においても糺問官に個々の証拠判断に関して認められていた。拷問廃止後の特徴として刑事手続の前面に現れるのは、むしろ個々の証拠を基礎にした総合評価における主観的判断であった。この主観的判断は「被告人が犯人に間違いない」との確信であることはいうまでもない。すなわち、自由心証主義は、有罪認定のための「確信」という証明の程度をもその内容として含んでいる。これは自由心証主義の最終的な成立時に、「疑わしきは被告人の利益に」の原則によって嫌疑刑・仮放免が克服され[127]、「確信」が唯一認められる「証明の程度」とされたことによる[128]。こうして「疑わしきは被告人の利益に」の原則は、自由心証主義に基づく事実認定に必要な主観的判断の程度として「確信」を必要とし、この判断をよりよく保証するために、口頭主義・公開主義が採用されることになった。ここに、自由心証主義・口頭主義・公開主義・「疑わしきは被告人の利益に」の原則の密接不可分な関係を看取できる。さらにまた、自由心証主義における当該裁判官の「確信」も、消極的法定証拠主義において、確信が有罪を妨げるものとして考えられたように[129]、「自己の良心の命じるところと理性の照らすところにしたがって、証拠調べをした結果、抱くに至った心の底からの有罪の確信[130]」として、有罪を妨げる方向で理解される[131][132]。

以上のように自由心証主義は、口頭主義・公開主義・「疑わしきは被告人の利益に」の原則の密接不可分な関係により初めて成立する[133]。この自由心証主義が口頭主義・公開主義に基づく究極的には裁判官の主観的判断であることから、当該裁判官は有罪心証をもつことができないが、一般人ならばもつであろうという形で「確信」を客観化して有罪認定することはできない[134]。また「疑わしきは被告人の利益に」の原則から、実質的挙証責任を原告（検察官）が負っている。したがって、無罪判決のためには「裁判官の有罪の確信を動揺させ、有罪であることについて合理的な疑いを裁判官の心に生ぜしめれば足りる」のであり、「有罪であることが確からしくはあるが絶対に確かだとはいい切れないな、と思わせる程度で足りる[135]」。確信が問題とされるのは有罪認定の場合のみであり、「無罪判決に積極的な事実認定というものはない[136]」。すなわち当該裁判官が有罪の確信をもてない限り、証拠にどんな高度の蓋然性があろうとも無罪である[137]。

自由心証主義は拷問廃止後、事実認定における唯一の採りうる方法と考えられた。しかしこの自由心証主義の採用には職業裁判官に対する不信といった現実的な問題がつきまとった。ドイツにおける法定証拠主義から自由心証主義への移行の経緯はまさにこの問題をいかにコントロールするかを模索したものであった。そしてこのために事実認定・証拠評価の過程を客観化する方途が採られたといってよい。ただ自由心証主義は客観化されたとはいえ、被告人の有罪・無罪を裁判官の個人的判断に委ねざるを得ない。しかしこの個人的判断に決して恣意を許すものでないことは、自由心証主義の法定証拠主義に代わっての登場が「人間理性に対する信頼[138]」によることからも明らかである。自由心証主義は公判廷に現れた証拠を論理則・経験則にしたがって判断すべきであると、裁判官に要請する。しかしこの要請は裁判官の良心に対するものであり、道徳的性格しかもたない（裁判が第一審のみの場合を考えてみれば自明であろう）。そうであるからこそ、正しい事実認定を担保するために、事前の抑制手段が充分に講じられねばならない。[139] ここに判決前の手続保障（第一審の充実）の重要性を見いだす。ドイツの自由心証主義が口頭主義・公開主義・（証拠能力に関する）証拠規則などを要求したのは、この理由による。さらにまたこの自由心証主義の客観化を契機とする事際・事後の控制手段としてミッターマイヤー・サヴィニーの主張した事実認定理由の記載・事実認定を不服とした上訴が考えられる。だだ、この事実認定理由の記載・事実認定を不服とする上訴は、自由心証主義と密接に関係する口頭主義・公開主義と果たして相容れるものなのか、それは書面主義とむしろ親近性をもつものではないのかということをここに指摘して、以下ではこの点について具体的に論じてみることにしよう。

（1）　以下、「口頭主義」は口頭主義と直接主義の両概念を含めて使用する。
（2）　Eberhart Schmidt, Einführung in die Geschichte der deutschen Strafrechtspflege, 3. Aufl., 1965, S. 332.
（3）　とりわけ、本稿とかかわる自由心証主義・口頭主義などの刑事訴訟上の諸原理を取り扱う研究として、次のものがある。庭山英雄『自由心証主義』（学陽書房、一九七八年）、光藤景皎「刑事訴訟における二、三の原則の生成素描」平場安治博士還暦祝賀『現代の刑事法学(下)』（有斐閣、一九七七年）、同「自由心証主義の反省」大阪市大法学雑誌二五巻三・四号（一九七九年）、同「ツァハリーエの刑事訴訟法論（一）（二）（三）」大阪市大法学雑誌二七巻三・四号、二八巻一号、三・四号（一九八一・八二年）、同「刑事裁判の基本構造」横山晃一郎編『現代刑事訴訟法入門』（法律文化社、一九八三年）、川崎英明「ミッターマイヤーの刑事司法論（一）（二・完）」大阪市大法学雑誌二五巻二号、三・四号（一九七八・七九年）。
（4）　光藤「ツァハリーエの刑事訴訟法論（一）」三二四頁。
（5）　ここで自由心証主義の歴史を大陸、とりわけドイツに求めるのは、鴨教授が指摘されるように、わが国の自由心証主義が大陸法に由来し、「フランス革命時の立法と一八四八年のドイツのいわゆる改革された刑事訴訟法における証拠法理論が、わが刑訴法における自由心証主義の確立に、決定的な影響を与えている」（鴨良弼「自由心証主義」『刑事訴訟法講座二巻』〔有斐閣、一九六四年〕九五頁）からである。
（6）　カロリナ法典そのものの規定が、糺問手続の特徴をすべて示しているわけではない（vgl. Schmidt, a.a.O., S. 143）。カロリナ法典は、徐々に浸透してはゆくものの、いわゆる「救済条項（clausula salvatoria）」により、当初から各ラントに対して補充的なものとされた（vgl. Ursula Westhoff, Über die Grundlagen des Strafprozesses, 1955, S. 88. 米山耕二「カロリナの刑事手続」一橋大学研究年報・法学研究9（一九七五年）二四七頁以下参照）。したがって、各ラントによっても各時代によっても刑事手続は異なっている（vgl. Schmidt, a.a.O., S. 142f., 米山「前掲」二四六頁以下参照）。この意味でドイツ糺問手続の特徴を一般的に指摘することは極めて困難である。また、ドイツに現れた糺問手続（形式）が糺問主義の特徴をすべて示しているわけではない。ここでは以上の事実を踏まえた上で、本稿と関係ある範囲でとりわけ一八世紀中葉以降のドイツ糺問手続の特徴、さらにはその問題点を以下に指摘する。なお、ヨハン・ブルネマン『糺問手続法論』（一六四八年）を翻訳した、上口裕『近世ドイツの刑事訴訟』（成文堂、二〇一二年）がある。

（7）　カロリナ法典およびその基礎となったバンベルク法典には、塙浩教授による翻訳がある。神戸法学雑誌一八巻二号、一九巻一・二号、二一巻一・二号、三・四号、二二巻一号（一九六八―七二年）。

（8）　カロリナの規定自体は、一般糺問と特別糺問とを明示的には区別していなかった。しかしイタリア法の罪体論の考え方を採用し、本文で示したような手続になっていた。その後、普通法時代に、イタリアの理論のように、糺問は一般糺問と特別糺問とに明確に分離された（vgl. Schmidt, a.a.O., S. 195f.; Westhoff, a.a.O., S. 89. 米山「前掲」一九二頁参照）。もっとも時代の経過とともに、糺問手続は形式性を失い、再び一般糺問と特別糺問との区別はなくなった。一八〇三年オーストリア刑事訴訟法、一八〇五年プロイセン刑事訴訟法ではもはや両者の区別はみられない（vgl. Schmidt, a.a.O., S. 205; Westhoff, a.a.O., S. 90.）。

（9）　米山「前掲」一九〇頁。Vgl. Schoetensack, Der Strafprozess der Carolina, 1904, S. 97ff.

（10）　カロリナ法典によれば、裁判官（Richter）は刑事裁判所におかれるべきとされていた（一条）が、実際には、たとえば農民などの専門知識のない人々による裁判も行われていた（上口『前掲書』三九頁、庭山『前掲書』二〇九頁参照）。評議後に行われる最終開廷日は、「何ら実質のない飾り物となっていた」（vgl. Schmidt, a.a.O., S. 130, 米山「前掲」二五七頁参照）。

（11）　カロリナ法典二八条、vgl. Westhoff, a.a.O., S. 85f., 米山「前掲」二三七頁参照。

（12）　Vgl. Westhoff, a.a.O., S. 85f.; Schoetensack, a.a.O., S. 78.

（13）　Vgl. Westhoff, a.a.O., S. 86f., 鴨「前掲」九八頁、米山「前掲」二〇五頁、二二五頁以下参照。証言に関し、『充全なる証言（証言の真実性）』についての確認を裁判官に要求していることは、それについて裁量の余地が残されていることを意味する。すなわち、「証言に関する規定は、裁判官の心証から完全に切り離されているのではなく、消極的にではあるが結びついている。もし裁判官が証言の信用性（Glaubhaftigkeit）について承服しかねるならば、有罪を強いられることなく、被告人をその有利な証拠によって救うことができた。これに対して形式的証明力（formelle Beweiskraft）が存在する限り、裁判官はたとえそれに反する確信をもったとしても、有罪判決を下さねばならなかった」（Westhoff, a.a.O., S. 86f.）。このように主要事実に関する証言においても、その信用性について裁判官には裁量の余地が残されていた（ここでいう信用性判断とは、証人の人格のみならず、証言内容からする判断も含まれる――カロリナ法典六五条、米山「前掲」二二六頁参照）。しかし信用性あることを認める限り、証明力に関して裁判官には裁量の余地はなかった。ここから法定証拠主義とは主要事実に関する証拠の証明力についての規定であることが理解できよう。

（14）米山「前掲」二二三頁参照。
（15）Westhoff, a.a.O., S. 85.
（16）米山「前掲」二〇四頁以下。鴨「自由心証主義」九八頁参照。
（17）Vgl. Schmidt, a.a.O., S. 205; Westhoff, a.a.O., S. 90.
（18）Westhoff, a.a.O., S. 89.
（19）Vgl. Westhoff, a.a.O., S. 84, S. 89 u. S. 92f.; Horst Rheingans, Die Ausbildung der Strafprozessualen Rechtskraftlehre, 1937, S. 15ff., 米山「前掲」二五八頁以下参照。
（20）この嫌疑刑・仮放免の要件については後述する。
（21）Westhoff, a.a.O., S. 93.
（22）Westhoff, a.a.O., S. 89.
（23）Westhoff, a.a.O., S. 92f..
（24）グラーザー（J. Glaser）は、糺問手続と判決手続が分離しないこと、すなわち糺問官と判決を下す裁判官の活動が同一人に委ねられていることが、糺問主義の特徴である、と通常は主張されるが、これは間違いであるとし、「糺問官（Inquirent）はなるほど裁判所の官吏ではあるが、判決を下す裁判官では決してない」（Glaser, Handbuch des Strafprozesses, I. Bd., 1883, S. 101f., vgl. R. Thierfelder, Anselm von Feuerbach and die bayerische Strafprozeßgesetzgebung von 1813, ZStW 53. Bd., 1936, S. 414, 佐伯千仭「フォイエルバッハと法定証拠主義の運命（一）」立命館法学一〇二号〔一九七二年〕一三一頁参照）と述べる。この点を敷衍してティアフェルダーは「判決裁判活動は主要都市のみにある上級裁判所（Obergericht）に属し、糺問活動は数多くのラントに散在していた下級裁判所のみで行われた」（Thierfelder, a.a.O., S. 414, 佐伯「前掲（一）」一二九頁参照）と述べている。なお、この糺問裁判所と判決裁判所との分離はフランスにも存在した（梅田豊「フランスにおける自由心証主義の歴史的展開」新潟大学法政理論一八巻一号〔一九八六年〕六九頁参照）。

(25)　一九世紀初頭、判決裁判官が被告人を直接見るべきであるとの主張は、ドイツ糺問手続にとって、全く異質な考え方であった（Thierfelder, a.a.O., S. 424f., 佐伯「前掲（一）」一三六頁以下参照）。すなわち一九世紀初頭「ドイツ普通法における糺問訴訟の伝統においては、判決を決定する裁判官は、一般糺問・特別糺問の結果、作られた記録のみによって、いわゆる書面審査・間接審査で判決を下すべきもの」（佐伯「前掲（一）」一三七頁）とされていた。

(26)　米山「前掲」一九五頁。

(27)　この点について、光藤「刑事訴訟における二、三の原則の生成素描」八八頁以下参照。拷問の廃止によって増加したのが嫌疑刑である（vgl. Peter Holtappels, Die Entwicklungsgeschichte des Grundsatz《in dubio pro reo》, 1965, S. 70 u. S. 80）。
　ドイツ主要ラントので拷問廃止は次の通りである。バーデン一七六七年（部分的には一八三一年まで残った）、メックレンブルク、ザクセン一七七〇年、プファルツ一七七九年、バイエルン、ヴュルテンベルク一八〇六年、ハノーファー一八二二年、ゴータ一八二八年（Schmidt, a.a.O., S. 281）。

(28)　横山晃一郎「自由心証主義の功罪」法学教室第二期六号（一九七四年）一四六頁（横山晃一郎『憲法と刑事訴訟法の交錯』〔成文堂、一九七七年〕に所収）。

(29)　Vgl. Gerhard Walter, Freie Beweiswürdigung, 1979, S. 65.

(30)　Vgl. Schmidt, a.a.O., S. 270. これを補充する同旨の閣令が一七五四年六月二日に出ている（光藤「前掲」九〇頁参照）。

(31)　Schmidt, a.a.O., S. 270.

(32)　Schmidt, a.a.O., S. 270.

(33)　Holtappels, a.a.O., S. 65f.. Vgl. Schmidt, a.a.O., S. 270, 光藤「前掲」九〇頁参照。

(34)　Vgl. Schmidt, a.a.O., S. 270f..

(35)　光藤「前掲」九〇頁参照。

(36)　Vgl. Schmidt, a.a.O., S. 271. シュミットが述べるように、拷問廃止による手続上の問題を個別的な閣令により、全体との関連性なしに解決しようとすることは不可能であった。

（37）　Schmidt, a.a.O., S. 271. 光藤「刑事裁判の基本構造」四八頁。
（38）　Vgl. Holtappels, a.a.O., S. 91; Schmidt, a.a.O., S. 268f. 光藤「刑事訴訟における二、三の原則の生成素描」九一頁参照。
（39）　米山「前掲」二五八頁。Westhoff, a.a.O., S.89; J.H. Langbein, Torture and Law of Proof, 1977, P. 47.
（40）　Westhoff, a.a.O., S. 89; Rheingans, a.a.O., S. 20, 米山「前掲」二五八頁。
（41）　たとえば、積極的法定証拠主義を採る一八〇五年のプロイセン刑事訴訟法は四〇五条で嫌疑刑（特別刑）を規定し、「高度の蓋然性の程度（Ein hoher Grad von Wahrscheinlichkeit）」をその要件とする（vgl. C.J.A. Mittermaier, Lehre von Beweis, 1834, S. 492; Walter, a.a.O., S. 62f., 川崎「前掲（一）」一八七頁以下参照）。これに関して、通説、たとえばミッターマイヤーは高度の蓋然性を裁判官が認めるときはいつでも特別刑を言い渡さなければならないとする（Mittermaier, a.a.O., S. 492）。これに対し、ヤルケ・ツァハリーエは四〇五条の特別刑には裁判官の主観的な確信を必要とすると主張した（Jarcke, Bemerkungen über die Lehre vom unvollständigen Beweis, Neues Archiv des Criminalrechts, 8. Bd., 1826, S. 124f.（Walter, a.a.O., S. 63 による）; H.A. Zachariae, Handbuch des deutschen Strafprocesses, 2. Bd., 1868, S. 412）。ただ両者の見解は、嫌疑刑に要求される客観的な嫌疑の程度の点で異なる。すなわち、ヤルケが確たる徴憑（vollständige Indizienbeweis）を必要とする（Jarcke, a.a.O., S. 139〔Walter, a.a.O., S. 63 による〕）のに対し、ツァハリーエはそれまで要求していない（Zachariae, a.a.O., 2. Bd., S. 412）。これらの主張は、プロイセン刑事訴訟法をめぐるそれぞれ一つの見解である。しかし、ここに拷問廃止後、自由心証主義への移行において、裁判官の主観的確信の証拠法への導入がまず嫌疑刑・仮放免においてなされつつあったことを看取できよう。実際に、その後、仮放免は裁判官が確信をもったとしても、法定証拠が完全でない場合に言い渡された（vgl. Westhoff, a.a.O., S. 93）。この点については後にまた言及する。

このような法定証拠主義下での嫌疑刑・仮放免の主観化（裁判官への総合的な自由な証拠評価の許容）は、完全証明の効果である正規刑の主観化に先立って発生した。嫌疑刑・仮放免の要件をこのように（法定証拠主義による証明を完全には充たす必要はないが、一定の証拠に支えられた蓋然性と、それに基づく、被告人は犯人に間違いないとの裁判官の確信を必要とする）捉えるとき、これは本稿で主張する自由心証主義に基づく事実認定の要件と変わりない。嫌疑として相当高度の蓋然性が要求されている。しかもたとえばプロイセンでは、正規刑よりも軽い刑罰が科され、死刑を科すことはできなかった（Walter, a.a.O., S. 62; Langbein, op.cit., p. 47）。これらの事実は、見方によっては、嫌疑刑が事実認定における謙抑性を示しているともいえよう。すなわち、真実発見は非常に困難なものであり、たとえ裁判官が確信をもったとしても、それは確実なものとはいえず、まして人の生命を奪うような死刑は決して科すことができないとの思想を嫌疑刑は表現している。このように仮定するならば、嫌疑刑、さらには法定証拠主義から自由心証主義への移行について、新たな意味づけが可能かもしれない（もっとも、仮放免が一事不再理の効力を認めない点に問題があるが）。実際、ラングバインは、この嫌疑刑は決して野蛮な制度ではなく、しかも拷問廃止以前からもこの確信を要件とした嫌疑刑が用いられていたとする（Langbein, op.cit., pp. 47, 48）。

(42) たとえば、嫌疑刑においても、糺問官は証拠を知覚し、事件について有罪・無罪など、一定の判断を実際に行う。糺問官による一連の個々の徴憑の承認は、有罪の確信と結びつくこともあるが、それだけで即座に有罪の確信を糺問官に生ぜしめるとは限らない。それにもかかわらず、嫌疑刑を単に蓋然的なものと捉えるとき、法は一定の徴憑から絶えず嫌疑刑を要求することになる。また、嫌疑刑に主観的な確信を必要とするとき、たとえ裁判官が確信をもったとしても、法定証拠が完全ではない限り正規の刑罰を科すことはできない。さらに、嫌疑刑・仮放免をめぐる問題について、光藤「刑事訴訟における二、三の原則の生成素描」参照。

(43) Walter, a.a.O., S. 65.

(44) Erich Schwinge, Der Kampf um die Schwurgerichte bis zur Frankfurter Nationalversammlung, 1926, S. 75. わが国でも明治初年、これと全く同様なことが起こった。横山晃一郎「明治五年後の刑事手続改革と治罪法」法政研究五一巻三・四号（一九八五年）参照。なお、法定証拠主義は重罪のみに適用され、軽い犯罪（delicta levia）には、自由な証拠評価が妥当していた（Langbein, op.cit., pp. 9-10）といわれる。このように考えるならば、従来から問題とされ本稿でも取り扱っている問題は、主として重罪に関する法定証拠主義から自由心証主義への移行の経緯について、ということになろう。

(45) ドイツにおいて、自由心証主義の主張が一七六〇年にユスティ（v. Justi）によってなされた（vgl. Walter, a.a.O., S. 65, 庭山『自由心証主義』一六〇頁参照）。

(46) さらには、一事不再理（ne bis in dem）をめぐる議論も必要であった。これらについて、vgl. Rheingans, Ausbildung, S. 23ff.. 光藤「前掲」一〇二頁以下参照。

(47) 光藤「前掲」九九頁以下参照。

(48) この点については後述する。また自由心証主義（裁判官の主観的判断の尊重）そのものは糺問主義の属性とも考えることができる（光藤「刑事裁判の基本構造」四六頁参照）。

(49) この点の詳細な経緯は、庭山『前掲書』、光藤「自由心証主義の反省」参照。

(50) Vgl. Schmidt, a.a.O., S. 325. G・ステファニ、G・ルヴァスール、B・ブーロック著、沢登佳人・澤登俊雄・新倉修『フランス

刑事法〔刑事訴訟法〕』（成文堂、一九八二年）四二頁以下、沢登佳人・澤登俊雄『刑事訴訟法史』（風媒社、一九六八年）一〇〇頁以下、梅田「前掲」等参照。

(51) フランスでは、人民主権の刑事訴訟手続への反映である陪審の採用がまず政治的に決定され（一七九〇年三月三〇日）、それに理論上適合するように諸主義が採用された。議会において、まずデュポールは陪審と理論的一体不可分性をもつものとして口頭弁論主義・自由心証主義を主張した（一七九〇年一一月二六日）。これに対して、たとえばロベスピエールはドイツを参考としつつ（vgl. A. Esmein, A history of criminal procedure, 1914, translated by J. Simpson, pp. 422-423; Walter, a.a.O., S. 68）、書面主義・消極的法定証拠主義を主張した（一七九一年一月四日）。これにデュポールは反論を加える（一七九一年一月一七日）。このような経緯をたどり、結局、国民憲法議会の議員たちは、「陪審制度に基礎をおく新たな制度と『複雑で洗練された（raffinierten）法定証拠理論・書面主義』とは両立不可能である」（Walter, a.a.O., S. 68）との見解を採り、デュポールの主張が支持され、フランス一七九一年刑事訴訟法典に自由心証主義・口頭弁論主義が採用される。この点の詳細について、沢登佳人「フランス刑事訴訟法における『判決手続と訴追・予審との機能分離の原則』と『陪審制度・自由心証主義および口頭弁論主義の一体不可分性』」新潟大学法政理論一六巻二号（一九八四年）、同「近代刑事訴訟法の真髄デュポール報告について――フランス一七九一年刑事訴訟法提案趣旨説明の解説と全訳」新潟大学法政理論一七巻三号（一九八四年）、梅田「前掲」参照。

(52) 一七九一年刑事訴訟法典については、沢登佳人「邦訳・大革命期フランスの刑事訴訟立法（その一）、治安警察、刑事司法および陪審員の設置に関するデクレ（一七九一年九月一六―二九日）」新潟大学法政理論一七巻一・二号（一九八四年）が、一七九五年の罪刑法典については、沢登佳人・藤尾彰・鯰越溢弘「邦訳・大革命期フランスの刑事訴訟立法（その二）、罪刑法典（一）（二）（三・完）（革命暦四年霧月三日）」新潟大学法政理論一七巻四号、一八巻一号、二号（一九八五年）が、一八〇一年の罪刑法典の部分的修正については、沢登佳人・藤尾彰・鯰越溢弘「邦訳・大革命期フランスの刑事訴訟立法（その三）、重罪事件および軽罪事件における犯罪の訴追に関する法律（革命暦九年雨月七日）」新潟大学法政理論一八巻三号（一九八五年）がある。

(53) フランスでの拷問廃止については、G・ステファニ、G・ルヴァスール、B・ブーロック著、沢登佳人・澤登俊雄・新倉修『フランス刑事法〔刑事訴訟法〕』四六頁以下参照。

(54) Schmidt, a.a.O., S. 324. 小田中聰樹「刑事裁判は何のためにあるか」横山晃一郎編『現代刑事訴訟法入門』三〇頁以下参照（小田中聰樹『刑事訴訟と人権の理論』〔成文堂、一九八三年〕に所収）。なお、このフランスの刑事手続の限界について、小田中「前掲」参照。

（55）Schmidt, a.a.O., S. 325.

（56）裁判官の自由な証拠評価という方向性は、拷問廃止後、事実認定方法として採りうる唯一のものであったとはいえ、無条件に認められうるものでは決してなかった。それは以前から高まっていた職業裁判官の独立性・不党派制に対する疑念により抑えられる。このような裁判官に証拠評価の自由を無条件に委ねることはできない。こうしてドイツでは、「啓蒙期の立法や学説は法律と裁判官との関係について合理的・機械論的意味において、法定証拠主義を新たに正当化しよう」（Walter, a.a.O., S. 65. Vgl. Wilfied Küper, Die Richteridee der Strafprozessordnung und ihre geschichtlichen Grundlagen, 1967, S. 139）とし、自由な証拠評価を裁判官に許すことにあくまで反対した。前述の一八一三年バイエルン刑事訴訟法典同様、一八〇五年プロイセン刑事訴訟法典も積極的法定証拠主義を採用している（Schmidt, a.a.O., S. 272）。

これまでの考察から、積極的法定証拠主義を定義すれば次のようになろう。個々の証拠の評価を糺問官に許容する一方で、糺問官が実際には行っているであろう総合評価には、糺問官の恣意的判断防止などから、法的価値を認めず、法があらかじめ定めた規則によって、有罪・無罪等、一定の事実認定を強制するものである。これに対し、自由心証主義は、裁判官に個々の証拠評価のみならず、さらにその総合評価による最終的な有罪・無罪の認定を法的に許すものである。

（57）この点に関する詳細は、vgl. Thierfelder, a.a.O., S. 410 ならびに佐伯「前掲（一）」参照。

（58）Thierfelder, a.a.O., S. 421. 佐伯「前掲（一）」一三四頁。

（59）Thierfelder, a.a.O., S. 421f. u. 425f.. 佐伯「前掲（一）」一三四頁。ただ先の糺問裁判所の手続とは異なり、後の主張は主要な事件に関してのみ主張された（vgl. Thierfelder, a.a.O., S. 424, 佐伯「前掲（一）」一三六頁参照）。

（60）Vgl. Thierfelder, a.a.O., S. 410, 佐伯「前掲（一）」一二五頁以下参照。

（61）Thierfelder, a.a.O., S. 424, 佐伯「前掲（一）」一三六頁。

（62）フォイエルバッハの終結手続の主張は成立しなかった（Thierfelder, a.a.O., S. 433, 佐伯「前掲（一）」一三八頁）。

（63）すなわち、糺問形式、法定証拠主義を維持する限りにおいて、「裁判官は、彼がその生命や名誉について判決を下すところの被糺問者をじかに見ることはない。裁判官に対する、その面前にいる人間の生き生きした影響や弁護人の弁論の印象は失われ、被糺問者はただ記録の中にある死んだ文字のみによって裁かれている」との批判が妥当する（Thierfelder, a.a.O., S. 423. 佐伯「前掲（一）」一三六頁）。したがって、この克服のためには、訴訟構造を単に弾劾主義化するだけではなく、事実認定を自由心証主義に委ねることが必要となる。さらに自由心証主義への移行の方向性を示すものとして、初期のミッターマイヤーの主張をあげることができる（ミッターマイヤーは、当初、消極的法定証拠主義を主張していたが、自由心証主義へ転換する。この点について、川崎「前掲（二）」四二三頁以下参照）。彼はオッペン（v. Oppen）の「陪審員と裁判官（Geschworene und Richter）」に対する書評の中で、陪審裁判所を設けない国々において、法定証拠主義が正義の要求に一致するのは次の場合のみとする。すなわち「手続が公開され、判決裁判官の面前で公判（Hauptuntersuchung）が行われること、つまり被告人・証人・鑑定人がそこで尋問されるように構成されること」である。こうすることによって、「判決裁判官は記録を通して、単に糺問官や報告者（Referenten）のみを信用せざるを得ないことから導かれる異議を免れうる」（C.J.A. Mittermaier, Beurteilung der neuesten criminalischen Schriften, Archiv des Criminalrechts［neue Folge］, 1834, S. 458）と。

(64) Walter, a.a.O., S. 65. もっとも、カロリナ法典自体の法定証拠主義は、本来、消極的法定証拠主義であり、その後普通法時代に、理論実務により、積極的なものに転化したといわれている（Westhoff, a.a.O., S. 87 u. S. 115, 米山「前掲」二五九頁、光藤「刑事裁判の基本構造」五〇頁）。

(65) Caietan Filangieri, System der Gesetzgebung（Deutsche Übersetzung）Ⅲ, 1786, S. 257（Walter, a.a.O., S. 66 による）. 庭山『前掲書』一六一頁以下参照。

(66) Walter, a.a.O., S. 66.

(67) Filangieri, a.a.O., S. 272（Walter, a.a.O., S. 66 による）.

(68) Walter, a.a.O., S. 65 u. S. 67.

(69) 実際に、一八四三年ヴュルテンベルク刑事訴訟法典や一八四五年バーデン刑事訴訟法典の中に消極的法定証拠主義が採用された（vgl. Walter, a.a.O., S. 66）。なお、光藤景皎「一九世紀ドイツにおける消極的法定証拠主義のもとでの証拠法則（一）――バーデン――」大阪市大法学雑誌三二巻四号（一九八六年）参照。

(70) Vgl. Walter, a.a.O., S. 67; J. Glaser, Beiträge zur Lehre vom Beweis im Strafprozess, 1883, S. 15.

(71) 仮放免を受けたものは、手続費用の支払い、保釈金を課され、警察の監督下におかれ、居住制限を受け、公民権を失い、さらには通常官職も解かれ、正規の刑罰とほとんど変わらなかった（vgl. Rheingans, a.a.O., S. 22, 田口守一『刑事裁判の拘束力』〔成文堂、一九八〇年〕三五二頁参照）。

(72) Walter, a.a.O., S. 67, vgl. Glaser, a.a.O., S. 15.

(73) Walter, a.a.O., S. 66f., vgl. Glaser, a.a.O., S. 15.

(74) Schwinge, a.a.O., S. 78. このような批判はラインラントに関する直属司法委員会の一八一八年の意見書に現れている（Gutachten des Königlich Preußischen Immediat＝Justiz＝Commission über das Geschworenengericht, 1819, S. 19. Vgl. Schwinge, a.a.O., S. 19f. u. S. 78）。

(75) Vgl. Gutachten, S. 13; Schwinge, a.a.O., S. 77. 裁判官の恣意に対する証拠規則による控制が幻想であり、基本的に証拠はすべて徴憑であること（直接証拠と間接証拠に性質上相違のないこと）が認識され、自由心証主義への進むことになる（Schwinge, a.a.O., S. 80）。

(76) Schwinge, a.a.O., S. 78. もっとも、消極的法定証拠主義に陪審の主張が即座に取って代わったのではなく、両者の主張は同時並行的に、自由心証主義が法律によって採用されるまで続いた。

(77) Vgl. Holtappels, a.a.O., S. 64f.. 光藤「刑事訴訟法における二、三の原則の生成素描」八九頁以下参照。

(78) Vgl. Schwinge, a.a.O., S. 43ff..

(79) もっとも一八四八年のリューベックのゲルマニステン集会、一八四八年のフランクフルト国民議会において陪審裁判所の導入は政治的に決定された（vgl. Schwinge, a.a.O., S. 146ff.）。

(80) Walter, a.a.O., S. 69, vgl. Schwinge, a.a.O., S. 84.

(81) Vgl. Walter, a.a.O., S. 69.

(82) v. Oppen, Geschworene und Richter, 1835, S. 45f.（Schwinge, a.a.O., S. 87f.; Walter, a.a.O., S. 70 による）。

(83) Reinholt Köstlin, Der Wendepunkt des deutschen Strafverfahrens im 19 Jahrhundert, 1849, S. 120. 光藤「自由心証主義の反省」六五二頁以下参照。

(84) Köstlin, a.a.O., S. 120.

(85) Schwinge, a.a.O., S. 84.

(86) Walter, a.a.O., S. 72, 光藤「前掲」六五二頁。

(87) 光藤「前掲」六五二頁。

(88) Walter, a.a.O., S. 70.

(89) Vgl. P.J.A. Feuerbach, Betrachtung über das Geschworengericht, 1813, S. 121ff.; ders, Betrachtung über Öffentlichkeit und Mündlichkeit der Gerechtigkeitspflege, 2. Bd., S. 403; Schwinge, a.a.O., S. 75f. u. S. 85.

（90）　Mittermaier, a.a.O., S. 457.

（91）　C.J.A. Mittermaier, Die Lehre vom Beweis im deutschen Strafprozesse, 1834, S. 76 u. S. 100, vgl. Schwinge, a.a.O., S. 84. 川崎「ミッターマイヤーの刑事司法論（二・完）」四二三頁参照

（92）　フォイエルバッハは陪審員のすべての確信が一致することによってはじめて、真実は蓋然的なもの確実なものとして保証されるとする（Betrachtung über Öffentlichkeit und Mündlichkeit der Gerechtigkeitspflege, 2. Bd., S. 413f.）。

（93）　沢登「近代刑事訴訟法の真髄デュポール報告について」一二九頁。前述のようにフランスでは、政治的問題として陪審裁判所が採用され、この制度の趣旨（刑事司法権の人民帰属）に調和するものとして、口頭弁論主義・自由心証主義が採用された。しかし本文で引用したデュポールの報告にあるように、その調和の追求の中に、真実発見のために自由な証拠評価をどのように控制すべきかという証明理論上の問題が検討されたことを忘れてはならない。

（94）　Walter, a.a.O., S. 71.

（95）　もっとも、このような考え方はプロイセン直属司法委員会の意見書にすでに現れている（Gutachten, S. 18）。ヤルケについての詳細は、庭山『前掲書』一六七頁以下、光藤「前掲」六五四頁以下参照。Vgl. Schwinge, a.a.O., S. 88.

（96）　Jarcke, a.a.O., S. 98 u. S. 99（Walter, a.a.O., S. 72 による）.

（97）　Vgl. Jarcke, a.a.O., S. 100（Walter, a.a.O., S. 72 による）.

（98）　Jarcke, a.a.O., S. 102f.（Küper, a.a.O., S. 223 による）. 光藤「前掲」六五四頁参照。

（99）　Jarcke, a.a.O., S. 101f.（Walter, a.a.O., S. 72 による）. 光藤「前掲」六五四頁参照。

（100）　Vgl. Jarcke, a.a.O., S. 102f.（Walter, a.a.O., S. 72 による）.

（101）　従来、ここでの「事実認定理由」に相当する語句として「判決理由」との言葉が用いられてきた（たとえば、光藤「自由心証主義の反省」参照）。だが一般的に今日「判決理由」という場合、単に認定事実に関するのみならず、それに適用される法令をめぐる理由も含まれる。本稿で問題としているのは、自由心証主義・口頭主義に基づく前者についてである。この意味において、以下特別な場合を除き、「判決理由」ではなく、「事実認定理由」という用語を使いたい。わが国の現行刑事訴訟法上、「事実認定理由」とは「罪となるべき事実」と「証拠の標目」である。

（102）　Mittermaier, Lehre vom Beweis, S. 65.

（103）　C.J.A. Mittermaier, Die Mündlichkeit des Anklageprinzip, die Öffentlichkeit und das Geschworengericht, 1845, S. 27. Vgl. ders,

Das deutsche Strafverfahren, 2. Abteilung, 1827, S. 319f. またフォイエルバッハも陪審と証拠規則との関係について早くから指摘していた（Betrachtung über Öffentlichkeit und Gerechtigkeitspflege 2. Bd., 1813, S. 459ff.）。光藤「自由心証主義の反省」六五五頁以下参照。

(104) 川崎「前掲（二・完）」四二七頁参照。

(105) v. Savigny, Über Schwurgericht und Beweistheorie im Strafprozesse, Archiv für Preußisches Strafrecht, 6. Bd., 1858. この詳細については、庭山『自由心証主義』一七四頁以下、光藤「前掲」六七二頁以下参照。サヴィニーは、法定証拠主義の問題を論じ、積極的・消極的両法定証拠主義の廃止を主張した。サヴィニー以前のこれと同様な主張について、庭山『前掲書』一七三頁以下、光藤「前掲」六六九頁以下参照。

(106) Savigny, a.a.O., S. 481.

(107) Savigny, a.a.O., S. 484. Vgl. Gutachten, S. 24ff. 光藤「前掲」六七二頁参照。サヴィニーは「我々が確実性（Gewißheit）と呼ぶものは、ともに作用しつつ、個別的事案にのみ属する非常に多くの個別的なエレメントに基礎をおくから、それに対する学問的普遍的法則はおよそ存在し得ない」（Savigny, a.a.O., S. 486, 光藤「前掲」六七二頁以下参照）とし、法定証拠主義を批判する。

(108) Savigny, a.a.O., S. 485.

(109) 一八〇五年プロイセン刑事訴訟法典改正のためになされたサヴィニーのこの提案は、実際に一八四六年七月一七日の法律に採用され、一八四九年一月三日の法律にも受け継がれた（vgl. Walter, a.a.O., S. 74. 庭山『前掲書』一七六頁、光藤「前掲」六七五頁参照）。

(110) Savigny, a.a.O., S. 491. 光藤「前掲」六七五頁参照。

(111) Vgl. Schwinge, a.a.O., S. 90f.; Walter, a.a.O., S. 74.

(112) 陪審裁判所は、ドイツにおいて自由心証主義に対する一つの控制手段として主張され、フランスにおいては人民主権の立場から刑事手続の大前提とされた。私は後者の立場をとるべきと考える。たとえ、陪審裁判所による裁判に誤判がつきまとうとしても、あくまでも、それを前提とした上でより誤判の少ない、整合性のある刑事訴訟制度を模索すべきであろう。少なくとも、本稿での自由心証主義・口頭主義・公開主義の主張は陪審裁判所制度とも充分に調和すると考える。

(113) Mittermaier, Mündlichkeit, S. 336ff. 川崎「前掲（二・完）」四二〇頁以下参照。ついでながら、この公開主義の根拠の主張は、Jeremy Bentham, A Treatise on Judicial Evidence, 1825, pp. 67–78 における主張に極めて類似している。なお、公開主義と仮放免との関係については次項で述べる。

(114) もっとも、フランスの内的確信の理論をめぐるデュポールの主張といえども、全く主観的なものでは必ずしもなかった(沢登「近代刑事訴訟法の真髄デュポール報告について」一二九頁、光藤「前掲」六四九頁参照)。

(115) Mittermaier, Lehre vom Beweis, S. 69. 川崎「ミッターマイヤーの刑事司法論(二・完)」四二九頁参照。

(116) Mittermaier, Mündlichkeit, S. 408. 川崎「前掲(二・完)」四二九頁参照。

(117) Savigny, a.a.O., S. 488f..

(118) 註(107)のサヴィニーの指摘が自由心証主義においてもあてはまる。自由心証主義において、論理則や経験則を裁判官自らが発見、適用することになるが、やはり非常に多くの個別的モメントに認定の基礎をおかねばならず、それに適用しうる普遍的法則は存在せず、結局は、当該裁判官の個別的判断に委ねざるを得ない(特に多くの証拠に基づく総合評価にあてはまる)。

(119) この点について、プロイセン直属司法委員会の意見書も指摘している(Gutachten, S. 25)。川崎「前掲(二・完)」四一六頁参照。被告人・証人などの供述態度といったものも、それ自体からは決して一義的な意味を引き出すことができず、その供述内容など、他との全体的な関連の中で、しかも当該裁判官の個性と相俟って、初めて評価される。

(120) Savigny, a.a.O., S. 481.

(121) Mittermaier, a.a.O., S. 407.

(122) 先に示した、フォイエルバッハ等の法定証拠主義下での口頭主義の主張は、嫌疑刑(仮放免)が確信を要件としつつあったことからも、また理由づけることができよう。

(123) Mittermaier, a.a.O., S. 246f..

(124) Mittermaier, a.a.O., S. 247.

(125) Vgl. Mittermaier, a.a.O., S. 274. 川崎「前掲(二・完)」四一八頁参照。

(126) 革命後のフランスにおいても、このように考えられた(沢登「フランス刑訴法機能分離・陪審制・自由心証主義・口頭弁論主義」一六〇頁、一七一頁参照)。

(127) Vgl. Westhoff, a.a.O., S. 111. 光藤「刑事訴訟における二、三の原則の生成素描」参照。

(128) Vgl. Mittermaier, Die Gesetzgebung und Rechtsübung über Strafverfahren, 1856, S. 570; Holtappels, a.a.O., S. 94f.. 一八四三年以降、ドイツ各ラントにこの原則が採用されていく。

(129)　Walter, a.a.O., S. 67.

(130)　佐伯千仭「自由心証主義」佐伯千仭編『刑事訴訟法の考え方』（有斐閣、一九八〇年）一七九頁。

(131)　東京地裁は松川事件損害賠償事件判決（昭和四四・四・二三判例時報五五七号三頁以下）の中で、「もともと刑事訴訟という制度そのものが、検察官の判断がつねに正しいとはかぎらないとうことを前提として、その判断が正しいかどうかを確かめることを目的としている」と述べる。これは、裁判官は、無罪心証を問題とするのではなく、有罪心証が得られるかどうかのみを問題とすべきことを、適切に表現している。

(132)　このような主張に対して、裁判官は確信を抱いていないにもかかわらず容易に有罪判決を下しうる。結局、裁判官の内心にまで決して立ち入れないのではないか、との反論があろう。私はただ、後に述べるように、少なくとも第一審裁判官が事実認定に関して、証明なし無罪とするならば、もはや上（控）訴はできないと主張するのみである。

(133)　庭山『前掲書』二〇二頁参照。

(134)　最近、民事訴訟において事実認定・心証形成とは、「経験則の客観的蓋然性に基礎をおく証明主題の主観的蓋然性が、証拠等の情報の集積に従いベイズ定理に従って変動している蓋然性証明」（太田勝造『裁判における証明論の基礎』〔弘文堂、一九八二年〕二二九頁）であるとし、事実認定から当該裁判官の具体的確信を排除しようとする主張が現れた。これは自由心証主義の「心証」概念を蓋然性として捉えようとする。そこでは「心証」を「確信を抱いてよいか否か」（太田『前掲書』一六頁）、すなわち一定の蓋然性があるか否かの問題として捉えることになる。また、この蓋然性説の背景には、自由心証主義とは「証拠評価の方法」を規定するもので、「証明度」について定めたものではない、との考え方がある（太田『前掲書』四七頁、二三〇頁参照。Vgl. B. Maasen, Beweismaßproblem im Schadensersatzprozeß, 1975, S. 27ff.）。刑事訴訟と民事訴訟との相違は「疑わしきは被告人の利益に」の原則の適用の有無にある。必ずしもこの原則の適用のない民事訴訟において、事実認定に当然には確信を必要とするものではない。挙証責任の分配が行われる限りにおいて、蓋然性説は民事訴訟により親しむものである。太田教授の蓋然性説のねらいは、主として民事訴訟における「立証軽減」にあった（太田『前掲書』一七五頁以下参照）。そしてこの証明度の軽減理由の一つとして高い証明度が当事者の公平に反することをあげている（太田『前掲書』二三一頁）。しかし、原告である検察官と被告人との地位の間に非常に大きな格差のある刑事訴訟において、この証明度の軽減は通常考えられず、蓋然性をとることはできない。

(135)　沢登佳人「伝聞法則とその例外規定との、および刑事訴訟法三一八条の新解釈『全訴訟関係人を人格として取扱え』『疑わしきは罰せず』の法理を証拠法に貫徹する道」新潟大学法政論集九巻三号（一九七七年）七〇頁、七一頁。なお、平野龍一博士もいかなる場合に「合理的な疑いをいれない程度」といえるかについて「道徳的な確実さ」（moral certainty）すなわち、裁判官が、良心に従って、まちがいないと信じたとき、というのが最も妥当とされる（平野『刑事訴訟法』（有斐閣、一九五八年））一八九頁）。

(136) 団藤重光「自由心証主義」『刑事法講座六巻』（有斐閣、一九五三年）一一二七頁。

(137) 現実にあるかどうかは別にして、裁判官は確信をもってはいるが、証拠の蓋然性をほとんど認めることができなくて、無罪ということも考えられる。しかし、主観的確信はその根拠である証拠の客観的蓋然性に基礎をおくものでなければならない。第一審裁判官が有罪認定に必要とされる一定の証拠の蓋然性がない、と言明するならば、そこには同時に、当該裁判官が公開の口頭審理において確信を結局もつことができなかった、という主観的判断の結果も含まれていると考えねばならない。

(138) なるほど、フランスにおいて自由心証主義の採用は、主として「陪審」の導入と密接に関係している。さりとて、この自由心証主義の採用が「人間理性」への信頼とまったく無縁であったとはいえないであろう。まして、フランスと自由心証主義採用の経緯の異なるドイツでは、なおさらである（横山「自由心証主義の功罪」一四六頁、同「証拠評価、心証形成、挙証責任」能勢弘之・大野平吉・横山晃一郎編『講義刑事訴訟法』（青林書院新社、一九八四年）二二八頁以下参照）。

(139) 庭山『前掲書』一二二頁以下参照。

三　自由心証主義と上訴審

1　サヴィニーの提案を受け、ベルリンのカンマー裁判所（Kammergericht）と刑事裁判所（Kriminalgericht）に効力をもったプロイセン一八四六年七月一七日の法律は、職業裁判官制度維持のもとで、ドイツに初めて自由心証主義を導入した。さらに、これには、検察官制度をはじめ、口頭主義・公開主義・事実認定理由の記載・事実認定を不服とする上訴などの諸主義、諸制度が伴った。このいわゆる「改革された刑事訴訟」は、一八四八年以降、ドイツ各ラントにおいても立法化されるに至る。(1) もっとも、一八四八年にフランクフルト国民議会で陪審裁判所制度の導入が採択される。そして、この採択の精神はドイツ各ラントに浸透してゆく。この陪審の導入によって、とりわけ職業裁判官の事実認定をコントロールするためのものと考えられた事実認定理由の記載・事実認定を不服とする上訴制度は余計なものとなる。しかし、国民議会の解散、三月革命の失敗により、陪審裁判所がすべてのラントに導入されたわけではない。また、陪審裁判所を導入した各ラントにおいてもすべての刑事事件が陪審裁判所に委ねられたわけでは決してない。自由心証主義採用下での、職業裁判官による裁判（事実認定）も行われた。[2] この職業裁判官による事実認定に対し、ドイツ各ラントは当初、ブラウンシュヴァイクを除いて、控訴を廃止しようとはしなかった。[3] しかしながら、その後、事実認定を不服とする上訴は、およそ公開主義・口頭主義・「疑わしきは被告人の利益に」の原則の下で自由心証主義を採用した刑事訴訟手続とは矛盾するのではないか、と認識されるようになる。[4] このような認識へと至った理由については、後に述べるとして、この状況の中で、口頭主義・公開主義採用下での、職業裁判官による事実認定を不服とする上訴（控訴）をめぐり、各ラントの立法はたとえば次のようなものであった。この控訴を採用したラントの刑事訴訟法として、一八四九年、一八五二年プロイセン各刑事訴訟法、一八四八年バイエルン刑事訴訟法、一八五〇年ハノーファー刑事訴訟法があり、採用しなかったものとして、前述の一八四九年ブラウンシュヴァイク刑事訴訟法、一八五四年アルテンブルク刑事訴訟法がある。[5] また、これらの中間に位置するものとして、一八五五年ザクセン刑事訴訟法がある。この立法では、事実認定を不服とする控訴は単に被告人のみ許容され、検察官には認められなかった。[6] このような諸立法は種々の学説の影響を受けていた。たとえば、ザクセン刑事訴訟法は草案の段階では控訴をまったく否認したものであったが、これはシュヴァルツェ（Schwarze）の学説の反映であった。[7] ここで諸学説の支持者を示すならば、次のようになる。事実認定を不服とする控訴の維持に賛成する者として、たとえば、アーノルト（Arnold）、ゲラウ（Gerau）、メルケル（Merkel）、グロース（Groß）などが、反対する者として、前述のシュヴァルツェ、ヴァルター（F. Walther）、プランク（Planck）、ツァハリーエ（Zachariae）などがいた。[8] さらに、被告人にのみ控訴を認め、検察官に許さない者として、ミッターマイヤーがいた。[9]

従来の法定証拠主義のもとでは、事実認定の問題が同時に法律問題となり、上級審によるこの事実認定についての審査（上訴）制度は何らの抵抗もなく導かれていた。[10] この法定証拠主義下で自明の制度と考えられた控訴を、自由心証主義・口頭主義・公開主義の各ラントへの導入後も、職業裁判官の事実認定に対して、当初、維持しようとしていた。このような状況の中で、刑事訴訟手続がおよそ自由心証主義、さらにそれに伴う口頭主義を採用する限り、これらの主義と上訴（控訴）制度とは相容れるものではないとの見解が台頭してくる。

それでは、この口頭主義・公開主義・自由心証主義・「疑わしきは被告人の利益に」の原則と事実認定を不服とする上訴が矛盾するとはどのような理由によるのであろうか。この点について、とりわけツァハリーエ、プランクを参考にしつつ述べるなら、次のようになる。それは、口頭主義・公開主義が採用され自由心証主義に基づいて事実認定を行う刑事訴訟手続において、第一審裁判官のおかれたと同一の状況に、上級審裁判官がおかれることは決してあり得ない、[11] ということである。すなわち、自由心証主義・口頭主義・公開主義・「疑わしきは被告人の利益に」の原則に基づく訴訟手続においては、原審裁判官が事実問題について判断の基礎においた立証手続での審理内容を原審訴訟記録（geschriebene Acten）に完全に表現することは決してできず、また事実認定理由にも、原審裁判官の確信を決定づけた面前での生き生きとした全体的印象を記載することは不可能である、という事実である。[12] この不充分な原審訴訟記録・事実認定理由といった書面によって控訴審が審理を行うならば、法定証拠主義・書面主義に代わっての自由心証主義・「疑わしきは被告人の利益に」の原則の採用の下、その事実認定（とりわけ主観的な確信獲得）をよりよく保証する制度として刑事訴訟に登場した、口頭主義・公開主義が控訴審には欠けることになる（書面審理が行われる限り、公開主義は意味をもたないであろう)。これは控訴審が第一審よりも真実により近づきうるものでは決してないことを意味する。原審において、「正しい判決言渡しにとって必要不可欠な前提として、口頭主義の原則が承認されているにもかかわらず、第二審を書面主義の原則にとって代えることは、明らかに矛盾する」[13]。また、原審と同一の口頭審理をすべて繰り返すことは、二つの審理の間に生じるであろう証拠方法の喪失や証拠価値の自然的な減少などから不可能である[14]。そうだとすると、「実際には第二審の事実認定は第二のそれではなく、明らかに(第一審とは相違する、しかも)不完全な根拠(Grundlage)に基づく、第一の事実認定とみなされうる」[15]ことになる。控訴審が第一審に比べ不完全な資料(Material)に基づくものでありながら、第一審より事実問題についてよりよい判断が期待できるとするならば、それは控訴審に卓越した人員構成がなされ、あるいは新しい事実や証拠方法の付加による証拠資料が増加した場合であろう。しかし前者については、まさに第一審の充実こそが司法改革の中心課題とされねばならず、また後者については、証人の死とか記憶の脆さといった、第一審で使用された証拠喪失の危険によって、新事実・証拠の価値は相殺されることになる[16]。

以上、口頭主義・公開主義との関係から事実認定を不服とする上(控)訴否定の論理について探ってきた。前項で考察した自由心証主義・「疑わしきは被告人の利益に」の原則、さらにはそれと密接不可分な関係にある口頭主義・公開主義の原則の歴史的な発展生成・意義内容は、この上(控)訴否認の論理に一定の正しいものが含まれていることを示している。以上の理由から、なるほど、ツァハリーエ、プランクはおよそ事実認定を不服とする上訴を否定とする。しかし、また、自由心証主義が客観化され、事実認定に証拠の一定の蓋然性と主観的判断(確信)を必要とすることになったとの、前項での確認を、いま一度ふり返るとき、彼らの帰結を無条件に認めるわけにはいかない。すなわち、ここに示された根拠は、とりわけ後者(主観的判断)にのみ関係するもので、それはただ次の結論を導くのみである。つまり、一度、口頭主義・公開主義・自由心証主義・「疑わしきは被告人の利益に」の原則により、主観的心証が形成されるならば、それに優る心証形成（事実認定）は事後的に不可能なことである。原審記録・事実認定理由に記載される客観的な内容は、事後的に主観的な心証形成を行う資料としては不充分である（これに対して、有罪認定に一方で必要とされる蓋然性の判断にとってこの記載内容は欠けるところはない）。ここから、第一審裁判官の主観的心証（確信）を問題とする上訴は認められないことになる。したがって、この帰結は、事実認定に必要な当該裁判官の個別具体的な主観的判断そのものを問題とする上訴のみをただ禁じるもので、他方で事実認定に必要とされる客観的蓋然性の当否をめぐる上訴までも否定するものではない。前項で確認した事実は、まさにこの上訴否認論の根拠と合致している。結局、第一審刑事訴訟手続への自由心証主義・口頭主義・公開主義・「疑わしきは被告人の利益に」の原則の採用は、原審裁判官の主観的心証そのものの当否を問題とする上訴制度を論理必然的に排除し、[17]原審でのよりよい心証形成のために、むしろ第一審での信頼に値する裁判官の構成・事実審理の充実を要請する。少なくとも、これらの諸主義を第一審の主要原理であると前提にするならば、[18]以上のようになる。事実認定における客観的側面、すなわち蓋然性存否の問題、さらには法律問題に関する上訴は、客観的・統一的把握が要求され、また可能でもあり、口頭主義・公開主義・自由心証主義・「疑わしきは被告人の利益に」の原則の第一審採用と、矛盾するものではない。このように以上の諸主義・原則に基づく事実認定における主観的判断を問題とする上訴と、そうではない上訴とでは自ずから差異が生じる。[19]

2　陪審制度を導入することなく、自由心証主義・口頭主義・公開主義・「疑わしきは被告人の利益に」の原則採用のもと、第一審事実認定を職業裁判官に委ねた場合、その事実認定を不服とする上訴の導入は、これらの諸主義に最も相応しいもの、論理適合的なものでなければならない。[20]とするならば、とりわけ、第一審の公開口頭審理においてのみ、よりよく形成される原審裁判官の主観的な心証自体の当否を事後的に問題とすることは、論理的に認められない。この原審当該裁判官の個別的主観的判断を問題とすることができないならば、審査が可能となるのは事実認定・証拠評価における客観的側面のみということになる。すなわち、当該裁判官が主観的確信をもつことにより認定された事実の根拠となり、口頭主義・公開主義に基づくか否かによってその評価の左右されることの決してない、経験則・論理則に支えられた証拠の証明力の蓋然性の存否をめぐる審査である。換言すれば、原審認定事実が証拠に経験則・論理則を適用して導かれる蓋然性によって支持されているか否かの審査である。しかも第一審裁判官の確信（心証）の根拠としての証拠の蓋然性の存否を上訴審によって審査する限りにおいてのみ、口頭主義・公開主義とは本来相容れない書面主義の導入を許容できよう。したがって、前述のように自由心証主義を理解するミッターマイヤー・サヴィニーの事実認定理由の記載・事実認定を不服とする上訴についての主張もこの線に沿って理解されねばならない。また、これらの主張は、自由心証主義の内容が内的確信の理論から客観化されたことに伴ってはじめて可能となったことを考えれば、ここに示した審査方法以外は考えられないであろう。

それでは、事実認定理由の記載を媒介とするこの上訴は、具体的にどのようになされるのであろうか。事実認定理由には事実認定についての判断結果とその根拠が記載される。この事実認定理由に記載される「判断結果」には、個々の証拠の信用性に関する判断（証拠の取捨選択）の結果（現行刑訴法では「証拠の標目」にあたる。また、この「証拠の標目」は「罪となるべき事実」に対する判断根拠ともなる）と、信用性ありとされた個々の証拠の証明力の総合に関する判断の結果（「罪となるべき事実」）が含まれる。上訴裁判所は、上訴審での事後審査のために原審に作成が要求された、この事実認定理由を拠り所として、原審の自由心証主義による判断（個々の証拠の信用性・その個々の証拠による証明力の総合）の結果が根拠をもっているかどうかを審査する。この審査には、原則として判決書、訴訟記録といった書面、さらには原審取調べ証拠が用いられる。この審査は、これらの書面記録・証拠に基づき原審認定事実について蓋然性審査を行うものであり、原審の主観的心証そのものに決して関わるものではない。すなわち、上訴審での審理は、原審の有罪認定に必要な二つの要件である証拠の蓋然性と確信のうち前者のみを問題とする。本来、その判断根拠は事実認定理由に供述等の内容をそれぞれ引用して示すべきものである。ただ現行刑事訴訟法下での「証拠標目」列挙主義も記録（供述調書など）を参照することによって、その判断根拠を一応示しうる。したがって、この方式も、事実認定理由を媒介とする上訴制度による心証控制手段と考えてよい。[21] また、戦前のような詳細な証拠説明を行う場合でも、それが正しいか否かの判断には供述記録・公判調書などの参照が必要である。すなわち、事実認定理由を媒介する事実認定の上訴審による控制手段には、いずれにしても訴訟記録が必要である。しかしこの訴訟記録等は積極的な心証（確信）形成を行うためにあるのでは決してない。[22] あくまでも原審認定事実についての証拠の蓋然性審査の資料として用いられねばならない。この審査方式が、上訴審の構造として、自由心証主義・口頭主義・公開主義・「疑わしきは被告人の利益に」の原則の第一審での採用に、最も適合するものである。

この審査が蓋然性審査であることから、次の帰結が導かれる。すなわち、証言の信用性につき資料とした証人の供述態度といった、類型化になじまず、結局は公開の直接口頭審理に臨んだ裁判官の主観的判断に委ねざるを得ない「口頭弁論の趣旨」は「判断根拠」とはなり得ないことである。たとえ、それが記述できたとしても決して完全なものたり得ないであろう。すなわち、もし証人の供述態度等が「判断根拠」として記述され得たとしても、それは、一義的・法則的な結果を決して導くものではなく、事後的な蓋然性判断の資料としては余りにも抽象的で曖昧なものである（すなわち、類型的におよそ証拠資料とは認められない）。そのよりよい評価は、口頭主義・公開主義に基づく審理においてのみ、しかも全体との関連の中でのみ初めて可能となる。公開の口頭審理のもとで、他の記述不可能な諸要素と相俟ってのみ初めて評価可能となる「口頭弁論の趣旨」を事実認定理由の中で「判断根拠」として掲げ、それを書面審査によって、上訴審が別異に評価し直すことは許されない。すなわち上訴審がこの点について事後的に問題とし、審査することはできない。上訴審での審理のために、口頭主義の例外として最小限許容されるべき事実認定理由の記載から「口頭弁論の趣旨」は除かれねばならなず、事実認定理由の記載は上訴審での審査に規定される。事実認定理由中の判断根拠には、結局、法で認められた証拠能力ある証拠が用いられなければならない。

この審査方式をヴァルター（G. Walter）の言を借りて述べるなら、まずは次のようになる。「事実認定理由（Ur-teilsgründe）は、事実裁判官の公判における認定過程（Erkentnisprozeß）とは異なる独自の『……事実のレベル（Tatsachenebene）』として扱われる。……それ故二人の裁判官（第一審裁判官と控訴審裁判官……筆者註）は異なる資料を評価することになる[23]」。「判決の破棄は、……それが事実認定についてなされる限り、それは誤った評価（Würdigung）に対する非難に基づくのでは決してなく、獲得された結果（Ergebnis）に関する叙述に誤りがあり、判断根拠（Gründe）が判決を異論の余地のないほどには『支えて（tragen）』いないからである[24]」。さらにヴァルターは第一審の自由心証主義と上訴審での審査の関係につき、次のように述べる。「立法者による上訴の保障は自由心証主義の規定と矛盾するものではなく、むしろ両制度は同一思想の異なった側面を表現している。すなわち立法者は真実発見を保証しようとしている。それ故に、一方で立法者は原審裁判官に完全なる証拠評価の自由を委ね、他方で決して排除することのできない誤判の可能性ゆえに、この真実発見のチェックのために審査審（Kontrollinstanz）を構築した。したがって上訴と自由心証主義は対立物では決してなく、真実発見という共通の目的を獲得するために相互に補完し合っている[25]」。原則として、ヴァルターが述べたように、事実認定理由の記載・事実認定を不服とする上訴制度を理解することができよう。しかし、ヴァルターが、自由心証主義は歴史的にみて法定証拠主義からの解放のみをただ意味し、原審裁判所の事実認定が他の裁判所によって攻撃され、審査されるべきではないとの意味まで含んでいない[26]、とすることには問題がある。ここでは上訴制度の設置は立法者の全くの法政策的な問題となってしまい、上訴審での審査は、原審の自由心証主義・口頭主義と主義・公開主義・「疑わしきは被告人の利益に」の原則とはまったく無縁なものとなり、無制限に可能となる。だが、自由心証主義は、先に見たように、事実認定手段として法定証拠主義に取って代わり歴史に登場し、しかもその自由心証主義による事実認定をよりよく保証するために、書面主義に代えて、口頭主義・公開主義を採用した。すなわち、口頭主義・公開主義・「疑わしきは被告人の利益に」の原則を前提とした自由心証主義による判断への書面主義（訴訟記録・事実認定理由）に基づく介入には自ずと限界があり、上訴はこれらの諸主義と論理整合性をもつものでなければならない。立法者といえども、口頭主義・公開主義・自由心証主義・「疑わしきは被告人の利益に」の原則を、第一審において前提とする限り、法政策的見地から無制約に上訴審を構成・解釈することは許されない。書面審査によって、口頭主義・公開主義・「疑わしきは被告人の利益に」の原則下での事実認定・証拠評価における主観的側面を超えることは決してできない。ヴァルターの主張は、上訴を許容している現行ドイツ刑事訴訟法を当然の前提として議論を進めており、ここに限界があるといわねばならない。またヴァルターのいう「真実発見」も消極的なものと考えなければならない。すなわち自由心証主義は、嫌疑刑・仮放免を克服し、「一人の無実の者を犠牲とするよりも、二〇人の犯人を免れしめた方がよい[27]」という無辜の不処罰の思想、「疑わしきは被告人の利益に」の原則と結びついているからである。以上の条件をつけてはじめて、事実認定理由を媒介とする事実認定を不服とする上訴制度の趣旨として、ヴァルターの説明を理解できる。

3　また、これまで繰り返し述べてきたように、自由心証主義と「疑わしきは被告人の利益に」の原則との結合から、いまひとつ上訴審による自由心証主義のコントロールにとって重要な帰結が導かれる。この結合は、第一審事実認定において、単に認定事実について、証拠に経験則・論理則を適用して形成される一定の蓋然性（証明力）のみならず、それに基礎をおく確信を必要とする。ところで、先に示したように、事実認定理由には、原審裁判官による、究極的には主観的とならざるを得ない証拠の評価・判断をめぐる結果とその根拠が、事後審査のために記載される。ただ、この事実認定理由の、すなわち事実認定・証拠評価における「結果」ならびにそれを支える「判断根拠」の当否が問題となるのは、「確信の獲得」による事実認定の「結果」が生じた場合のみである。なるほど、証明なし無罪の場合にも、確信をもつことができないとの「結果」はある。しかし、この場合、たとえ主要事実につき個々の証拠の証明力にいかなる高度の蓋然性があろうとも、先に述べたように、個別具体的な口頭審理全体の中で当該裁判官が主要事実について確信を最終的に抱けない限り、無罪となる（個々の証拠の信用性判断も同様である）。すなわち、証明なし無罪の場合には、一定の事実の認定という「結果」は存在せず、したがって、その「結果」に関する客観的な証拠の蓋然性に基づく「判断根拠」の問題は生じない。これが「疑わしきは被告人の利益に」の原則の具体的な発現形態である。換言すれば、「証明ということが無罪つまり訴因事実の不存在に対してありえない以上、『証明の根拠』すなわち『証拠』もまた無罪に対してありえない」[28]。すなわち「疑わしきは被告人の利益に」の原則と密接に結びついた自由心証主義のもとでは、口頭主義・公開主義に基づき裁判官が主観的な確信を得た場合のみ、一定の事実の認定をしたという「結果」ならびにその「判断根拠」が存在しうる。無罪の場合には、単に無罪（事実の認定ができなかった）との「結果」しか存在しない。

結局、事実認定理由に原審の事実認定の「結果」とその「判断根拠」を記載することを媒介としてはじめて可能となる上訴審での審査は、有罪の場合のみ可能であり、「(証明なし)無罪」の場合は不可能である。「(証明なし)無罪」の場合、審査の対象・資料が欠けることになる。この結論は、口頭主義・公開主義・自由心証主義・「疑わしきは被告人の利益に」の原則の密接不可分な関係を承認し、それに最も適合した上訴を想定するとき導かれる。もし「(証明なし)無罪」において事実認定理由に「判断根拠」がないにもかかわらず、上訴審がその「結果」の当否を、原審訴訟記録・取調べ証拠から判断するとすれば、それは不充分な書面に基づく新たなる再度の心証形成を意味し、第一審に採用した口頭主義・公開主義・自由心証主義・「疑わしきは被告人の利益に」の原則に相応しい上訴の形態ではない。それは事実認定の誤りを正しくチェックする機能を果たすものでは決してない。これらの諸主義に最も論理整合性をもつ上訴審の構造は、本稿でこれまで述べてきたものでしかありえず、これは「(証明なし)無罪」に対する上訴を認めない。

以上の主張は決して突飛なものではなく、たとえば、ミッターマイヤーの見解の中にもみることができる。ミッターマイヤーは「陪審裁判所で一たび無罪とされた者は、最初の公訴を根拠づけた事実(Thatsachen)によっては、たとえそれが先の公訴で扱われたものとは異なる刑法的観点におかれたとしても、再訴され得ない[29]」として、事実の同一性がある限り、既判力を認めようとする。この根拠として、彼は、陪審無罪評決が、行為(Handlung)の法的評価にとって重要なあらゆる事実が調査され、しかも可能なあらゆる法的観点から行為が吟味された後に下されると考え得ること、また、「被告人は公訴された行為に関して理由(Rechnenschaft)を与えられない。すなわち、陪審がその評決の判断根拠(Gründe)を示さない[30]」ことをあげている。これは、同一事実の法的評価について、「陪審無罪判決に理由が附されず、しかも個々の陪審員の依拠する理由は多様であるから、……再訴をすることになれば無罪判決の理由が恣意的に捉えられる[31]」ことになるからである。同様なことは証拠の評価(事実認定)についても当然といえよう。すなわち口頭主義・公開主義の下であらゆる観点から種々の要素を考慮して確信がもてないとして無罪の判決を下し、しかもその無罪判決に事実認定理由（判決理由）が存在し（得）ないにもかかわらず、上訴によってこれを覆すとすれば、それはやはり第一審証拠評価を一方的かつ恣意的に捉える（無視する）ことになるからである。ここでミッターマイヤーは陪審裁判所を対象として論じている。しかし、再度の審査が恣意的とならざるを得ない無罪判決における、事実認定理由の不存在（不可能性）は、陪審裁判所のそれであれ、職業裁判官による裁判のそれであれ、変わらないであろう。[32]

この点に関連して、ミッターマイヤーの刑事司法論を分析された川崎英明教授は、ミッターマイヤーが無罪判決の既判力（不利益再審廃止論）の根拠の一つとして、「有罪の心証なしという（それ故、攻撃されるべき判決理由を備えない）無罪判決の性質[33]」をあげている、と端的に指摘されている。さらにこの点を、「不利益再審の否定は人道的根拠によるものではなくまさに正義（Recht）がそれを要求するものとして、かかる考慮に実体的真実主義をも制約する（前述の如く、実体的真実主義は被告人のためにのみ片面的に作用する）普遍的地位が付与されていることにも注意が払われるべきである[34]」と高く評価される。ここでのミッターマイヤーの言及は再審をめぐるものである。しかし、この「無罪判決の性質」は、およそ普遍的なものであり、再審のみならず、上訴一般に対しても妥当する。したがって、証明なし無罪判決の言渡しによって、それは即座に既判力をもつことになり、控訴もおよそ不可能になろう。これは、上述した自由心証主義・口頭主義・公開主義・「疑わしきは被告人の利益に」の原則の密接不可分な関係から生じる。

もっとも、ミッターマイヤーは、「なぜ確信が得られたのか、あるいはまたいかなる点に有罪の認定を妨げる疑問があったのか[35]」を裁判官は事実認定理由で示さなければならないとも、後に主張するに至る。すなわち、無罪判決にも事実認定理由を要求する。ここでの事実認定理由記載の要求は、控訴が認められる場合、単に控訴を成功させるためのみならず、裁判（事実認定）への信頼を本質的に高めるためのものである。これは事実認定理由の公開（veröffentliche Entscheidungsgründe）を前提としている。ミッターマイヤーは、この事実認定理由の公開と立証手続の公開、さらには口頭主義の導入によって刑事判決の言渡しは以前とは大きく変化した、と述べる。[36]以前の非公開の手続において、有罪判決以外にも嫌疑刑・仮放免といった種々の無罪判決の言渡しがあった。それはどのような理由から、有罪判決ではなく無罪判決を下したかを明示するためであった。[37]しかし、立証手続や事実認定理由の公開でもってどのような意味において無罪判決が下されたか、一目瞭然となる。[38]公開・口頭主義の存在するところでは民衆（Volk）は無罪判決の意味を正当に評価でき、仮放免は消滅することになる。[39]すなわち、ミッターマイヤーによれば、立証手続・事実認定理由の公開が仮放免を克服し、「疑わしきは被告人の利益に」の原則を確立させた一つの原動力であった。以上が、ミッターマイヤーが無罪判決にも事実認定理由を要求する根拠である。[40]

ミッターマイヤーはまたここで次のように述べる。「（陪審員によってであろうと職業裁判官によってであろうと）被告人が無罪であるとのすべての判決は、有罪の認定を妨げる相当な疑いを判断者がもっていることを意味する。しかし何にこの疑いが基づいているか、どれぐらい存在するかは、法的にどうでもよいことである」[41]と。すなわち、有罪と無罪との間に、たとえば仮放免といった第三のものを法的に決して認めようとはしていない。だが、このように一方で「疑わしきは被告人の利益に」の原則を断固主張しつつ、他方において、「いかなる点に有罪の認定を妨げる疑問があったのか」という無罪判決の事実認定理由（証拠説明）を要求することは、過大なものを求めているのではなかろうか。なるほど、「疑わしきは被告人の利益に」の原則は正規の刑罰以外の刑（あるいは仮放免といった刑罰類似の措置）が加えられない限り、被告人の嫌疑を法的な制度である「事実認定理由」に表明することまで禁じる趣旨ではないといえるかもしれない。しかし、この原則を法的レベルにおいて貫徹させるためには、単に刑罰問題において、被告人に対する嫌疑の効果として仮放免を廃止するのみならず、それに対応した事実問題（事実認定理由）からも、被告人に対するその嫌疑の表明を放逐することが必要ではあるまいか。無罪判決の意味内容の判断は、手続の公開（公開主義）から、民衆（国民）に事実上可能となれば充分であろう。[42]

ミッターマイヤーは、「無罪判決には、有罪の認定のために証明されねばならない何らかのある一点について、判断者が疑いをもっているとの表明しか、もともと含まれない[43]」との事実認定（証明）論をもっている。また、「控訴は被告人にのみ認めるべきである。（根拠のない無罪判決や寛大すぎる有罪判決のもたらす弊害を除く手段を市民社会に与えねばならないことは否定できないとしても）……検察官の控訴権に反対する[44]」と述べる。さらには、「無罪判決に対する再審（Revision）は疑わしい。なぜなら職業裁判官（Staatsrichter）による無罪判決についても、たいてい非常に簡略化された事実認定理由は判断の手懸かりを与えない[45]」等を理由として、無罪判決に対する再審を原則的に否定する。[46]このように、ミッターマイヤーはここでも無罪判決に対する上訴一般を決して許容しようとはしていない。それにもかかわらず、自由心証主義・「疑わしきは被告人の利益に」の原則・口頭主義・公開主義の立場からすれば、上訴審での審査のために最小限にとどめられるべき書面主義（事実認定理由）の訴訟への導入を広く許容しようとする。しかし、それが「疑わしきは被告人の利益に」の原則尊重に反するとするならば、ミッターマイヤーのここでの所論は一貫性を欠き、とうてい採用することはできない。[47]もし、無罪判決に理由が書けるとしても、それは「主文」に対する「犯罪の証明なし」という理由のみである。だが、これは、これまで述べてきた意味での「事実認定理由」（証拠説明）では決してない。あくまで、ミッターマイヤーが主張する自由心証主義・口頭主義・公開主義・「疑わしきは被告人の利益に」の原則を前提にするならば、ミッターマイヤーが先に主張し、本稿もまた主張するように、事実認定理由の作成は有罪判決にのみ可能で、許されると考えねばならない。まさに、事実認定を不服とする上訴は有罪判決にのみ可能であるとの見解が、これらの主義・原則と最も論理整合性をもっている。[48]

このような口頭主義・公開主義・自由心証主義・「疑わしきは被告人の利益に」の原則の第一審採用のもとで、これらの諸原則に最も論理整合性をもつ形で、事実認定を不服とする上訴のために、すなわち蓋然性審査のために、必要最小限の範囲で事実認定理由（書面主義）を導入したとするとき、さらに重要な結論が生じる。それは、この上訴が許されない限りにおいて、判決は言い渡しと同時に既判力（確定力）をもつことである。そしてこれはまた、公訴された事実より軽い事実が第一審で（縮小）認定された場合、その認定されなかった無罪部分は部分的に確定することを意味する。いわゆる相対的（部分的）確定力である。[49] なぜなら、事実認定理由は、認定された事実が信用ありとされた証拠の証明力によって支持されうるか、またその証拠に実際に信用性があるかどうかについて、蓋然性審査を上訴審が行うための制度として、その限りで存在し、原審認定事実を超えて、上訴審が積極的な心証形成を行うためにあるのでは決してないからである。

4　それでは、以上、本稿で導かれた上訴審の審査構造は、これまで種々の刑事訴訟立法で採用されてきた、いわゆる上（控）訴審の構造に対して、どのような態度を示すのであろうか。この点について、いま一度これまでの帰結を確認した上で、以下、簡単に言及を試み、本題への接近の手懸かりとしたい。[50] (1) 法定証拠主義に代わって採用された自由心証主義における事実認定には、証拠に経験則・論理則を適用して導かれる一定の蓋然性と当該裁判官の主観的判断（確信）を必要とする。すなわち、歴史が教えるように、自由心証主義はまったく主観的な内的確信の理論から、ヤルケ・サヴィニーを経て、客観化されたとはいえ、最終的には「確信」という当該裁判官の主観的・個別的な判断に事実認定を委ねざるをえない。そしてこの主観的判断をよりよく保証するために、裁判を公開し、当該裁判官の面前で生き生きとした口頭審理が行われる。すなわち、口頭主義・公開主義の採用である。(2) 生き生きとした口頭審理全体の中で獲得された当該裁判官の主観的判断（確信）に至った根拠を、事後審査のために事実認定理由に記載するとしても、それは事実認定における客観的側面のみ可能である。すなわち、判決書には裁判官の主観的な確信に至らなかった根拠を記載することはできず、有罪・無罪の結果と証拠に経験則・論理則を適用して認定された有罪事実についての蓋然性のみが記述可能である。(3) (1)(2)から、事実認定に関し、原審裁判官の主観的判断そのものを問題とする上訴は理論的に否定される。それに最も論理適合的な上訴は、原審事実認定に要求される客観的な蓋然性存否の審査を事実認定理由に依拠して行う構造である。この上訴は原審「証明なし無罪」に対しては論理的に認められない。(1)(2)(3)とも、自由心証主義に関するミッターマイヤー・サヴィニーのような考え方を採らなくとも、フランスで主張された内的確信の理論においても、およそ口頭主義・公開主義に基づき自由心証主義を採用する限り、一般的にあてはまる。[51]

従来から控訴審の構造として考えられてきたものとして、覆審（前審の審理を無視して全く新たに審理をやり直す）、続審（前審における判決前の審理手続を引き継ぎ、さらに新たな証拠資料を補充して、審理を行う）、事後審査審（原則として、前審の資料をもとにして原判決の当否を判断する）がある。[52]

覆審は、新たな公開の口頭審理に基づき、上級裁判官が自ら事実認定（心証形成）を行う。覆審は、一八七七年ドイツ刑事訴訟法（三一八条）、わが国の明治二三年刑事訴訟法（二五一条・二五八条）、大正一一年刑事訴訟法（四〇一条・四〇七条）に採用された。[53] この控訴審への覆審導入の理由として、裁判には絶えず過誤が付きまとい、その救済のため、すなわち実体的真実の発見を期するためとされる。[54] だが、果たして覆審は真実の発見に相応しいものであろうか。覆審の問題は前記命題(1)に関係する。最終的には主観的・個別具体的にならざるを得ない裁判官の判断を生ぜしめる「生き生きとした口頭主義・直接主義は二度目に繰り返すときは、死んだものとなってしまう」[55]。先にも述べたように、第二審では第一審に比べて、証拠方法・証拠価値の喪失が生じ、最初の公開口頭審理以上に、第二審の公開口頭審理はよりよい真実発見（心証形成）を保証するものでは決してない。これはたとえ新証拠が後に発見されても同様である。かつて小野博士がプリンスを引用しつつ述べたように、「全く同一事件を審理するのに上下二重の裁判所を設けるということが抑も変で」あり、また実際に「控訴審は常に不完全な前審での公判調書に左右されるのであって、其は決して第一審判決以上に正確になることを保障するものではない」[56]。さらに、たとえまったく同一の公開口頭審理が第一審と第二審とで行われうるとしても、なぜ上級審裁判官の自由心証主義が原審裁判官のそれに優先できるのか明白ではない。平野博士が述べたように、現代の「民主的裁判機構では、上級裁判所と下級裁判所との間に階層的序列が認められない」[57]。もし控訴裁判官のほうが原審裁判官に比べて事実認定により精通・熟練しているというのであれば、この裁判官を第一審裁判所に据えればよかろう。さらに同じことを二度繰り返すことは訴訟経済にも反する。以上のように、控訴審で公開・口頭審理を繰り返し、第一審の事実認定に対して控訴審の自由心証主義を優先させる理由はない。結局、口頭主義・公開主義の採用は第一審における裁判所構成・訴訟手続の強化を要請しており、「口頭主義・直接主義に基づいて事実が認定されると、上訴審で事実認定をやり直すのは理論的に不当であり、実際上も困難である」[58]。この覆審は、命題(1)から導かれる、よりよく真実に近付きうるために採用された口頭主義・公開主義のもとで獲得された当該裁判官の個別主観的な判断を尊重せよとの要請に反する。また、控訴審で新しい証拠の取調べを無制限に許すことになれば、第一審軽視、濫訴の弊害を生む。控訴審において覆審を採用することは不当である。[59][60]

続審は、わが国の現行民事訴訟法（三七七条二項・三七九条）に採用されている。続審はいわば覆審の変形というべきもので[61]、前審の審理を引き継ぎ、さらに控訴審に提出された新たな証拠も併せて心証形成する。すなわち、控訴審での心証形成は書面審理と公開・口頭審理との両者に基づく。しかしその心証の大部分を不充分な書面を通して控訴審裁判官は獲得する。決定的な確信を、原審における公開・口頭審理を決して凌駕することのない僅かなそれから得、安易に原審の心証に介入することになる。すなわち、覆審に対して投げかけられた「控訴審は常に不完全な前審の公判調書によって左右され、……決して第一審判決以上に正確になることを保障するものではない[62]」との指摘が続審にも当てはまる。覆審と続審は、実際上ほとんど相違するものではない。ここには不充分な書面による心証形成という先ほどの命題(2)から導かれる批判とともに、尊重されるべき原審心証への不完全な心証による安易な容喙という、命題(1)からの批判も当てはまる。続審も覆審同様、原審以上に、真実に迫りうるものでは決してない。また、続審も第一審軽視・濫訴の弊害を生み、その採用は妥当なものではない[63]。

事後審査審は、現行刑事訴訟法（三八一条・三八二条）が採る手続といわれる。すなわち、原則として、これは原審の証拠資料をもとにして原判決の当否を判断する。原則として書面審査である。この審査方式がこれまで述べてきた上訴審の構造に最も近いものといえよう。だが、この事後審査における事実誤認とは、「上訴審の合理性判断＝自由心証を、原審のそれに優先させた[64]」ものとし、心証形成を上訴審に認めることには問題があろう。これは、結局、書面に基づく覆審を意味することになる[65]。

以上のように、自由心証主義・口頭主義・公開主義・「疑わしきは被告人の利益に」の原則の第一審への採用から導かれる結論は、上（控）訴審の構造としてこれまで採用・主張されてきた覆審・続審・事後審査審いずれにも問題があることを示している。すなわち、これらの審理構造が事後的に主観的な心証（確信）形成を行うことに、この結論は反対する。一度、生き生きとした口頭主義・公開主義に基づく自由心証主義により証拠調べにおける微妙なニュアンスを捉えつつ事実認定（心証形成）がなされると、その事実認定に優る事実認定を事後的にすることは極めて困難となる。この結論からは客観的蓋然性についての審査しか論理的に導かれない。しかも、この審査は原審有罪認定についてのみ可能である。ただ以上の帰結は、上（控）訴審での蓋然性審査における新たな証拠の取調べまでも論理的に拒絶するものでは決してない。すなわち、蓋然性審査は、原審裁判官の「結果」に対する「判断根拠」の当否について、原則として原審の判決書・訴訟記録・取調べ証拠を資料として行われる。この意味において事後審査審である。だが、この蓋然性審査の構造は、必要な場合には、控訴審で新たな証拠を取調べ、それをも併せて原審の「結果」に対する「判断根拠」の問題とし、その当否について審理を行うことを論理的に拒絶しない。この意味で続審的なものである(66)。以上が、自由心証主義・口頭主義・公開主義・「疑わしきは被告人の利益に」の原則を、第一審に前提とした場合に、論理的に導かれる上（控）訴審での唯一の審査構造である。

5　以上の認識を、第一審に「公判中心主義とくに口頭主義が徹底された(67)」現行刑事訴訟法にも認めることができよう。法三一七条は「事実の認定は、証拠による」とし、この事実とは「訴因事実の存在すなわち有罪の認定(68)」事実を指すと考えられる。また、本条は、有罪と認定された事実に「証拠」という客観的なもの、すなわちそれに経験則・論理則を適用して導かれる証明力の一定の蓋然性（客観性）を必要とすることを示している。さらにこれを受けた法三一八条は「（有罪事実認定に用いる）証拠の証明力は裁判官の自由な判断に委ねる」とする。これは、有罪の事実認定に、最終的に裁判官の主観的判断が入らざるを得ず、これを必要・是認していることを示している。事実認定に必要なこの主観的判断の程度は、法そのものには規定されてはいない。しかし口頭主義・公開主義の採用、さらには「疑わしきは被告人の利益に」の原則を承認するならば、それは「確信（確信的判断）」ということになる。こうして法の規定は、証拠による積極的な有罪事実の認定のみを問題とし、その認定には「確信」を必要としている。以上、規定の趣旨を踏まえて、法三三五条は自由心証主義による判断結果を記載する事実認定理由（「罪となるべき事実」・「証拠の標目」）をただ有罪判決にのみ要求し、無罪判決には要求していない。[69] すなわち、無罪判決には証拠説明を要求せず、その理由として「犯罪の証明がない」（法四四条・三三六条）ことを示せば足りる。また判例もこれをうけて、「無罪判決の理由としては、被告事件が罪とならないか、若くは、被告事件について犯罪の証明がないかのうちいずれかの一つによって無罪の言渡をするものであることを示せば足る」（東京高判昭和二七・一〇・二三高刑集五巻一二号二一六五頁）とし、個々の証拠が採用できない理由を逐一説明することを要求していない（最判昭和三五・一二・一六刑集一四巻一四号一九四七頁）[70] とする。このように現行刑事訴訟法は、これまで論じてきた自由心証主義・口頭主義・公開主義・「疑わしきは被告人の利益に」の原則の密接不可分な関係の上に成り立っている。もし、原審裁判官が自由心証主義・口頭主義・公開主義に基づき下した（犯罪の証明なし）無罪判決に証拠の標目（証拠説明）がないにもかかわらず、上訴審がただ原審訴訟記録・取調べ証拠にのみ基づいて主文（無罪）の当否を審査することになれば、それは先に妥当性を検討した「口頭主義・公開主義に基づく覆審」以上に口頭主義・公開主義と密接に結びついた自由心証主義と調和しないものとなる。すなわち、「書面主義に基づく覆審（第一審記録から新たに積極的な心証形成を行う）[71]」という結果になろう。これは第一審の事実認定以上に真実に決して近付きうるものではない。

こうして、現行刑事訴訟法における事実認定を不服とする上訴審の構造は、第一審と同様な口頭主義・公開主義に基づく主観的な心証形成を積極的に行うものではなく、原則として書面審査であり、その審査は原審有罪認定についてのみ可能である。したがって、検察官に上（控）訴を認めた法三五一条一項の規定は、事実認定に関して、検察官も第一審有罪認定に対して、被告人のために上（控）訴をすることができる、との趣旨である。この上（控）訴審では、原則として、上訴（控訴）趣意書に主張された事項の当否を原審判決書・訴訟記録・取調べ証拠から審査する。これは蓋然性審査であり、信用性ありとされ「証拠の標目」に掲げられた個々の証拠、さらには「証拠の標目」に掲げられた証拠の総合の結果である「罪となるべき事実」について、それぞれ審査が行われる。具体的には、「証拠の標目」に摘示された証拠、「罪となるべき事実」が、証拠に経験則・論理則を適用して導かれる証明力の蓋然性によって支えられているか否か、換言すれば、それらを否定する証拠に支えられた「客観的な疑い」があるか否かの審査である。[72][73]

さらにまた、刑事訴訟法三九三条一項の「事実の取調べ」に関する続審的な規定も、これらの諸主義に沿ったものとして理解できよう。まさに、この規定は、第一審で前提とされた「疑わしきは被告人の利益に」の原則の背後にある「無辜の不処罰」、「無罪の推定」、「（消極的）実体的真実主義」の思想により設けられたものと理解することができる。[74]

以上の認識を踏まえ、事実認定の誤りを救済するための審査方法・控訴理由について、あるべき姿を現行刑訴法に即して、以下では具体的に論じてみたい。[75]

（1）　Vgl. Walter, Freie Beweiswürdigung, 1979, S. 74; J.W. Planck, Systematische Darstellung des deutschen Strafverfahrens, 1857, S. XI; Glaser, Beiträge zur Lehre vom Beweis im Strafprozess, 1883, S. 30f.. 一八四六年法において、検察官制度が導入され、上訴権行使は検察官の主要な任務とされた（vgl. Schmidt, Einführung in die Geschichte der deutschen Strafrechtspflege, 3. Aufl., 1965, S. 330f.）。川崎英明「成立期におけるドイツ検察官制度（一）」大阪市大法学雑誌二三巻三号（一九七六年）三九九頁以下（なお、川崎英明『現代検察官論』〔日本評論社、一九九七年〕に書き改めて収録されている）、高田昭正「不利益変更禁止の原則――ドイツ刑訴法における生成と変容――」岡山大学法学会雑誌二九巻一号（一九七九年）一三頁以下参照（高田昭正『刑事訴訟の構造と救済』〔成文堂、一九九四年〕に所収)。

（2）国民議会の採択によってドイツの総てのラントに陪審裁判所制度が導入されたわけではない。この点について、vgl. Schwinge, Der Kampf um die Schwurgerichte bis zur Frankfurter Nationalversammlung, 1926, S. 155; Planck, a.a.O., S. XVIIff.. 平田「ドイツ誤判研究史」一三五頁註（3）参照。陪審裁判所管轄権は、ドイツ各ラントによって、その範囲、規定の方法が異なる。一般的にいえば、重大事件（schwere Straffälle）、すなわち重罪（Verbrechen）あるいは重大な重罪（schwere Verbrechen）にあった。またその他に、政治犯罪（politische Vergehen）、出版犯罪（Preßvergehen）にも認められた。たとえば、一八四九年すでに陪審裁判所を導入したプロイセンは、フランスにならい、重罪（Verbrechen）・軽罪（Vergehen）・違警罪（Übertretung）に三分した刑法典を一八五一年に制定した（Schmidt, a.a.O., S. 319f.）。この分類に基づき、一八五二年刑事訴訟法は、重罪を陪審裁判所管轄事件としている。Vgl. Planck, a.a.O., S. 68f.; H.A. Zachariae, Handbuch des deutschen Strafprocesses, 1. Bd., 1861, S. 284f..

（3）Mittermaier, Die Gesetzgebung und Rechtsübung über Strafverfahren, 1856, S. 622.

（4）Mittermaier, a.a.O., S. 622ff.; Glaser, a.a.O., S. 31. すぐ後に述べるこの議論の中で、「疑わしきは被告人の利益に」の原則はその対象としてあがっていない。しかし、先に示したように、一八四〇年代にこの原則はドイツ各ラントで採用され、「確信」が事実認定に要求されたのであり（vgl. Holtappels, Entwicklungsgeschichte, S. 94f.）、「疑わしきは被告人の利益に」の原則はこの議論の対象・根拠に当然なっていたとみなければならない。

（5）Mittermaier, a.a.O., S. 623f. u. S. 637ff.. 事実認定を不服とする控訴を認めるラントにおいても、新事実・新証拠の許容、控訴審での審理方法に関して種々の相違があった。Vgl. Mittermaier, a.a.O., S. 637ff.; Planck, a.a.O., S. 565ff.. 高田「前掲」三七頁註（11）参照。

（6）Mittermaier, a.a.O., S. 624 u. S. 642f..

（7）Mittermaier, a.a.O., S. 642.

（8）この点について、H.A. Zachariae, Handbuch des deutschen Strafprocesses, 2. Bd. 1868, S. 596 u. S. 598 を参照した。

（9）Mittermaier, a.a.O., S. 634. もっとも、ツァハリーエはミッターマイヤーを控訴支持者としてあげている。この点については後述する。

（10）Vgl. Zachariae, a.a.O., 2. Bd., S. 595; Mittermaier, a.a.O., S. 623. もっとも、カロリナ法典自体は上訴を認めていなかった。Vgl.

Rheingans, a.a.O., S. 12ff.

（11）　Zachariae, a.a.O., 2. Bd., S. 597; Planck, a.a.O., S. 564; Mittermaier, a.a.O., S. 626; ders, Mündlichkeit, S. 413.

（12）　Planck, a.a.O., S. 564; Zachariae, a.a.O., 2. Bd., S. 597.

（13）　Zachariae, a.a.O., 2. Bd., S. 597.

（14）　Zachariae, a.a.O., 2. Bd., S. 597; ders. a.a.O., 1. Bd., S. 52ff..

（15）　Zachariae, a.a.O., 2. Bd., S. 597f..

（16）　Planck, a.a.O., S. 564f.. 高田「前掲」三七頁註（11）参照。これまでに述べた以外の控訴否認の理由について、vgl. Mittermaier, Gesetzgebung, S. 625f., 川崎英明「ミッターマイヤーの刑事司法論（二・完）」大阪市大法学雑誌二五巻三・四号（一九七九年）四四〇頁以下参照。

（17）　Zachariae, a.a.O., 2. Bd., S. 597 u. S. 598.

（18）　Zachariae, a.a.O., 2. Bd., S. 598; Planck, a.a.O., S. 564f.. 本稿はこのような前提のもとで、以下の議論をすすめる。その他に、刑事手続には、「裁判を受ける権利」や「二重の危険論」といった憲法上の基本原理も措定する必要が当然にある。上訴問題についても、これらの諸原理を視野に入れた解決が必要である。

（19）　平野博士は、「上訴、とくに実体判決に対する上訴をどの程度認むべきかは、立法政策上、重要な問題である」（平野龍一『刑事訴訟法』〔有斐閣、一九五八年〕二九七頁）とされる。さらに高田卓爾博士も「上訴につきどの方向で認めるかは、立法政策上問題となる」（高田『刑事訴訟法〔二訂版〕』〔青林書院新社、一九八四年〕四九三頁）と述べられる。ここで、平野博士、高田博士とも、上訴制度について、単に立法政策上の問題として考えられる。しかし少なくとも事実認定を不服とする上訴については、事実認定の性質からくる制約があり、事情の異なることは、本文で示した通りである。

（20）　この点に関し、たとえば小野博士は、控訴廃止論には極めて有力な根拠があるとされつつ、上訴というものを認める以上は覆審も必ずしも絶対に避けることはできない（小野清一郎「審級制度と上訴の限界」『法学評論(上)』〔弘文堂書房、一九三八年〕三一六頁以下）とされる。ここで博士は上（控）訴を許容する立法を所与のものとして議論を進められる。これがわが国における上訴に関する議論の進め方である。いかに第一審における口頭主義・直接主義・公開主義を強調しようとも、その意義は立法による上訴の許容により遮断される。しかしたとえ上訴が立法により認められるとしても、その立法が、自由心証主義採用下、第一審における真実発見のためによりよい方法として前提とした口頭主義・公開主義により導かれる趣旨（第一審の心証は究極的には主観的たらざるを得ず、心証それ自体の事後審査はできない）に沿って、上訴は限定的に解されねばならない。まして戦後、口頭主義・直接主義の強化された現行刑事訴訟法においてはなおさらである。

(21) もっとも、「証拠の標目」列挙主義には、事実認定の判断根拠が記録を参照してもわからず、裁判官が事実認定において安易に流れる危険のあることを決して看過するつもりはない（佐伯千仭「裁判を誤らせるもの」『法書と人権感覚』〔法律文化社、一九七〇年〕九一頁以下参照）。

(22) 平野博士が指摘するように、原審訴訟記録（供述書類・公判調書・非供述証拠）は、裁判官が自室で心証を採るためにではなく、事後審査に備えるためのものである。供述書類・公判調書を後で読むことは、公判廷での朗読から得た心証と異なる心証をうる危険があり、原則として許されない（平野『前掲書』二五九頁参照）。さらに平野龍一「現行刑事訴訟の診断」『団藤重光博士古稀祝賀論文集第四巻』（有斐閣、一九八五年）参照。

(23) Walter, a.a.O., S. 319. ヴァルターのこの叙述は、G. Feser, Möglichkeiten einer Reform der Revision in Strafsachen, 1975, S. 170f. による。これはドイツにおける事実審裁判官と上告審裁判官との関係について論じられたものである。しかし、この言及は控訴にもあてはまるであろう。

(24) Walter, a.a.O., S. 320.

(25) Walter, a.a.O., S. 320.

(26) Walter, a.a.O., S. 318.

(27) Vgl. Schmidt, a.a.O., S. 269. 光藤「刑事訴訟法における二、三の原則の生成素描」九〇頁以下参照。

(28) 沢登「伝聞法則とその例外規定」新潟大学法政理論九巻三号八一頁。私は、この「疑わしきは被告人の利益に」の原則により、歴史的に必要とされることとなった認識主体の「確信」（主観）は、一定の証拠の蓋然性（客観）と共に、事実認定（認識）における本質的なメルクマールと考えるべきではないかと思う。このように考えるならば、自由心証主義・口頭主義・公開主義・「疑わしきは被告人の利益に」の原則の採用は事実の認識の本質に適合したものであり、ここから導かれる上訴についての結論も、その本質に適合するものとなる。ただ、この「確信」の要求が、事実認識における本質に適合したものか、あるいは単なる政策的なものなのかについての判断を、今、よく私のなし得るところではなく、本稿ではこれらのお互いに密接に関連し合う諸主義を第一審における所与の本質的な前提として論を進める。

(29) C.J.A. Mittermaier, Über die Bedeutung des auf nichtsschuldig lautenden Wahrspruchs der Geschworenen und seine

Wirkung, Archiv des Criminalrechts（neue Folge）, 1850, S. 508. 川崎「ミッターマイヤーの刑事司法論（一）」大阪市大法学雑誌二五巻二号二一九頁以下参照。

（30）Mittermaier, a.a.O., S. 510ff..

（31）川崎「前掲（一）」二一九頁。Mittermaier, a.a.O., S. 512.

（32）川崎「前掲（一）」二二〇頁。

（33）川崎「前掲（一）」二二六頁。その他のミッターマイヤーの不利益再審廃止論の根拠について、vgl. C.J.A. Mittermaier, Beurteilung der neuesten criminalischen Schriften, Archiv des Criminalrechts（neue Folge）, 1834, S. 463, 川崎「前掲（一）」二一五頁以下参照。

（34）川崎「前掲（一）」二二七頁。

（35）C.J.A. Mittermaier, Gesetzgebung, S. 576. 川崎「前掲（二・完）」四三八頁参照。

（36）Mittermaier, a.a.O., S. 568.

（37）Mittermaier, a.a.O., S. 568. たとえば、一八〇五年プロイセン刑事訴訟法において、三種類の無罪判決（freisprechende Urteil）があった。それは、それぞれ、仮放免（Losssprechung von der Instanz）、証拠の欠如による無罪判決（Freispruch wegen Mangel an Beweisen）、確証無罪判決（Freispruch nach gelungenem Unschuldbeweis）と呼ばれた。このように、正確にいうならば嫌疑刑は無罪判決ではない。これらの点について、光藤「刑事訴訟法における二、三の原則の生成素描」『現代の刑事法学㊦』一〇六頁以下、川崎「前掲（一）」一八七頁参照。Vgl. Rheingans, Ausbildung, S. 61ff.; Glaser, Handbuch 1. Bd., S. 123.

（38）Mittermaier, a.a.O., S. 568.

（39）Mittermaier, a.a.O., S. 573f..

（40）ミッターマイヤーの事実認定理由に関する見解については、川崎「前掲（二・完）」四三八頁以下参照。

（41）Mittermaier, a.a.O., S. 573. さらに「証明問題について裁判官が確信を抱かなかった全ての被告人は法的に処罰され得ない者として現れる。……証明における立証の程度の区分は自由心証主義の原則に矛盾するであろうから、無罪判決の種々の形式は必要ない……」(a.a.O., S. 570) とする。これは、ミッターマイヤーのこれまでの事実認定（証明）論に沿うものであり、また本稿のそれとも一致している。

（42）Vgl. Rheingans, a.a.O., S. 56 u. S. 83. Mittermaier, Lehre vom Beweis, 1834, S. 474 は、「公開の手続が導入されるところでは、仮

放免を認める主要根拠は少なからず抜け落ちる。すなわち、それによって自ら全審理に臨んだ民衆は、無罪判決の真の意味を評価し、完全に無罪の者と多くの打ち消しがたい嫌疑をもって社会に復帰する者とを区別することが、最もよくできる」と述べる。ミッターマイヤーは、この時点では仮放免と事実認定理由の公開との関係については言及していなかった。結局、現象的にみるならば、立証手続の公開によって、従来の無罪判決の理由（確証無罪判決か仮放免かといった）・仮放免制度が唯一の無罪判決にとって代わられたといえよう（vgl. Friedrich Walther, Die Rechtsmittel im Strafverfahren, 1. Abteilung, 1853, S. 131f.; Köstlin, Wendepunkt, S. 125）。

（43）　Mittermaier, Gesetzgebung, S. 676.

（44）　Mittermaier, a.a.O., S. 634. 川崎「前掲（二・完）」四四一頁参照。

（45）　Mittermaier, a.a.O., S. 676. その他の理由については、vgl. Mittermaier, a.a.O., S. 572f. 川崎「前掲（一）」二一六頁参照。

（46）　この例外について、vgl. Mittermaier, a.a.O., S. 677f. 川崎「前掲（一）」二一六頁以下参照。

（47）　事実認定理由要求の一つの根拠として、原審での評議はそれによって、「単に結論についてだけではなく、その結論を基礎づける個々の証拠にまでおよばざるを得ず、かくて評議は徹底され、従ってより正しい判決が保障される」（川崎「前掲（二・完）」四三九頁）ことをミッターマイヤーはあげる。この指摘は少なくとも有罪認定に関して客観的な判断根拠を問題とする限り、もっともなものである。ただ、無罪に関して、最終的な確信を得られない根拠はうまく説明できるものではなく、評議（反省）の結果が必ずしも事実認定理由に結び付くものではない。評議（反省）を充実させる必要は当然であるが、それが事実認定理由によって担保できるとは必ずしもいえない。それにもかかわらず、口頭主義・公開主義から逸脱する事実認定理由を無罪判決にも要求することには問題があろう。ミッターマイヤー・サヴィニーは、事実認定理由の記載・事実認定を不服とする上訴の導入によって職業裁判官にも自由心証主義の許容が可能であるとしたが、彼等の主張した事実認定理由・上訴制度も自ずと自由心証主義の内容により性格づけられるものであり、本文で示したように理解されねばならない。

（48）　ミッターマイヤーの検察官上訴否認論は、単に刑事訴訟手続での事実認定の性質（有罪判決と無罪判決との本質的な相違）のみではなく、また、被告人の利益を考慮しての人道的根拠にもよっている。ただ、本稿では、被告人の保護の必要性という政策的根拠に、第一審で採用された訴訟原理から導かれる無罪判決の性質を本質的な根拠として、優先すべきものと考え、この観点から「（証明なし）無罪判決」に対する上訴禁止（不可能性）について論じてきた。先にも示したように、人道的根拠をも考慮に入れた上訴審の研究が必要なことはもちろんである。

(49)　この問題について、田口守一『刑事裁判の拘束力』(成文堂、一九八〇年)三一六頁以下、高田昭正「不利益変更禁止の原則」参照。

(50)　(1)、(2)、(3)は密接に関連しており、この区別はあくまでも便宜的なものにすぎない。
「蓋然性」とか「蓋然的」という言葉は様々な意味で用いられる。本稿では「蓋然性」という言葉を、証拠に経験則・論理則を適用することによって導かれる証明力が「主要事実」・「認定事実」を支える(根拠づける)一定の程度として用いることにする。これは、事実認定・証拠評価における客観的な側面の問題であり、主観的な心証(確信)の基礎にはなり得ても、これとは区別されるもので、客観的なものである。

(51)　フランスの陪審制度といえども、成立の経緯がどのようなものであれ、一面において人間理性に信頼をおいている以上、経験則・論理則に基づいて事実認定すべきことを自由心証主義は要請する。ミッターマイヤーも、フランスの陪審は、絶対的な証拠法則に拘束されるものではないが、経験に基づき正しい考量をしなければならない、と述べる(Mittermaier, Das deutsche Strafverfahren, 2. Abteilung, S. 329)。また、フランスの自由心証主義においても口頭主義・公開主義は、最終的に主観的評価の介入せざるを得ない事実認定をよりよく保証するために、機能すべきものと考えなばならない。自由心証主義が、口頭主義・公開主義・「疑わしきは被告人の利益に」の原則に伴って成立した以上、それは本文で示した(1)、(2)、(3)の性質を本質的にもっていると考えねばならないであろう。

(52)　本来ならば、事実認定の誤り救済を目的とする制度について、イギリス、ドイツ、フランスでの立法の歴史にしたがった詳細な論述も必要と思われる。たとえば、英米法における指示評決(directed verdict)や再審理(new trial)等(これらについて、たとえば伊藤正己、木下毅『新版アメリカ法入門』〔日本評論社、一九八四年〕一六八頁参照)についての検討が必要である。しかし、今、これらの点について私のよくなし得るところではなく、今後の課題としたい。ここでは、本稿の目的である、わが国の上訴制度をどのように構成すべきかの観点から、控訴審の構造をめぐる議論を対象に論述を進める。なお、とりわけ、わが国における立法の歴史から控訴審の構造を探る研究として、後藤昭「立法史からみた控訴審構造論の意義」刑法雑誌二六巻三・四号(一九八五年)がある。

(53)　もっとも、これらの覆審は、控訴裁判所がただ自判するだけか、原判決の破棄・控訴棄却をするかという点、さらには原審供述調書の証拠能力をどの程度許容するか等について、相違があった。平野龍一「控訴審の構造」『刑事法講座六巻』(有斐閣、一九五三年)一二四八頁以下(平野龍一『裁判と上訴』〔有斐閣、一九八二年〕に所収)、後藤「前掲」四五六頁、四六一頁参照。

(54)　林頼三郎『刑事訴訟法論』(巌松堂、一九一六年）五八三頁参照。なお、覆審と職権主義構造との関連の分析について、高田昭正「裁判への不服申立」横山晃一郎編『現代刑事訴訟法入門』(法律文化社、一九八三年）二二七頁以下参照。
(55)　平野「控訴審の構造」一二四七頁。
(56)　小野『法学評論(上)』三一三頁。大正刑訴法において覆審が採られたとはいえ、原審の公判調書中の供述は、控訴審においても証拠能力が認められ書面主義が支配していた。後藤「前掲」四六一頁参照。
(57)　平野『刑事訴訟法』(有斐閣、一九五八年）二九八頁。
(58)　平野『前掲書』二九八頁。
(59)　団藤博士も「覆審は第一審軽視の傾向を助長し、かつ濫訴の弊害を伴うのみならず、新鮮な資料にもとづく第一審判決と比較して、かならずしも控訴審の判決がまさっているとはかぎらない。ことに第一審手続を慎重なものにした現行法の基本構造のもとでは覆審主義はとうてい採用することができない」と正当に主張される（団藤重光『新刑事訴訟法綱要七訂版』〔創文社、一九六七年〕五一七頁)。ただ現行刑事訴訟法制定以来、在野法曹の側から控訴審を覆審あるいは続審として運用すべきであるとの主張が一貫してなされている。第一審の充実という前提の上に初めて成り立つ控訴審の事後審査審化にもかかわらず、実際には第一審が充実され得ていないことを考えれば、この要求は当然のものであったといえよう。また後に述べるように、本稿での結論は、被告人側からの続審の要求を理論的に支持するものである。
(60)　平野博士は、上訴審での事実認定のやり直しにつき、「とくに陪審の場合、その事実認定を上級裁判所の職業裁判官が審査するのは、陪審制度の精神に反するし、陪審を二回行うのも、理論的には無意味である」と主張される（平野『前掲書』二八九頁)。この帰結は、陪審裁判所制度の特性からのみ導かれるものではなく、陪審制度に結び付いている自由心証主義・口頭主義・公開主義・「疑わしきは被告人の利益に」の原則のからも導かれるものである。むしろ、後者が本質的なものといわねばならない。
(61)　田宮裕「上訴の理由」『刑事訴訟法講座三巻』(有斐閣、一九六四年）九〇頁（田宮裕『刑事訴訟とデュー・プロセス』〔有斐閣、一九七二年〕に所収)。
(62)　小野『法学評論(上)』三一三頁。この言及は覆審についてのものではあるが、続審についてもいえよう。
(63)　団藤『前掲書』五一七頁参照。
(64)　田宮「前掲」一〇五頁、斎藤朔郎『事実認定論』(有斐閣、一九五四年）九〇頁（斎藤朔郎『刑事訴訟論集』〔有斐閣、一九六五年〕に所収)。

(65)　この点については、次項において詳しく検討する。

(66)　原審に、自由心証主義・口頭主義・公開主義・「疑わしきは被告人の利益に」の原則が採用された場合、事実認定を不服とする上訴は、論理必然的に、本文で述べた構造になる。それを事後審査審と呼ぶかどうかは別として、それはかつて平野博士が事後審査（審）の本質的メルクマールとされた、原判決の当否の審査を行うものであり、（平野「控訴審の構造」一一五〇頁）、しかも新たな証拠の取調べを禁じるものではない（許容する）。

(67)　平野「控訴審の構造」一二四七頁。

(68)　沢登「伝聞法則とその例外規定」八五頁以下参照。

(69)　沢登「前掲」八六頁参照。

(70)　通常、実務において判決書は検察官を念頭におき、検察官に向かって無罪の理由を詳細に述べている。これは有罪の推定を裁判官がまず前提としている証左である。しかし、先に述べた「疑わしきは被告人の利益に」の原則、さらにはその背後にある「無罪の推定」の原則からも、これを決して認めることはできない。

(71)　団藤博士は「心証の形成は直接に審理にあたった裁判官によってはじめて充分に行われるのであり、上訴審が書面によって獲得する心証は価値においてこれに劣るものといわねばならない」と正当に主張される（団藤「自由心証主義」『刑事法講座六巻』〔有斐閣、一九五三年〕一二一七頁）。

(72)　控訴審の審査においても、「疑わしきは被告人の利益に」の原則が働くべきと考える（井戸田侃「刑事上訴の構造論」平場安治博士還暦祝賀『現代の刑事法学(下)』〔有斐閣、一九七七年〕二五〇頁以下参照、井戸田侃『刑事手続構造論の展開』〔有斐閣、一九八二年〕に所収）。しかし、その発現形態として具体的に原審認定事実に対する証拠に基づく「客観的疑い」がいかなる場合にあるといえるのか、差戻しと自判にそれぞれ必要な「疑い」の程度はどのようなものかについて、さらに論及する必要がある。

(73)　平野博士は、八海事件について、「最高裁が調書から、どちらかの心証をとろうとしたためではなかろうか。そうだとすれば、事実認定の審査の方法として正当とは思われない。本件では、被告人等が共犯だという認定にまちがいはないか、この認定を支える実質的な証拠があるか、というのが問題の出し方でなければならないはずである」と述べられる（平野龍一「事実認定の審査と最高裁――八海事件における――」判例時報一三四号〔一九五八年〕二頁、平野龍一『裁判と上訴』〔有斐閣、一九八二年〕に所収）。

(74)　この考え方を現行刑事訴訟法は決して否定するものではない。これは、自白が被告人に不利益な唯一の証拠である場合に有罪とされず（憲法三八条三項・法三一九条二項）、また被告人に対する不利益再審が認められない（法四三五条）等を法が明示的に規定していることからも、認めることができよう。

(75)　これまでの叙述において、上訴という語を、広く控訴・上告さらには再審をも含むものとして用いてきた。したがって、本文で示した結論、とりわけ審査方法については、この意味での上訴一般に通用する。以下、本稿では現行刑事訴訟法上の控訴をめぐって論を進めるが、上告・再審についても具体的な検討を必要としよう。ついでながら、この意味での上訴における破棄等に要求される註（72）で指摘した「客観的疑い」に関して、(1)控訴審・上告審での差戻しと再審請求手続での開始決定、(2)控訴審・上告審での自判と再審公判手続での無罪判決とを、それぞれパラレルに考え、(2)で各々要求される「客観的疑い」には有罪認定に必要な「合理的な疑い（reasonable doubt : vernünftiger Zweifel）をいれない程度の証明」における「疑い」の程度を必要とし、(1)では各々それより低い程度の「疑い」で足りるのではないか、と目下のところ考えている（もっとも、このように述べることによって「疑い」の内容が決して具体化するものではないが）。そして、後者における「疑い」の程度は「疑わしきは被告人の利益に」の原則において少なくとも要求されるそれであろう。なお、加藤克佳「西ドイツ刑事再審における『疑わしきは被告人の利益に』の原則の意義」早稲田大学大学院法研論集三六号（一九八五年）参照。

四　自由心証主義と控訴理由

1　陪審制度を採用することなく、職業裁判官に事実認定を委ね、そこに自由心証主義・口頭主義・公開主義・「疑わしきは被告人の利益に」の原則を採用し、これらの密接不可分な関係を認めるならば、そこから事実認定について原審裁判官の主観的判断（心証）そのものの当否を問題とする上訴は論理必然的には導かれない。一度、これらの諸主義のもとで、心証形成がなされると、それに優る心証形成を事後的に行うことは不可能である。これらの主義・原則と論理整合性をもつ上訴として考えられうるのは、ただ事実認定の客観面（証拠の蓋然性）の当否に関するものだけである。しかも、このような認識から認められる事実認定を不服とする上訴は原則的に有罪事実認定に対してのみ可能であり、それは、「事実認定理由」に示された事実認定の結果が、その「判断根拠」として摘示された証拠に経験則・論理則を適用して導かれる証明力の蓋然性によって支えられているか否かの審査を行うものである。以上がこれまでに確認した点である。それでは、これらの主義・原則に立脚している現行刑事訴訟法を、前項で検討した視座からみるとき、事実認定を不服とする上訴審（ここでは控訴審を対象として扱う）をめぐる上（控）訴理由・審査方法などの構成・解釈は具体的にどのようになされるべきであろうか。この点について、これまでの学説を参考にしつつ、以下に私の見解を呈示してみたい。その際、誤りを判断する資料の関係と、誤りの程度に分けて論じることが有益と思われる。そこで以下、この二つに分けて論じることとする。

2　控訴審において、原審の事実認定が誤りか否かの審査資料となるのは、原審判決書・訴訟記録・取調べ証拠である。このうち判決書が特に重要である。[1] 判決書において事実認定と関係あるのは、とりわけ「主文」・「罪となるべき事実」・「証拠の標目」である。この中で原審心証形成結果の審査資料として最も主要な位置を占めるのは、「罪となるべき事実」と原審における個々の証拠の評価・取捨選択の結果を摘示し、「罪となるべき事実」の認定を支える証拠を示した「証拠の標目」である。審査は「証拠の標目」を中心（結節点）として行われる。厳密にいえば、「主文」と「罪となるべき事実」は区別して論じるべきであろう。しかし、事実認定に関していえば「主文」は「罪となるべき事実」によって自ずと規定されることになる。したがってここでは両者を併せて「罪となるべき事実」として簡略化し、先に述べた意味をもつ「証拠の標目」との関係で論じることにする。

これらの資料と誤りの関係を従来の学説から拾ってみれば次のようになろう。

(1)　「罪となるべき事実」・「証拠の標目」自体に、あるいは相互に欠如・不充分・矛盾がある場合。この場合、欠如・不充分・矛盾が、(a)　判決書自体から判明しうる場合、[2] (b)　原審訴訟記録・取調べ証拠等をも参照してはじめて判明する場合（判決摘示の証拠からの推論を誤って「罪となるべき事実」を認定したような場合）。

(2)　(a)　証拠の取捨選択を誤ったために、認定すべからざる事実（「罪となるべき事実」）を認定した場合（「証拠の標目」に示された証拠からすれば、そのような事実認定をすることは必ずしも不合理ではないとしても、訴訟記録中に現れているそれ以外の証拠との関係からすれば、そのような事実認定は不当だとされる場合）[3]。(b)　証拠の取捨選択を誤って、認定すべき事実を認定しなかった場合（訴訟記録中に現れている証拠から有罪認定が可能な場合）[4]。

以上の関係を先に示した控訴審の審査構造（原審の事実認定・証拠評価の結果である「罪となるべき事実」を、「証拠の標目」摘示証拠に経験則・論理則を適用することによって生じる証明力の蓋然性が支持しているか否か、さらには「証拠の標目」摘示証拠の選択を、また同様に訴訟記録等に現れている証拠が支持しているか否か、について審査し、積極的な心証形成を行うものではない）から判断すればどのようになるだろうか。(1)の(a)は判決書自体から客観的に審査可能であり、口頭主義・公開主義と関わるものではなく、問題なかろう。また、(1)の(b)は先に指摘した控訴審での審査構造にまさに合致する。問題となるのは(2)である。(a)のように、証拠の取捨選択に関して、摘示証拠が訴訟記録中の他の証拠との関係で信用性がない（信用性を是認する一定の証拠の蓋然性がない）との消極的判断を下すかぎり問題はない。しかし無罪判決において、訴訟記録中の証拠を新たに選択し（信用性を是認し）、積極的な事実認定を行うことになる(b)を認めることはできない。(2)の(b)は、「罪となるべき事実」・「証拠の標目」のない無罪判決に原審訴訟記録・取調べ証拠からの積極的な事実認定を許容することになり、「書面による覆審」を意味し、許されない[5]。したがって、(2)の(b)の形式は事実認定の誤りに関する審査から除かれねばならない。そして、(2)の(a)を審査形式(2')としてより詳細に呈示すれば、次のようになる。すなわち、(2')「証拠の標目」に摘示された証拠の選択が他の原審訴訟記録・取調べ証拠との関係で是認されるか否か、もし当該摘示証拠が否認されるなら、「証拠の標目」に摘示された残余の証拠から「罪となるべき事実」がなお是認されるか否か、である。この(2')の審査は、「証拠の標目」摘示の証拠以外の原審一件記録に現れている証拠をも審査資料とする。しかし、それはあくまでも当該証拠が原判決「証拠の標目」に選択されたという結果の当否を審査するためのものである。すなわち、ここでは控訴趣意書での指摘に基づいて当該証拠、さらには原審資料に現れた証拠に経験則・論理則を適用することによって生じる蓋然性が原審の当該証拠を選択したという結果を支えているか否かの審査を行う。それは、無限定に原審に現れた証拠の再評価を行い、積極的な事実認定（心証形成）をするものでは決してない。

3　事実認定の誤り救済に関する審査形式として、本稿で主張する自由心証主義・口頭主義・公開主義理解からは、(1)の(a)、(b)と修正された(2')のみが許容される。ところで従来の諸学説は、控訴審での審査形式として第一審で自由心証主義・口頭主義・公開主義・「疑わしきは被告人の利益に」の原則を採用することにより真実発見を確保しようとした趣旨に反する(2)の(b)をも当然の前提としている。この審査形式は、不充分な資料・書面に基づく心証形成、すなわち控訴審の覆審化あるいは続審化を意味し、繰り返し述べてきたように、真実発見に資するものでは決してない。この点に、これまでの学説は限界があったといわざるを得ない。そこで以下、これらの学説には、具体的にどのような問題が実際に現れるのかを探ってみたい。その際に、とりわけ破棄に値する誤りの程度について問題とし、さらにここから、事実認定の誤りに対して、いかなる控訴（破棄）理由を認めるべきかについての拠り所を獲得したい。

この問題（事実認定の誤りの程度）について、理論的には前述(1)の(b)と(2)の(a)と(b)それぞれをめぐって考えられる。実際に平野博士は、それぞれの誤りの程度について言及されている。[6] その他の諸学説は、(2)についてのみ言及している。少なくとも以下の叙述の目的との関係においては、(1)、(2)の両者を同様に考えて差し支えないであろう。そこで以下、(2)の審査形式における誤りの程度をめぐって論じる。しかもその際、問題を際立たせるために、(2)の(b)

を認める学説の中にあっても、とりわけ有罪・無罪判決の区別をしつつ、意識的にこの点について論を展開した学説を主たる対象として叙述してみたい[7]。

団藤博士は、(2)の審査形式を「事実誤認」とし、それは自由心証主義違反であり、誤りの程度として経験則・論理則違反であることを要求される。この自由心証主義違反は、本来「訴訟手続の法令違反」として法三七九条に該当すべきものであるが、法は特別に自由心証主義違反を法三八二条（事実誤認）として規定したとする[8]。団藤博士はこの経験則・論理則違反のみを「事実誤認」とする。これは、博士が原審での自由な心証による事実認定を尊重され、原判決を破棄するためにはそれが合理的とはいえないだけでは足りず、積極的に不合理といえなければならない[9]、とするからである。

これに対して、田宮教授は「事実認定の誤り（判断形式（２））」に団藤博士のいう自由心証主義違反（法令違反）ばかりではなく経験則違反とはいえない程度の原審と控訴審との証拠をめぐる価値判断のくい違い（これは自由心証主義違反ではない）をも包含して考えられる。そして、この両者を法三八二条「事実誤認[10]」とする。後者は経験則が客観的には存在しないとの認識に基づいている。すなわち、斎藤朔郎判事が、「大審院判例以来、経験則違背で原判決を破毀している例は夥しい数に上っている。しかし、その内容を客観的に証明することは到底できない。それは、結局において、われわれの思考作用そのもの以外の何者でもないことが判るであろう。原判決の認定が合理的でないことを、経験則違背だといっているにすぎないと、私は思う[11]」とされた点である。この現実を基本的に承認し、この価値判断のくい違いは、上訴審の合理性の判断＝自由心証を原審の自由心証に優先させたものだとし、これを「事実誤認」の中に含める[12]。この田宮説は「事実誤認」として、自由心証主義違反とそうではないもの、誤りの程度の相違するものを含む、二元的把握に陥る。

これに対する一つの解決策として、庭山英雄・沢登佳人両教授は「自由心証主義と控訴理由」の中で、田宮説に対し「事実誤認には経験則違反のあるものと経験則違反のないものとが認識されたわけである。このことは事実誤認という一つの控訴理由の中に『法令違反』と『法令適合』との異質の二つを包含する結果となった。果して一箇の控訴理由の中に統一的理解のできない二つを混在させてよいものであろうか[13]」と問う。そして、結論として、自由心証主義違反（経験則違反）を法三七九条で、他方を三八二条で救済すべきとする。これと同一の方向にあるのが平野博士である。博士は経験則という語を用いず、証明力の評価の仕方が「明らかに合理的でない」場合は訴訟手続の法令違反（法三七九条）とする[14]。したがって、それに至らない程度に合理的でない場合を事実誤認（法三八二条）とする趣旨であろう[15]。庭山・沢登論文が述べるように、平野博士においても、「経験則違反という概念を全く否定し去っているのではない。ただ経験則といってもそのような抽象的客観的な『法律』があるわけではないという点を強調されているのである[16]」との指摘は正しかろう。平野博士の区別にも背後には経験則違反か否かという判断が存在すると思われる。

田宮説の二元的把握に対する批判へのもう一つの回答として、光藤教授は、田宮教授のいう第一審と控訴審との証拠の価値判断のくい違いをも含み経験則違反（法令違反）とし、両者を自由心証主義違反として一元的に捉える。すなわち、「事実誤認」（法三八二条）には、狭義の経験則違反（科学的経験則・先験的論理則違反の場合が多くこれに入るであろう）の場合と、帰納的にこれこれの証拠からこの要証事実を認定するという場合（少なくともそう意識される場合）、そう推論するのは「不合理」ではないかどうかという形で経験則が機能する場合（広義の経験則違反）との両者が含まれる[17]。これらは、実質的に田宮教授の分類に一致する[18]。

しかしながら問題の本質は、田宮教授のいうところの「経験則違反」と「原審と控訴審との証拠の価値判断のくい違い」がいかなる条文に該当するか、それにいかなる名称を付けるかのみにあったのではない。むしろその本質は、破棄の方法にあったといえよう。特に、「原審と控訴審との証拠の価値判断のくい違い」の場合、「主として記録だけ見て、そもそも原審の認定を誤りだと断定しうるものか[19]」どうか、すなわち、「厳格な証明の手続で認定の作業をする自由心証の場を、記録で批判することはできない[20]」のではないかという問題である。しかし、ここで叙述の対象としている（有罪判決・無罪判決の区別を意識的に展開した）学説において、それぞれの誤りの程度に相応した破棄方法には少なくとも違いはない。田宮・光藤教授は、「経験則違反（光藤教授では狭義の経験則違反）」の場合には、被告人の有利にも不利にも、事実の取調べなしに「記録の矛盾」だけで破棄できるとする。[21]また、「原審と控訴審との証拠の価値判断のくい違い（光藤教授では広義の経験則違反）」の場合には、被告人に不利益な方向では、原審とまったく同じ厳格な証明を必要とし、[22]他方、被告人に有利な方向には書面審査のみで破棄できる、[23]とする。これは次の理由に基づく。すなわち、(1)法三八二条は原則として記録での事実誤認の主張を許している以上、被告人はその利益を受ける権利をもつこと[24](2)刑事訴訟においては何といっても事実認定の正しさ（とりわけ無辜の不処罰）が最も重要であり、証拠から要証事実への推論を不合理としつつ、なお被告人を救済しないというのは正義ならびに「疑わしきは被告人の利益に」の原則に反すること、[25]である。

以上から、事実認定の誤りの程度の問題がその破棄方法と密接に関連していること、さらにはこれらの点について最も進んでいる学説が有罪・無罪判決を区別し、また誤りの程度に応じて破棄方法に差異を設けていることが、明らかとなる。これらの学説が無辜の不処罰・「疑わしきは被告人の利益に」の原則により被告人の有利な方向に控訴審を構成しようとしている点は正しい方向性をもっている。だが、これらの学説も、前述の審査形式(2)の(b)（原審証明なし無罪に対する控訴）を認める限りにおいて、限界があるといわねばならない。これらの諸説の問題は、実際に次の点に現れる。すなわち、破棄方法に差異の生じる（光藤教授のいう）二つの経験則違反区別の曖昧さである。平野博士は、昭和二六年八月一日大法廷判決についての評釈において、被告人、警察官の一致した「手錠をはめたままで取り調べた」という供述があるのに、この事実を認定しないことが、経験則違反かどうかにつき論じる。そして、経験則を、形式論理的な法則あるいは物理的な法則だけに限定して考えることは到底賛成できないとし、右のような供述があったときにはその内容は真実であるという常識、強いていえば社会心理学的な法則があると考えてもよいのではないか、とする。[26] したがって、平野博士はこれをいわゆる「狭義の経験則違反」に該当させているといえよう。他方、光藤教授の分類方法からすれば、この判断方法は明らかに帰納的なもので「広義の経験則違反」に該当する。そして二人の間では破棄方法が異なることになろう。[27]

先に取り上げた諸学説が、原審と控訴審との証拠の価値判断のくい違いを控訴理由として認めるとき、そこでは主として有罪判決破棄の方向で考えていたと思われる。しかし、これらの学説は、無罪判決(2)の(b)にも控訴を認めている。これにより、無罪判決も証拠評価における単なる価値判断のくい違いを理由として容易に破棄される結果へと至る。そこで、これらの学説は、有罪判決と無罪判決との破棄方法の区別に打開策を見いだす。だが、広義の経験則違反を理由とする無罪判決破棄の際に、「厳格な証明の手続で認定の作業をする自由心証の場を、記録で批判することはできない」として、原審と同様に厳格な証明手続を要求しても問題は解決しない。それは部分的なものにとどまらざるを得ず、原審のそれに優るものでは決してない。また、もともと不正な原審有罪判決（有罪事実認定）の救済のために取り入れられ、破棄方法を区分するための、誤認についての程度概念（経験則概念）には曖昧さが現実に絶えずつきまとう。結局、この曖昧さは、無罪判決でさえ、単なる書面審査のみでの破棄へと導く。団藤博士の「事実誤認」概念でさえ、不明確なものとなってしまう。実際に存在する経験則理解の相違・曖昧さは、斎藤朔郎判事が指摘したように裁判実務において現実に影響を及ぼしている。[28] そこでは、被告人の利益な方向でのみ上級審によって下級審の事実認定への介入が行われてきたばかりではなく、不利益にもなされてきた。[29][30] このような事態の原因は、上訴をめぐり、有罪判決・無罪判決について理論的区別が根本的にできず、[31] 証明なし無罪に対する上訴(2)の(b)の審査形式）を認め、真実発見にとって決して充分なものとはいえない上訴審の心証を原審の心証に優先させたことに基づいている。[32] この事態を回避するためには、この無罪判決に対する上（控）訴を認めないこと以外にはあるまい。そして、この証明なし無罪に対する上（控）訴禁止は、本稿でこれまで主張してきたような、原審における口頭主義・公開主義・自由心証主義、さらには「疑わしきは被告人の利益に」の原則の密接不可分な関係に基づき、上（控）審を捉え直すことによって初めて可能となる。[33]

4　このように考えるとき、先に示した(2)の(b)の審査構造は絶対に認められない。それでは(1)の(a)と(b)、(2')にはそれぞれいかなる控訴（破棄）理由が認められるであろうか。

まず、(1)の(a)については、法三七八条四号の理由不備・齟齬に該当することは誰しも認めるところである。

つぎに、従来から事実誤認（法三八二条）に該当するとされている(2')のみならず、(1)の(b)も事実誤認になると解する。なるほど、(1)の(b)、(2')に関して、前述したようにいわゆる狭義の経験則違反は、それぞれ三七九条（訴訟手続の法令違反）に該当するとの説もあった。この説は、誤りの程度に相応して破棄方法を明確に区分するために、適用条文をも区別したと考えられる。しかし、今や有罪判決に対してのみ、控訴が認められるに過ぎず、この破棄には、先に示したように、「疑わしきは被告人の利益に」の原則から、いわゆる広義の経験則違反の程度の誤りが最小限あれば足り、しかも控訴審では原則として書面審査による破棄の方法しか考えられないとすれば、(1)の(b)と(2')にそれぞれ、誤りの程度に応じて、相い異なる二種類の控訴（破棄）理由を考える必要はない。また、(1)の(b)、(2')とも、原審摘示証拠・認定事実を、証拠に経験則・論理則を適用して導かれる証明力の蓋然性が支えているか否かの審査は、一件記録（原審判決書・訴訟記録・取調べ証拠）から即座に可能ではなく、同様にその吟味を必要とする。従来の学説は(1)の(b)について、法三七八条四号の理由齟齬に該当させていた。しかし法三七八条一号から四号までの絶対的控訴理由についての規定は、訴訟記録あるいは判決書自体から一見明瞭にその誤りを看取できる場合に限るべきである。[34] さらに、(1)の(b)こそが事実認定理由を媒介とする事実認定をめぐる誤り救済にとってまさに典型的な審査構造であり、(1)の(b)も事実誤認（法三八二条）に該当させるべきである。

このように考えるとき、無罪判決において「主文」・「理由」（犯罪の証明なし）の誤りが原審訴訟記録・取調べ証拠から一見明瞭にうかがえる場合、どのように考えるべきであろうか。このような誤りは、自由心証主義・「疑わしきは被告人の利益に」の原則採用下での、口頭主義・公開主義による真実発見の保証という趣旨を凌駕するものとして、すなわち、公開主義・口頭主義に基づいたとしてもその判断の決して左右されないことが一見して明らかなものとして、法三七八条四号（理由不備・理由齟齬）による破棄を例外的に考えることができよう。[35]

（1）　もっとも、審査に先立ち控訴人から控訴趣意書が提出され、これが審査の端緒となる。
（2）　ここにいう「判決自体から」とは、判決書のみを検討してという意味である。たとえば、鈴木茂嗣『刑事訴訟法〔改訂版〕』（青林書院、一九九〇年）二六七頁は「理由不備（齟齬を含む）は判決自体から判断しなければならない」とする。しかし、ここには、判決摘示の具体的証拠（たとえば供述調書）の内容を参照する場合も包含されており、(1)の(a)のみならず、次の(1)の(b)も含まれている。
（3）　小野清一郎・横川敏雄・横井大三・栗本一夫『改訂刑事訴訟法〔ポケット註釈全書〕』（有斐閣、一九六六年）八七二頁、平場安治・中武靖夫・高田卓爾・鈴木茂嗣『注解刑事訴訟法下巻〔全訂新版〕』（青林書院新社、一九八三年）九〇頁参照。

（4）もっとも、従来の学説はこの証拠の中に控訴審での取調べ証拠も包含している。また、(2)の(b)は、これまでの学説において明示的には指摘されていないが、(2)の(a)の中に含まれていたといえよう。

（5）部分的に新たな証拠調べをする場合も同様である。さらにこのことは控訴審において、原審認定事実よりも重い事実を認定する場合にも当てはまる。

（6）平野博士は(1)の(b)と(2)のいずれにおいても、その証明力評価の仕方が明らかに合理的でない場合は、自由心証主義に内在する法規違反として、訴訟手続の法令違反（法三七九条）とする（平野『刑事訴訟法』（有斐閣、一九五八年）一九五頁、三一一頁）。その程度に至らない場合、(1)の(b)については理由不備・理由齟齬（法三七八条四号）、(2)については事実誤認（法三八二条）とする（平野『前掲書』三〇九頁）。

（7）上告審をめぐるものではあるが、有罪判決と無罪判決の相違を強調する論稿として、熊本典道「最高裁と事実誤認を理由とする破棄」警察研究四一巻一二号（一九七〇年）がある（熊本典道『刑事訴訟法論集』（信山社、一九八九年）に所収）。なお、横山晃一郎「事実誤認と最高裁」ジュリスト六六〇号（一九七八年）一五頁以下参照（横山晃一郎『誤判の構造』（日本評論社、一九八五年）に所収）。

（8）団藤重光『新刑事訴訟法綱要七訂版』（創文社、一九六七年）二八三頁、同「自由心証主義」『刑事法講座六巻』（有斐閣、一九五三年）一一二七頁参照。

（9）団藤「自由心証主義」一一二六頁以下参照。

（10）田宮裕「上訴の理由」『刑事訴訟法講座三巻』（有斐閣、一九六四年）一〇六頁（田宮裕『刑事訴訟とデュー・プロセス』（有斐閣、一九七二年）に所収）。

（11）斎藤朔郎『事実認定論』（有斐閣、一九五四年）八八頁（斎藤朔郎『刑事訴訟論集』（有斐閣、一九六五年）に所収）。

（12）田宮「前掲」一〇五頁以下、斎藤『前掲書』九〇頁参照。厳密にいえば、田宮説ではこの場合には、「誤り」の問題（法令違反の問題）ではなく、単なる「価値判断」のくい違いの問題になる。

（13）庭山英雄・沢登佳人「自由心証主義と控訴理由」中京商学論叢一二巻四号（一九六五年）一二六頁。もっとも庭山教授はその後、改説されている（庭山『自由心証主義』（学陽書房、一九七八年）二四頁参照）。

（14）平野『前掲書』一九五頁。

（15）平野『前掲書』一九五頁。横山「事実誤認と最高裁」一九頁参照。

(16)　庭山・沢登「前掲」一一〇頁。
(17)　光藤景皎「再審からみた事実誤認」ジュリスト六六〇号（一九七八年）三〇頁参照。
(18)　光藤「前掲」三〇頁。
(19)　田宮「前掲」一〇六頁。
(20)　田宮「前掲」一〇六頁。
(21)　田宮「前掲」一〇六頁。光藤「前掲」三〇頁。
(22)　この点について、「どの程度の事実取調をした場合に被告人の不利益な方向で破棄できるのかの基準が必ずしも明確でない」との批判がある。小田中聰樹「控訴審における事実取調」『現代の刑事法学(下)』平場安治博士還暦祝賀（有斐閣、一九七七年）二六一頁、さらに二六三頁参照（小田中聰樹『刑事訴訟と人権の理論』（成文堂、一九八三年）に所収）。しかしむしろ問題は、この程度の証拠評価のくい違いで被告人に不利益な破棄を認めていること自体にあるのではないか。結果として、単なる「証拠の価値判断のくい違い」で破棄できる限り、いかに事実の取調べをしようと同じであろう。まさにここに実質を伴わない悪しき形式主義（デュー・プロセスの形骸化）の危険性が潜んでいる。
(23)　田宮「上訴の理由」一〇六頁。光藤「前掲」三〇頁。
(24)　田宮「前掲」一〇六頁。
(25)　光藤「前掲」三〇頁。
(26)　平野龍一「刑事判例評釈集・昭和二六年四九事件」（有斐閣）二八三頁。ここで問題としているのは、自白に証拠能力があるか否かをめぐる訴訟法上の事実であり、実体法上の事実ではない。しかし証拠から一定の要証事実を認定する過程一般に、この指摘は当てはまる。
(27)　もっとも、平野博士は訴訟手続に関する事実、とりわけ経験則違反かどうかを問題としうる前提である訴訟法上の事実（本件では拷問）の認定を原審裁判所が果たして行ったかどうかについては「事実の取調べ」が必要であるとされる（平野「前掲」二八二頁）。本件において、原審が拷問の事実を認定しなかったことを前提にすれば、手錠をはめて取調べたとの複数の供述は原審記録に現れており、これを「経験則違反」とする限り、この点に関して「事実の取調べ」は必要ないことになる。
(28)　この点について、白取「自由心証主義の課題」北大法学論集三一巻一号一八五頁以下参照。
(29)　最高裁に関して、横山「前掲」二一一頁は、無罪判決を事実誤認の疑いで破棄した判決（最判昭和四三・一二・二四、刑集二二巻一三号一五九三頁）もあるとして、最高裁が決して無辜の不処罰という刑事司法観にそった歩みばかりしているわけではないと指摘する。白取「前掲」二〇三頁もこの点を指摘する。

(30)　ここでは経験則違反を理由とする破棄の現実的な曖昧さを批判しているのであって、経験則に基づく事実認定一般を攻撃しているのではない。

(31)　この点に関する苦悩について、小田中「控訴審における事実取調」二五九頁参照。

(32)　また、この破棄は主観的な心証を問題とするのではなく、（広義・狭義の）経験則違反という事実認定における客観面を問題としていると捉えたとしても、事態は解決しない。現実に存在する二つの経験則区別の曖昧さは別としよう。原審「（証明なし）無罪判決」は、たとえ証拠に高度の蓋然性があったとしても、当該裁判官が主観的確信を最終的にもてなかったことを意味する。「（証明なし）無罪判決」について、上（控）訴審で経験則違反かどうかという客観的な側面を問題としても、ここからは有罪認定に必要な主観的確信は決して導かれない。それにもかかわらず、この破棄を認めることは、実際には、原審の心証結果に不完全な資料により上訴審が形成した心証を優先させていることを、結局は意味する。

(33)　控訴審における新証拠の取調べを被告人に利益な方向でのみ許容することにより、有罪判決と無罪判決との相い異なる取り扱いを目論む主張もある（井戸田侃「刑事上訴審の構造」『現代の刑事法学㊦』二五五頁、小田中「前掲」二五八頁、鈴木茂嗣『刑事訴訟法［改訂版］』二八〇頁参照）。これらの主張の充分な理論的根拠の呈示は、本稿で示した根拠付けと相俟ってはじめて可能となり、上訴審を被告人の利益のために構成することが可能となる。

(34)　田宮「上訴の理由」九八頁参照。

(35)　もっとも、このような条件を充たす破棄は経験則違反を理由としてはほとんど不可能である。主として、これを経験則違反について考えることができようが、この違反が原審裁判官の口頭主義・公開主義に基づく主観的判断を凌駕していると、一見明瞭に認められる場合は、実際には極めて稀であろう。

五　小括

1　以上の概観を要約すれば次のようになる。

(1)　現行刑事訴訟において、第一審「証明なし」を理由とする無罪判決に上(控)訴は許されない(例外的に、この無罪判決においても「主文」・「理由」(犯罪の証明なし)の誤りが訴訟記録等の原審一件記録から一見明瞭にうかがえる場合には、「理由不備・理由齟齬(法三七八条四号)」に基づく控訴を認めうる)。また、この無罪判決の上訴禁止によって初めて、法三九三条一項の「事実の取調べ」をめぐる続審的な規定を被告人に利益な方法で解釈・運用するための展望が拓けてくる。ただ、本稿での、この「(証明なし)無罪判決」に対する上(控)訴禁止の結論は、二重の危険論による検察官上(控)訴禁止とは異なる。検察官が有罪事実認定に対して、事実認定に誤りがあるとして、無罪への(縮小的な事実認定への)方向で上(控)訴することまで禁じていない。しかしこの場合にも、不利益変更は決して認められない。

(2)　この事実認定を不服とする控(上)訴の唯一認められる有罪判決についての審査形式・控訴(破棄)理由は次のようになる。控訴審における事実認定の誤りに関する審査は、第一審裁判所の心証形成の結果(認定事実)が証拠に経験則・論理則を適用して導かれる証拠の蓋然性によって支えられているか否かの審査であり、原審の主観的な心証(確信)形成そのものを直接問題とするものではない。この審査資料は原則として原審での一件記録(判決書・訴訟記録・取調べ証拠)である。この資料中、特に重要な位置を占めるのは、判決書の「証拠の標目」・「罪となるべき事実」である。なぜなら、それらは原審裁判所の証拠評価(心証形成)の結果を示しているからである。これらの資料をもとに、原審事実認定に誤りが認められるか否かの審査を行う。そこでの具体的な審査形式・控訴理由・誤りの程度は次の通りである。(1)　原判決「証拠の標目」摘示証拠に経験則・論理則を適用して導かれる証明力の蓋然性が「罪となるべき事実」を支えているか否か。換言すれば、「罪となるべき事実」の認定に「客観的な疑い」を認めることができるか否か、である。(2)「証拠の標目」摘示証拠の選択に、「一件記録」に現れている他の証拠によって、前述の意味での「客観的な疑い」を認めることができるか否か。もしその疑いが認められるならば、さらに残余の摘示証拠から「罪となるべき事実」の認定に「客観的な疑い」を認めることができるか、否か。以上、(1)、(2)において、それぞれ「客観的な疑い」が認められる場合、「事実誤認」（法三八二条）となる（従来の学説では、(1)の審査形式は理由不備・理由齟齬（法三七八条四号）の控訴理由にあたるとされていた。また、判決書自体に不備・齟齬のあることが訴訟記録・取調べ証拠を参照することなく判明する場合、法三七八条四号に該当することはもちろんである）。

以上の結論に次の前提から到達する。拷問廃止後、法定証拠主義にとって代わらざるを得なかった自由心証主義は、単に証拠に経験則・論理則を適用して導かれる認定事実についての蓋然性のみではなく、口頭主義・「疑わしきは被告人の利益に」の原則などの導入に伴い、裁判官の主観的個別的な判断（確信）をも、事実認定に要求する。内的確信の理論に比べ、この客観化された自由心証主義は、職業裁判官による事実認定制度の維持を可能とし、その事実認定をよりよく保証するために、書面主義にかえて口頭主義・公開主義を採用する。裁判所の面前で行われる生き生きとした公開口頭審理全体の中で、裁判官の、とりわけ主観的な判断が初めてよりよく保証されるとの、この口頭主義・公開主義採用の経緯を踏まえるとき、事後的に、主観的な心証（確信）を再度形成し、第一審の主観的な判断（心証）そのものの当否を問題とする審査方式は、第一審以上に真実に近づきうるものでは決してない。自由心証主義・「疑わしきは被告人の利益に」の原則・口頭主義・公開主義の第一審採用は、事実認定の問題につき、このような審査を行う上（控）訴と矛盾し、それは、むしろ、裁判所の構成・弁護権の保障・証拠開示といった事実認定をめぐり第一審の充実を要求する。第一審での口頭主義・公開主義・自由心証主義・「疑わしきは被告人の利益に」

の原則の採用に最もふさわしく、論理適合的な控訴審の構造は、口頭主義・公開主義に基づくか否かによって左右されない、心証形成（確信）の結果である原審認定事実を支える証拠の客観的蓋然性（判断根拠）を審査する構造である。そして、この事後審査を目的とする限りで、口頭主義・公開主義の対立物である書面主義が導入され、事実認定理由として事実認定・証拠評価における結果（第一審が確信をもつことによって認定した事実）とそれを支える客観的な判断根拠が記載される。上訴審はこの事実認定理由（判決書）さらには原審訴訟記録、取調べ証拠を資料として前述の審査を行う。ところで、この「疑わしきは被告人の利益に」の原則と密接不可分な関係にある自由心証主義は、事実認定に裁判官の主観的確信を究極的に要求し、しかもこの確信は、被告人有罪認定の場合にのみ問題となり、無罪の確信は刑事訴訟上問題とならない（たとえ主要事実について証拠に高度の蓋然性があろうとも、当該裁判官が最終的に確信をもたない限り、無罪である）。すなわち「（証明なし）無罪」の場合、確信の獲得による一定の事実の認定という「結果」は現れない。この「結果」が存在しない以上、それに対する「判断根拠」もまたあり得ず、したがって事実認定理由にそれらを記載することはできない。つまり、「（証明なし）無罪」の場合、上（控）訴審での審査の手懸かりが欠け、上（控）訴での審理は不可能となる（上訴が不可能となる限りで、その無罪判決には既判力〔確定力〕が、また公訴された事実よりも軽い事実が認定された場合、その認定されなかった無罪部分には部分的確定力が、それぞれ生じる）。この帰結を、原審の口頭主義・公開主義を徹底し、「（証明なし）無罪」の場合、事実認定理由（「罪となるべき事実」・「証拠の標目」）の記載を要求していない現行刑事訴訟法においても認めることができる。以上の理由から、現行刑事訴訟法においても、「（証明なし）無罪」に対する上（控）訴は、原則として許されない、との結論に至る。また、自由心証主義・口頭主義・公開主義・「疑わしきは被告人の利益に」の原則から導かれるこの論理は、原審「結果」について蓋然性審査を行う限りにおいて、上（控）訴審での新たな証拠の取調べを禁じるものではない。

ここから、法三九三条一項の続審的な規定はこの論理の線上にあることが明らかになる。

2　以上の主張を第一審重視の観点から行った。この主張は上（控）訴審を無辜の救済を目的とする制度として位置付けることを論理的に可能とする。もっとも、この主張は現実の訴訟実務から甚だしく遊離していると受け止められるかもしれない。しかし決してそうではない。最近問題となっている再審無罪判決に接して、まず第一に感ぜられるのは、無辜の救済のために、いかに多くの労力を費やし、また時間を要するかということである。ここで考えるべきは、再審問題の深化もさることながら、第一審の充実であり、万が一にも生じた誤りのより早期の救済に向けて、上（控）訴審を被告人のために構成する方法である。このために、本稿冒頭で示したように、検察官上訴、控訴審の構造をめぐり、近時様々な主張がなされるに至ったのである。この打開策として、たとえば、小田中教授は二重の危険の法理、「疑わしきは被告人の利益に」の法理、迅速な裁判を受ける被告人の権利、控訴審における法廷の構成（被告人の出頭義務の免除）、被告人の「公正な裁判を受ける権利」などの諸ファクターを用いて、被告人に利益な方向での控訴審の続審化（片面的構成）を意図する。[1] このような控訴審の片面的構成の目論見は、現行刑事訴訟法における続審的な規定（法三九三条一項）を無辜の救済のために構成することをも可能にする、本稿で示した自由心証主義等の理解によって、初めて理論的に貫徹される。また、この理解によって初めて、被告人に不利益な方向で原判決破棄のために使用されてきた曖昧な経験則の濫用を防止し、「疑わしきは被告人の利益に」の原則に基づく有罪判決の破棄を可能とする。[2]

ただ、本稿は上訴をめぐる自由心証主義・「疑わしきは被告人の利益に」の原則・口頭主義・公開主義の視点からの、基本的な考え方の概略にとどまった。さらに、憲法上の諸原理をも考慮に入れた、上訴の考察も当然に必要であろう。また、現行刑事訴訟法の個々の条文との関係で、事実の取調べ、破棄自判・差戻しの問題、「客観的な疑い」

とは何かについて、具体的に論究する必要がある。また、控訴審のみならず、上告審・再審の問題、第一審充実の方法など、詳細に論じるべき残された課題は限りない。残念ながらこれらの問題は今後の課題とせざるを得ない。

（1）　小田中聰樹「控訴審における事実取調」平場安治博士還暦祝賀『現代の刑事法学(下)』（有斐閣、一九七七年）二六一頁、小田中聰樹「控訴審の事後審査審的構造について」Law School No. 52（一九七八年）八九頁。なお、立法政策として控訴審を覆審とする可能性を示唆する論稿として、高田昭正「裁判への不服申立」横山晃一郎編『現代刑事訴訟法入門』（法律文化社、一九八三年）がある。

（2）　たとえば、前出昭和二六年八月一日の判決においては、被告人・警察官の一致した「手錠をはめて取り調べた」という供述がある以上、破棄ための根拠条文はひとまずおくにしても、それらの供述により、原判決「証拠の標目」に摘示された「自白」の任意性は疑わしくなるであろう。

第二節　刑事訴訟における片面的構成の理論的基礎
——厳格な証明、弾劾証拠を中心に——

一　はじめに

1　横山教授のいうように、戦後の刑事訴訟における職権主義（実体的真実主義）から当事者主義への転換は、「刑事事件については職権主義が本質である」という本質的思考から「時・所を超越して存在する刑事訴訟は存在しない」という相対的な思考が優位となることによって生じた、といってよい。[1] ここでは本質的認識に対し政策的判断が優越することになる。この前提にたってデュー・プロセス論が学説において戦後展開されてきた。田宮教授は、処罰主義は社会的には秩序維持の要求の強い時代に、デュー・プロセスは人権感覚の横溢した安定した時代に相応する、とされる。[2] 憲法では、被疑者・被告人に対する人権保障が規定され、立法者の政策的判断がここに示されている。しかし、その人権の具体的な内容も相対的なもので、さらに時・所に規定された社会的諸条件によって変化することになる。柔らかいデュー・プロセス論といわれる所以である。[3] たとえば、田宮教授は、検察官上訴について、「二重の危険の効力は既判力と違って、被告人の刑事手続上の一つの人権であるから、時代思潮や手続的な考慮で伸張する柔軟な性格をもつ」とされる。[4] しかし、社会は絶えず進歩する、したがって人権は常に時代の流れにしたがい伸張するのみである、とは決していえないであろう。時代的思潮は治安の悪化により後退し、人権内容が縮減することも充分に考えうる。ここに戦後刑訴法学のよってたつ相対的なデュー・プロセス論の最大の欠点があるように思える。[5] すなわち、戦後刑事訴訟法学、デュー・プロセス論が廃棄した「本質的思考」[6] を追求する必要があるのではないか。人権を単なる人権論として、所与の事実として表面的に議論するのではなく、その背後にある理論的根拠を追求する必要がある。(7)

2　この点で参考になるのは、やはり田宮教授の「人権保障の基礎には、……無辜の不処罰すなわち消極的真実主義がある……（無辜の）不処罰主義ということができよう」という言葉である。(8) これは、人権の背後に、無実の者を誤って処罰してはならない、この方向において誤った事実認定をしてはならない、という無罪の推定から出発する一つの目的が存在することを示す。無辜の処罰を回避するという目的にそった中でのよりよい真実の発見に役立つ意味において、人権規定の存在意義がある。人権は消極的真実発見（無辜の不処罰）のためのよりよい事実認定（論）に規定されて存在する。(9)

私がかつて論じた証明なし無罪判決に対し上訴は不可能とする主張も、以上のような問題意識からであった。すなわち、人権の背後に存在する無辜の不処罰、その無辜の不処罰を担保する次のような片面的な事実認定論にもとづき刑事手続を片面的に構成することを目論んだものである。(10)

この事実認定論につき、この概略を簡単にひとまず示しておこう。それは、まず、不文法として刑事訴訟の鉄則といわれる「疑わしきは被告人の利益に」を前提に、自由心証主義による事実認定には、口頭主義・直接主義のもと、客観的蓋然性(11)と主観的確信とが必要、とするものである。たとえ有罪の高度の蓋然性があろうとも、裁判官が事実について最終的に確信をもてなかった場合、無罪である。これが「疑わしきは被告人の利益に」の原則の具体的な発現形態である。この証明なし無罪には積極的な意味における事実認定はありえず、確信が問題になるのは検察官の主張たる訴因に掲げられた（有罪の）事実認定のみである。(12)(13) すなわち、裁判官が、「合理的疑いを超えて」有罪の確信を得たかどうかが問題なのである。決して、無罪の事実を積極的に認定するものではない。

3　本稿では、このような事実認定論をふまえつつ、さきに述べた問題意識のもと、従来から片面的構成が主張されている、とりわけ「厳格な証明と自由な証明」、さらにはこの問題と密接に関連する「弾劾証拠」を対象とする。そして、この片面的構成を肯定する立場から、論を進めてみたい。

二　厳格な証明と自由な証明

1　厳格な証明と自由な証明の問題を考察するにあたり、まず、横山教授の見解を参考にしつつ、考察してみたい。かつて横山教授は、「厳格な証明、自由な証明という区別方式は無用である。刑訴法三一七条は、訴訟で問題となった事実を認定するには、刑訴法で定められた証拠と証拠調の方式にもとづいて行なわなければならない、という意味なのだ[14]」とされた。この主張の背景の一つに、被告人に不利益な方向での自由な証明を否定し、事実認定手続を厳格にしてゆこうとの意図がある。横山教授はこれらの点を強く意識されている[15]。だが、人権（被告人の利益）の方向からこの見解をみるとき、はたして論理一貫しているかどうかがとわれよう。それは、たとえば、量刑資料となる事実に関し、執行猶予の理由となった証拠に証拠調べが必要であったとの判決を援用しての、厳格な証明必要との主張である[16]。さきの結論は、被告人に利益な量刑事実をどのように考えるのか。すべての量刑事実に証拠能力ある証拠の証拠調べを必要とするのか[17]。他方で横山教授は次のようにもいわれている。「たとえ『自由な証明』とはいえ、それが『証明』である以上、裁判官の胸に『合理的な疑いを入れぬ程度』の心証を抱かせねばならない[18]」と。とすると、ここでは、合理的疑いを超えて証明しなければならない事実とは一体なにか、が問題となろう。すなわち、「証明」の対象、「事実の認定」における「事実」とはなにか、もう一度問われねばならない[19]。

2　この点につき、問題の所在を明らかにするために、法三一七条の「事実の認定は、証拠による」の「事実」

の意味について、少しく学説を検討してみよう。

周知のように、わが国において、「厳格な証明」と「自由な証明」の区別を最初に説かれた小野博士は、実体的判決、殊に有罪判決における犯罪事実の認定に、「厳格な証明」が必要と主張された[20]。博士は、法三一七条に単なる証拠裁判主義以上の規範的意味を与え、事実認定を厳正に担保するためには証拠能力のある証拠による、しかもその適法な証拠調べが必要なことを示し、さらに、法三三五条の有罪判決理由の考察から「事実」とは「罪となるべき事実」との結論を導き出す[21]。この厳格な証明の対象を、小野博士は、「事実」すなわち「犯罪事実」あるいは「罪となるべき事実」に限定し、これ以外の事実には「厳格な証明」は必要なしとした[22]。

3　これに対し、団藤博士は、法三三五条の証拠説明だけが証拠法的保障の唯一のものではない、たとえば、刑の加重原因たる事実は「判決には法三三五条によって示すことは要しないが、法四四条の一般原則によって示さなければならない。……それが適法な証拠調を経たものであるかどうかは記録にあきらかにされる。したがって、当事者は上訴によって、その証拠の証拠能力のないこと、適法な証拠調を経なかったことを攻撃する方法は充分にあるのである[23]」とする。ここに団藤博士は厳格な証明の対象、すなわち法三一七条の「事実」が「罪となるべき事実」に必ずしも限定されるものではないことを示す。そして、「問題は、刑事裁判の本質、当事者主義ことに被告人保護の要請などから打算して、目的論的に解決されるべきである。これは憲法三一条等の精神からもみちびかれる帰結であろうとおもう[24]」とされた。さらに、団藤博士は、この見地から、「刑罰権の存否および範囲を定める要件となる事実は、全面的に厳格な証明の対象とすることが、刑事訴訟の保障機能を発揮させるゆえんであろう[25]」とされるが、非類型的な単なる量刑のための情状たる事実などは重要性の点からいっても、これに含まれない[26]、と述べる。この非類型的事実には厳格な証明が不必要との主張に対しては、非類型的な事実であっても、「どういう刑罰をどれだけ科するか」という見地から法的に重要である、との横山教授の指摘は正当である。[27] 国家的刑罰権の具体化、現実化が刑事裁判の目的ならば、重要な事実とは、刑罰権の具体化になくてはならない事実、すなわち、構成要件に該当する事実だけではなく、違法判断、有責判断（それぞれ程度を含む）の資料となる事実、量刑資料となる事実をも含む、と考えなければならない。[28] この見地からするとき、たとえば自白の任意性といった訴訟法的事実にも、当然のこととして、厳格な証明を必要とするであろう。さもなければ、憲法三八条二項、刑訴法三一九条一項は全くの空文に帰することになるからである。[29]

4　団藤博士のこのような帰結は、さきに示した、目的論的解決、刑事裁判の本質さらには憲法の精神あるいは保障が、いかに個々の論者によってその内容が異なるかを示す。本稿の冒頭で指摘した刑事手続における人権（デュー・プロセス）保障の曖昧さを物語る。しかも、団藤博士の出発点にも「刑罰権の存否及び範囲を定める要件となる事実は全面的に厳格な証明の対象とすべき」との考えが存在していてもである。

この厳格な証明の対象範囲と密接に関連し、また冒頭で指摘した「片面的構成」と関係する問題として、とりわけ当事者主義の理解がある。団藤博士は、厳格な証明の対象の範囲について、一方で先に示した「当事者主義ことに被告人保護の要請などから打算する」としつつ、他方で次のように述べられる。すなわち「憲法では、被告人についてだけ反対尋問権を保障していることである。したがって、検察側については反対尋問権は保障されていないのであるから、被告人側に有利な証拠については伝聞証拠の制限をみとめなくても憲法に反することにならない。しかし、現行刑訴に関するかぎり、法三二〇条以下が検察側と被告側を区別している形跡は全然存在しないばかりではなく、……むしろこれを同等に扱う趣旨であることが看取される」[30] とする点である。この主張の問題点が下位法たる訴訟法による憲法の解釈にあることはいうまでもなかろう。さらに、団藤博士の問題点は、厳格な証明と挙証責任の問題を切り離したところにある。たとえば、法律上の刑の減免の理由となる事実について、両当事者に厳格な証明を必要とし、これが当事者主義の本来の姿であるとした。[31] 団藤博士のこのような当事者主義理解の背後には、また、厳格な証明の対象となる事実は、「刑罰権の存否及び範囲を定める要件となる事実」であるとの理解がある。すなわち、「存否」という限りにおいて事実を否定する被告人側からの証拠提出も「厳格な証明」が必要とされることになる。だが、団藤博士も正当に指摘されているように、憲法は形式的当事者対等主義ではなく実質的当事者対等主義を規定しており、刑訴法もその方向で解釈されねばならない。[32][33] このように考えるならば、被告人側は伝聞法則（厳格な証明）から解放され、事実認定・刑事訴訟法における片面的構成の憲法上の根拠は自ずから明らかである。[34]

5　以下では、法三一七条の厳格な証明を必要とする「事実」とは何か、これと「合理的な疑いを超えて証明すべき事実」との関係は、「刑罰権の存否及び範囲を定める要件となる事実」をどのように捉えるか、これらについて、今しばらく従来の議論を振り返ってみよう。このためには、これらの問題がとりわけ先鋭的にあらわれる、伝聞証拠の証拠能力に関する法三二八条、いわゆる弾劾証拠の論点について、検討する必要があろう。

三　弾劾証拠

1　本稿が追求している刑事訴訟理論の片面的構成との関係で弾劾証拠議論に端緒となったのは、いわゆる松川事件の再上告審判決である。[35] 検察官は上告趣意において、原判決が法三二八条に基づいて提出された証拠を犯罪事実認定の資料に供することは違法との最高裁判例に反する、すなわち、証拠能力のない証拠で事実を認定している、と主張した。これに対して、最高裁は、検察の指摘する点はいずれも有罪判決に関するものばかりであるのに対し、原判決は本件公訴事実の存在を認めるにたる証拠はついに得られなかったとした無罪判決であり、何ら犯罪事実または有罪に関する事実を積極的に認定したものではないから、検察官の所論は前提をかく、と判示した。

弾劾証拠をめぐる学説はこの点をめぐって推移した[36]。以下ではとりわけこの判決を積極的にうけとめ法三二八条を片面的に構成していこうとする学説を中心に紹介・概観してみよう。

2　いち早くこの判決を肯定的に捉えたのは、刑事訴訟法における片面的構成を意図されている田宮教授であった[37]。証明力を争う証拠すなわち弾劾証拠として伝聞証拠（証拠能力のない証拠）の許される範囲を片面的に構成しようとされる田宮教授は、この根拠として次の点を挙げる。すなわち、「被告人の証拠は、実質証拠であるか弾劾証拠であるかは、あまり意味をもたないように思われる。どちらにしても、検察官の立証を減殺する作用があり、しかもそれに止まる。刑事では、挙証責任は、原則として常に検察官にある。犯罪事実を積極的に、『合理的な疑いをこえる』まで立証する任務は、検察官ににになわされている。被告人側には、積極的に証拠を提出して、心証を動かす責任は、始めから終りまでない……。したがって、被告人は、いつも受動的に、『合理的な疑いをこえる』心証をきりくずすという、消極的作業をやっていればよい[38]」と。これは被告人にとって有利な証拠はすべて弾劾証拠であることを意味している[39]。

この主張に対しては、訴訟法のレベルでの批判として次のものがある。一つは、さきに示した厳格な証明の箇所でも指摘した「犯罪の存否」という言葉を、法三二一条一項三号（さらに法三二四条三項）が用い、犯罪事実の不存在証明にも厳格な証明・証拠能力を必要とし、検察・被告側両者とも平等な証拠制限に服すべき、とするものである[40]。もう一つの批判は、法三二二条一項において、公判廷外での自らに有利な被告人の供述も、特に信用すべき情況の下に作成されたときのみ、証拠能力があるとしており、被告人の提出する証拠にも証拠能力が必要[41]、とする。

この批判に対し反論を加えたのは浦辺判事である。前者に対しては次のようにいう。「犯罪の存否」という場合の「存否」という表現は、たとえば「証拠の有無」、「嫌疑の多少」という表現方法と同じく一種の日本語のレトリックであり、決定的な根拠とはなりえないし、被告人側の犯罪事実不存在の立証にまで厳格な証明を必要とするとの結論は、あまりにも形式的な文言解釈であり、「犯罪事実の存否の証明」ということは、立証責任を有する検察官のする犯罪事実存在の証明及び犯罪阻却自由の不存在の証明に厳格な証明が必要ということを意味するにすぎない[42]、と。また、法三二二条に関して、浦辺判事は、被告人の公判廷での供述は、被告人に有利なものであっても無条件に証拠となるから、公判廷外での被告人に有利な供述にまで証拠能力を与える必要はなく、特に信用すべき情況下でされた場合に限って証拠能力を与えることにしたもので、この限度でのみ証拠能力を制限したものである[43]、とする。したがって、この規定は、ほとんど実効性のない例外的な規定であり、被告人側の提出するすべての証拠についても証拠能力を要求する趣旨であると、直ちに理解することはできない[44]。

以上、田宮教授、浦辺判事を中心に、弾劾証拠をめぐる片面的構成の根拠をみてきた[45]。この訴訟法のレベルでの論争をみても、両当事者が同じ証拠法則に服すべきとの結論はでてこない。片面的構成も充分な論拠をもっているといえよう。さらにこの論争の基礎には、厳格な証明を論じたところでも指摘した、当事者主義理解の相違が横たわっている[46]。しかし、さきにみたように、憲法のレベルからこの問題を捉えるとき、団藤博士が正当にも指摘されたように、憲法は被告人にのみ反対尋問権を保障し、被告人側に有利な証拠については伝聞証拠の制限を認めなくとも憲法上問題とはならない[47]。憲法上の諸保障、つまりデュー・プロセスは本来片面的であり、その理念は、その他の挙証責任法則、証拠開示、利益再審制などにも流れているといえよう[48][49]。とするならば、刑訴法も可能な限り憲法にそって片面的に解釈されねばならない[50]。

3　前項ならびに本項での議論から得られたここまでの結論を、法三一七条をめぐる、厳格な証明を必要とする「事実」とは、「合理的疑いを超える証明の対象たる事実とは」との問題に、当てはめるなら次のようになろう。「事実」とは、さきに厳格な証明の箇所で論じたように、[51]「どういう刑罰をどれだけ科すか」という見地から法的に重要な被告人にとって不利益な事実であり、刑罰権の存在及びその範囲を定める要件となる事実である。そしてこれが厳格な証明を必要とする事実である。横山教授が指摘されたように、「証明」という限りは（訴追側が事実認定者に）「合理的疑いを入れぬ程度」までに心証を抱かせねばならない。[52] また、この証明の対象は、田宮教授が述べたように、「疑わしきは被告人の利益に」の原則にもとづく挙証責任を考慮するならば、原則として、犯罪をめぐる事実の積極的な存在であり、その不存在では決してない。法三一七条の「事実」を片面的にこのように捉えるならば、同条の「証拠」の意味も自ずから決ってくる。すなわち、以上のような被告人に不利益となる事実を積極的に認定しうるという意味での証拠であり、証拠能力のあるものをいうことになる。この意味での事実を証拠能力のある証拠で認定すべし、これが法三一七条の規範的意味であろう。[53] 繰り返していえば、この積極的な事実を認定するのが刑訴法における事実認定であり、これに用いられるのが証拠である。証拠能力の制限もこの証拠に関わることになる。したがって、この犯罪事実を否定する被告人にとって有利に（無罪方向への）判断に用いる証拠、[54] すなわち弾劾証拠は、法三一七条における意味での証拠ではなく、証拠能力は必要ない。[55][56] これが、これまでの片面的構成を志向する学説から論理的に導かれる原則的な帰結である。

四　小括

1　以上、前項末での法三一七条の解釈を明確にとるとらないは別としても、憲法さらには訴訟法の解釈によって、弾劾証拠についてだけではなく、厳格な証明に関する片面的な構成も可能であろう。ただ従来の説は、法三二七条片面的構成の主張を、法三二八条の弾劾証拠法則類推の結果であるとしている。[57] これは端的にいえば、さきに田宮教授が指摘した弾劾証拠の片面的構成の根拠を類推することになる。だが、本稿冒頭の問題関心からするなら、この片面的構成において示された根拠は、刑事手続における事実認定の本質、その本来的な片面的性格の一端を示すものである。このように考えるなら、この事実認定の本質により、法三一七条さらには法三二八条の解釈も自ずと規定されていることになる。[58] この事実認定の本質とはどのようなものかを、さきの論稿での事実認定論をしめしつつ、[59] 指摘し、本項の結びとしたい。

2　刑事手続における事実認定は、自由心証主義・口頭主義・公開主義、「疑わしきは被告人の利益に」の原則の密接な関係の上になり立つ。繰り返していえば、憲法を中心とした人権保障の背後には、無罪の推定から導かれる無辜の不処罰主義、消極的真実主義がある。[60] 換言すれば、このためのよりよい事実認定を保証するため前記の諸主義・原則をともなう事実認定論が憲法の背後に存在しており、これを受けて、憲法上の人権が保障されることになる。人権は無辜の不処罰を確保する事実認定論に規定されて存在する。

その具体的な事実認定論とは次のようなものである。まず、「無罪の推定」という刑事手続の大原則から「疑わしきは被告人の利益に」の原則が導かれる。ここから実質的挙証責任は刑事手続において全面的に原告たる検察官にあることになり、また、この程度は「合理的疑いを超える」ものであり、一定程度のいわゆる「客観的蓋然性」と判断者の「主観的確信」が必要である。この最終的に主観的にならざるをえない事実認定における「主観的確信」をよりよく保証するために、口頭主義・公開主義が採用されている。逆にいえば、とりわけ口頭主義の採用は事実認定において最終的に主観的確信の必要なことを示している。さらに、このことは最終的に主観的確信を必要とするものが事実認定であり、それは被告人に不利益な、有罪方向での認定でしかない。「心証形成（事実認定）」という言葉もこの方向で、客観的蓋然性に基礎をおく主観的確信形成の意味で用いるべきである。[61] 他方、いかに高度の蓋然性があろうとも、判断者が最終的に主観的確信をもてない限り、証明なし無罪となる。この場合、無罪方向で、客観的蓋然性を弾劾することも可能であるが、判断者に主観的確信が抱けないよう弾劾するだけで足りる。いずれにしても、無罪方向では決して積極的に認定をするわけではない。ここに事実認定の片面性が現れている。[62] もっとも、法三一七条、法三二八条をめぐる片面的構成だけのためには、必ずしも主観的確信を必要とする事実認定論は必要ないといえるかもしれない。これまで見てきたように、従来の学説からもこの帰結を導くことは充分に可能である。しかし、ここで示した事実認定論は、憲法の人権保障の背後にある無辜の不処罰に基礎をおき、口頭主義を始めとしてそこから導かれ刑事訴訟に採用された諸原則から必然的に導かれるもので、田宮教授が指摘される検察官上訴、二重の危険（一事不再理）さらには再審といった問題をもふくみ、広く刑事訴訟を理論的に片面的なものとしてより確固たるものとして構成することを可能とする。[63] また、「被告人には積極的に証拠を提出して、心証を動かす責任は、始めから終りまでない」とする根拠には、事実認定とは、事実認定者に客観的な証拠にもとづき主観的確信を抱かせることを目的とする訴追側の一方的な立証活動であり、有罪認定には最終的に主観的確信を必要とする事実認定論がより適合する。[64] ただ、本稿の事実認定論が口頭主義をその中心におくことを考慮するなら、被告人に有利な無罪方向で弾劾証拠を提出する場合、証拠能力は必要としないが、[65] 少なくとも当事者の攻撃・防御の対象となることを可能にするため、公判廷への顕出が必要であろう。[66]

3　本稿は、法三一七条をめぐり、横山教授の「厳格な証明と自由な証明」に関する説を原則的に踏襲しつつ、刑事手続における片面的構成を追求した。そして、この片面的構成は、憲法の背後にある無辜の不処罰に基礎をおき、憲法上の人権規定を性格づけている事実認定の片面的性格に求めるべき、との結論をえた。本稿はきわめて大雑把なもので、もとより、これらの問題をめぐる主要な学説、さらには個々の法条文の解釈の詳細の検討がいまだ残されていることはいうまでもない。しかし、憲法・刑事訴訟法の規定は、本稿が示したように、基本的には片面的に構成されていると考えねばならない。また、これは単に政策的な判断に左右されるというよりも、憲法の背後にリジッドなものとして存在する事実認定論に措定されている。

(1) 横山晃一郎『憲法と刑事訴訟法の交錯』(成文堂、一九七七年) 一六頁以下。
(2) 田宮裕『刑事訴訟とデュー・プロセス』(有斐閣、一九七二年) 二九頁。
(3) いわゆる柔らかいデュー・プロセス論争についての最近の論稿として、たとえば、市川正人「刑事手続と憲法三一条」樋口陽一編『講座憲法学4』(日本評論社、一九九四年) 参照。田宮教授自身、実体的真実主義のよってたつ絶対主義・客観主義の哲学に対して、デュー・プロセスを相対主義・手続主義と表現することができる、とする (田宮『前掲書』一四二頁)。この相対主義を前面に押し出し、これと利益衡量論さらには裁判官による法形成が結びつくとき、人権後退の危険性が容易に生じる。
(4) 田宮『前掲書』三八四頁。このような考慮から、田宮教授は、「継続的危険論」を否定し、危険は事実審の終結たる控訴審判決によって発生し、上告は二重の危険にふれる、と見解を改められた。
(5) 田宮教授は「デュー・プロセス論は、刑事訴訟における人権保障の要求を憲法問題として強烈に意識させ、これを飛躍的に前進させようとする政策的主張 (政策論) であ」るとされる (田宮『前掲書』はしがき)。田宮教授の意図とは別に、政策論とされる限りにおいて理論的というよりも、相対的なその場限りの具体的妥当性のみが求められる傾向にあるのではなかろうか。
(6) ここで「本質的思考」とは戦前の実体的真実主義、職権主義を念頭に置いているわけではない。
(7) 田宮教授も、「はだかの人権論はいわば常識論ないし運動論に堕しやすく、学問的価値に乏しいばかりか、……法律論として説得力をもち」えないとする (田宮『前掲書』はしがき)。
(8) 田宮『前掲書』一四二頁。
(9) 田宮教授も、「当事者主義はあるべき政策ではなく、無罪の推定を認める以上、動かしえない本質的なものである」とされている（田宮『前掲書』一四七頁）。ここには、本質的思考が現れており、無罪の推定を根拠（大前提）として当事者主義をとることによって、よりよい事実認定を確保しようとする目的があろう。

(10) 平田元「上訴審による自由心証主義のコントロール」九大法学五二号（一九八六年）一〇一頁［本書六三頁］註（28）参照。平田元「一事不再理と二重の危険」庭山英雄・岡部泰昌編『刑事訴訟法［第三版］』（青林書院、二〇〇三年）二九六頁以下では、一事不再理の客観的範囲について、この観点から主張を展開した。

(11) いわゆる「客観的蓋然性」とは次のようなものである。すなわち、要証事実（主要事実であれ訴訟法上の事実であれ）の客観的蓋然性（証明力）の程度は、その要証事実を推論する間接事実（徴憑）存在の確実性の程度とその推論の確実性の程度（推認力）の両者によってきまる。平田元「刑事事件における供述分析について（一）」三重大学法経論叢六巻一号（一九八九年）四八頁参照。要証事実の客観的蓋然性は、この二つの確実性の程度の所産であり、それぞれの程度は、経験則・論理則の確実性の程度によって決定される（平田「上訴審による自由心証主義のコントロール」一〇三頁［本書六六頁］註（50）参照）。この客観的蓋然性の審査は控訴審において、いわゆる「事実認定理由」をもとに行う。その際の理由をめぐる整合性の判断は、論理則・経験則の確実性の程度に関係し、ひいては、客観的蓋然性の程度を審査する資料になる（平田「前掲」八五頁、九八頁、一〇八頁、一一七頁［本書四五頁、五九頁、七一頁、八一頁］参照）。

(12) 平田「前掲」六六頁、八八頁、一一八頁［本書二四頁、四九頁、八三頁］。団藤博士も「無罪判決に積極的な事実認定というものはない」（団藤重光「自由心証主義」『刑事法講座六巻』（有斐閣、一九五三年）一一二七頁）と述べられている。

(13) この主張に対する反論として、たとえば、後藤昭「自由心証主義・直接主義と刑事控訴――平田元氏の論文を契機として――」千葉大学法学論集二巻二号（一九八八年）二一頁以下、田宮『刑事訴訟法［新版］』（有斐閣、一九九六年）四八七頁以下、平良木登規男『刑事控訴審』（成文堂、一九九〇年）七二頁以下などがある。これに対し、一応の再反論を、平田元「控訴審における破棄自判・有罪の問題」光藤景皎編著『事実誤認の救済』（一九九七年）一三一頁以下［本書第一章第三節］で試みた。さらに最近では、自説に基本的にそうものとして、村井敏邦「刑事裁判における証明基準の憲法的基礎」杉原泰雄教授退官記念論集『主権と自由の現代的課題』（勁草書房、一九九四年）三〇一頁以下、内山安夫「刑事訴訟における心証概念に関する一考察」福田平・大塚仁博士古稀祝賀『刑事法学の総合的検討(上)』（有斐閣、一九九三年）六三三頁以下がある。前者は、英米法の示唆から、「裁判官が、起訴事実に対して提示された疑いが払拭されて、もはや反対事実の存在の可能性がないと確信する程度に心証が達した場合に、はじめて『合理的な疑いを越えた』有罪証明がされたということになる。『合理的な』という語に、特別な意味を付与すべきではない」(村井「前掲」三一四頁)とする。後者は、ドイツ法の示唆から、有罪判決には「嫌疑仮説が真実だという意識＝主観的確信」と「嫌疑仮説が真実であることに間主観的に十分な根拠があるという意識＝高度の蓋然性の意識」が必要(内山「前掲」六五三頁)とするものである。これらの主張は、いずれにしても有罪認定には判断者の主観的確信を必要とし、そこから上訴を制限しようとする。これは、私が「上訴審による自由心証主義のコントロール」[本書第一章第一節]で示した事実認定論と軌を一にするものである。

(14) 横山晃一郎『刑事訴訟法の解釈』(中央経済社、一九六五年)一八四頁。
(15) 横山『前掲書』たとえば、一五七頁、一七一頁。さらに田宮『前掲書』二八五頁参照。
(16) 横山『前掲書』一七〇頁。
(17) このような観点からの指摘として、松岡正章『量刑手続法序説』(成文堂、一九七五年)二一一頁がある。ここで松岡教授は、当事者主義は実質的な意味での当事者の武器対等の原則を前提にしなければならない、と主張される。
(18) 横山『前掲書』一八二頁。ここでは、横山教授が「証明」と挙証責任を密接不可分なものとして捉えている点に注目すべきである。
(19) 私がさきに示した事実認定論からすると、「証明の対象」となる事実は、「合理的疑いを超える」ものとして最終的に主観的確信を必要とする事実である。本文で示した横山教授の見解もこのように理解して初めて被告人の権利を保障するものとして構成できるように思われる。ともあれ、以下では、これまでの説がこの点についてどのように考え、どこに問題があるかを探ってみよう。
(20) 小野清一郎『刑事訴訟法講義[全訂第三版]』(有斐閣、一九三三年)二九六頁。
(21) 小野『前掲書』二九四頁以下。
(22) 小野『前掲書』二九七頁以下。
(23) 団藤重光「証明の対象」『法律実務講座刑事編八巻』(有斐閣、一九五六年)一七六四頁。
(24) 団藤「前掲」一七六四頁。以上の点を捉え、横山教授は、通説とされる小野博士の見解にも必然的根拠は存在しない、と指摘する(横山『前掲書』一六四頁)。
(25) 団藤「前掲」一七六四頁。
(26) 団藤「前掲」一七六四頁。

(27)　横山『前掲書』一七〇頁以下。

(28)　横山『前掲書』一七六頁。刑事訴訟が国家による刑罰権の具体的実現を一つの目的とし、これが被告人に対する不利益処分であるからこそ、この基礎となる（積極的な）事実認定には厳格性が要求されることになろう。

(29)　横山『前掲書』一七五頁。平野博士は「犯罪事実以外の事実、とくに訴訟法上の事実を認定するには、右のような証拠能力の要件、証拠調の手続を必要としない」（平野龍一『刑事訴訟法』〔有斐閣、一九五八年〕一八〇頁）とする。平野博士も犯罪事実とそれ以外の事実はその重要さにおいて質的な差を認めることができるとされるが、本文で示した観点からこれを認めるわけにはいかない。

光藤教授は、終局判決の基礎となるべき事実（訴訟条件を含む）及び判決結果に重要な影響を及ぼす可能性のある訴訟法上の事実（たとえば自白の任意性など）が厳格な証明の対象になる（判決基礎説）とされる。光藤景皎「紹介・ミヒャエル・ボーヘンジーペン『刑事訴訟における自由な証明』」大阪市立大学法学雑誌三五巻二号（一九八八年）二九九頁、光藤景皎『口述刑事訴訟法中』（成文堂、一九九二年）一一六頁。さらに、石井一正「自由な証明について」司法研修所論集五九号（一九七七年）三七一頁以下参照。

(30)　団藤「前掲」一七七五頁。

(31)　団藤「前掲」一七七一頁。国家の刑罰権の具体化（存否及び範囲）に必要な事実について、「合理的疑いを超える」程度まで、すなわち一定の客観的な蓋然性の程度と主観的な確信まで、証拠能力のある証拠により適式な証拠調べにより立証することが（厳格な）証明である。これが、さきに示した私の事実認定論の立場であり、前述の横山教授の立場ということになろう（横山『前掲書』一八二頁参照）。このように解することによって、本稿冒頭で問いかけた横山教授への論理一貫性に関する疑問は解消するように思われる。そしてこの点に関していえば、被告人に不利益な量刑の資料について厳格な証明を要する、とし片面的構成を試みる松岡教授の見解に接近することになろう（松岡『前掲書』二一頁、九一頁以下、一六三頁）。さらに庭山英雄『刑事訴訟法』（日本評論社、一九七七年）一三四頁以下は、被告・弁護側提出の無罪証拠について、原則として証拠能力制限は必要ではなく、厳格な証明は訴追側に課せられた証明方法とする。

(32)　横山教授も、たとえば証拠開示をめぐり実質的当事者対等主義を主張される。横山『前掲書』五六頁註（1）、「研究会　接見交通／公訴権濫用／証拠開示／証拠排除」ジュリスト五五一号（一九七四年）二〇三頁以下の横山発言、横山『憲法と刑事訴訟法の交錯』一九一頁以下参照。

(33) 団藤「証明の対象」一七七一頁。
(34) この「証拠能力の片面性」を主張するものとして、能勢弘之『刑事訴訟法二五講』(青林書院、一九八七年) がある。
(35) 最高裁第一小法廷判決昭和三八・九・一二刑集一七巻七号六六一頁。
(36) この経過の詳細は、たとえば、浦辺衛「アリバイと厳格な証明」『刑事実務ノート一巻』(判例タイムズ社、一九六八年) 一四一頁以下参照。
(37) 田宮裕「証明力を争う証拠の問題」ジュリスト二七二号 (一九六三年) 五八頁 (『刑事訴訟とデュー・プロセス』に所収)、田宮裕「判例違反の意義」刑訴法判例百選〔第一版〕(一九六四年) 一七二頁以下。田宮教授は、弾劾証拠について、原則的には非制限説にたつが、最終的には、被告人に有利な方向には自己矛盾供述のみではなく、法三二八条により伝聞供述を用いることができるが、逆の場合は自己矛盾の供述しか認められないとする。これは、検察官が自己矛盾以外の伝聞供述を提出することは、憲法違反の疑いが濃いとの理由による。ここに田宮教授と団藤博士の解釈方法をめぐる著しい相違が現れている。さらに庭山『前掲書』一六七頁参照。
また、田宮教授は刑訴における片面的構成について、「この思想をもう少し発展させると、検察官上訴を否定したり、量刑資料についての証拠規制を、検察官・被告人で別異に構成したり、挙証責任の概念に差異等を設けたりする理論にたどりつく」とされる (田宮「証明力を争う証拠の問題」五九頁)。
(38) 田宮「前掲」六〇頁。さらに田宮裕『三訂版刑事訴訟法入門』(有信堂、一九八一年) 二四八頁以下、田宮裕『刑事訴訟法〔新版〕』三九五頁参照。
(39) 田宮『三訂版刑事訴訟法入門』二四九頁。
(40) 団藤重光『新刑事訴訟法綱要七訂版』(創文社、一九七二年) 二三二頁に加え、たとえば青柳文雄『五訂刑事訴訟法通論下巻』(立花書房、一九七六年) 二四三頁以下、高田卓爾『刑事訴訟法二訂版』(青林書院新社、一九八四年) 一九九頁、二四八頁、などがある。
(41) 平野『前掲書』一八三頁以下、さらに、平野龍一「いわゆる『新証拠』について」判例時報三四六号 (一九六三年) 四頁、青柳『前掲書』二四三頁以下、高田『前掲書』一九九頁、二四八頁、鈴木茂嗣『刑事訴訟法〔改訂版〕』(青林書院、一九九〇年) 二一六頁、などがある。
(42) 浦辺「前掲」一四四頁以下。さらに、熊本典道『刑事訴訟法論集』(一九八八年) 五五一頁、法曹会編『例題解説刑事訴訟法

(二)［改訂版］』（法曹会、一九八五年）一四三頁、田宮裕『演習刑事訴訟法』（有斐閣、一九八三年）一八六頁、福井厚『刑事訴訟法講義』（法律文化社、一九八九年）三三三頁。また、平野博士もこの「存否」との表現は必ずしも論拠となりえないとする（平野『前掲書』一八四頁）。

(43) 浦辺「前掲」一四六頁。さらに、註（42）掲記の熊本、法曹会編、田宮、福井の各著書を参照。

(44) 法曹会編『前掲書』一四三頁。

(45) もっとも、浦辺判事はこの理論はアリバイの証明の場合に限るとする（浦辺「前掲」一五〇頁）。しかし、判事の理論は、検察官の有罪の主張、立証に対する無罪の主張、立証が実質証拠のように見えても実は弾劾証拠としての意義を有するにすぎない点に意味があるのであり、アリバイ立証に限定する必然性はないであろう。

(46) 団藤博士のほかに、当事者対等主義を形式的に捉えるものとして、たとえば、植松正「証拠法則対等の問題」判例時報三四六号（一九六三年）三頁、青柳『前掲書』二四三頁。

(47) 団藤「証明の対象」一七七五頁。

(48) 田宮『刑事訴訟法［新版］』三九五頁。さらに田宮『三訂版刑事訴訟法入門』二四九頁。

(49) 光藤教授は、田宮教授の当事者主義を実質的にしていこうとの考慮によって、この片面的構成論は多くの論者の心をつかんだとする（光藤景皎「被告人の証拠提出権」吉川経夫先生古稀祝賀論文集『刑事法学の歴史と課題』〔法律文化社、一九九四年〕四四四頁）。さらに、光藤教授は、合衆国判例における証拠提出権の理論の検討から、信用性、関連性、重要性があり、被告人に有利な証拠である場合、伝聞例外に当らないときでも、憲法三七条二項後段を根拠に、当該証拠は許容される（光藤「前掲」四六八頁）と主張する。

(50) 横山教授がいうように、解釈の原則論として、二様な文理解釈が可能な場合、デュー・プロセスの要請（自由の制限は厳格に、という厳格解釈の要請）から、切り捨てられねばならないのは自由制限的な解釈である（横山晃一郎『誤判の構造』〔日本評論社、一九八五年〕六七頁）。小田中教授も、片面的構成について、その実質的必要性があり、その正当性が究極的には憲法によって根拠づけられる場合には、これを許さざるをえない（小田中聰樹『刑事訴訟と人権の理論』〔成文堂、一九七八年〕三九〇頁）とする。

(51) 横山『刑事訴訟法の解釈』一七六頁。

(52) この意味においても、団藤博士が示した、厳格な証明と挙証責任の分離（団藤「証明の対象」一七七一頁）を認めることはできない。

(53) また、法三一七条が「事実の認定は、証拠による」とする点において、事実認定は主観的なものから区別された証拠という客観的なもの（客観的蓋然性）に基礎をおかねばならないことを示している。少なくとも規範的には、最終的に事実認定に一方で必要とされる主観的確信は、この客観的蓋然性との関係において（これを前提として）、はじめて問題とされねばならない。両者は全く無関係な分離したものではない。この意味で、証明なし無罪に関して、主観的確信はあるが、客観的蓋然性がないという場合を考えることは出来ない。口頭主義・公開主義のもとでの「事実認定一回性」の原則の要請から、客観的蓋然性がないとの判断はあわせて最終的に主観的確信を抱くことが出来なかったことをも意味しよう。平田「上訴審による自由心証主義のコントロール」八〇頁註（137）、九六頁以下、一一六頁註（32）［本書四〇頁、五八頁、八一頁］参照。

(54) 田宮教授は、この弾劾証拠は、被告人が提出した証拠のみに関するのではなく、正しくは被告人の有利に判断するときという意味に理解してよい（田宮『三訂版刑事訴訟法入門』〔有信堂、一九八一年〕二四九頁）と正当に指摘されている。さらに、能勢『前掲書』一三四頁参照。

(55) きわめて概念法学的いえば、法三一七条の「証拠」、法三二八条冒頭の「証拠」は証拠能力が必要な（あるいは証拠能力をもつに至った）証拠を意味するが、これに対し法三二八条文末の「証拠」、法四三五条六号の「証拠」は弾劾証拠であり、証拠能力は必要ない。証拠能力が問題となるのは前者の意味での「証拠」のみである。このように同じ法文上の「証拠」でもそのもつ意味内容は相違する。

また、以上の帰結は証拠説明における「証拠」とは有罪認定方向でのそれとして一般的に理解されていることからも、是認できよう。すなわち「証拠の標目」には弾劾証拠の説明を必要としない。もっとも、この現行法が要求する（積極的な）事実認定理由について、「証拠の標目」のみの呈示では不充分であることはいうまでもない。

(56) 以上のように考えるならば、被告人に利益な方向では証拠能力のない弾劾証拠が法三一七条によって、原則的に許容されていることになる。したがって、法三二八条は、検察側も自己矛盾の供述を限度として弾劾証拠を用いることが可能である旨を確認した規定である。

(57) 田宮裕『注釈刑事訴訟法』（有斐閣、一九八〇年）三六〇頁。能勢教授も法三二八条を類推適用して「証拠能力の片面性」を認めてゆかねばならないとされる（能勢『前掲書』一三四頁）。

(58) さらに、この事実認定論が「証明なし無罪」に対する控訴の不可能性を規定することになる。この点が平田「上訴審による自由心証主義のコントロール」（九大法学五二号四五頁以下［本書第一章第一節］）のテーマであった。

(59) この事実認定論については、平田「前掲」六六頁、八八頁、一一八頁［本書二四頁、四九頁、八二頁］参照。以下に示すこの事実認定論はドイツ、フランスを中心とする歴史研究から導いたものである。

(60) 田宮『刑事訴訟とデュー・プロセス』一四二頁。能勢教授も「証拠能力の片面性」の根拠として、「無罪の推定」、「疑わしきは被告人の利益に」などの確立された近代法の原則をも挙げられている（能勢『前掲書』一三四頁）。

(61) ここから本書第一章第一節でも示したように、完全な口頭主義をとれない控訴審においては、事実認定（心証形成）が行われるのではなく、原審が認めた有罪認定のための蓋然性をもっぱら弾劾（審査）することになる（平田「前掲」八九頁、一〇八頁［本書五〇頁、七一頁］参照）。

(62) この事実認定の片面的性格から、有罪判決にのみ証拠説明が必要とされている（法三三五条）と考えるべきである（平田「前掲」九七頁、一一九頁［本書五九頁、八四頁］参照）。この点において、小野博士が厳格な証明と有罪判決の理由との関連性を指摘された点は（厳格な証明を必要とする範囲については別として）、正しい方向性をもっていたと思われる。

(63) 上訴と再審とのパラレルな関係については、平田「前掲」一〇五頁［本書六九頁］註（75）参照。

(64) 村井教授も指摘されるように、判断者が確信を得ることなく下された無罪判決そのものに合理的な疑いが化体されている（村井「刑事裁判における証明基準の憲法的基礎」三一四頁、三一八頁参照）。

(65) 横山教授が指摘したように、「証明」とは「合理的疑いを入れぬ程度」の心証を抱かせねばならないとするなら、この弾劾証拠の提出は「（自由な）証明」でもありえない。

(66) 団藤「前掲」一七七五頁以下、横山『刑事訴訟法の解釈』一七一頁以下参照。

第三節　控訴審における破棄自判・有罪の問題

一　はじめに

戦後、控訴審が事後審査審化したことによって、破棄の場合、差戻し・移送が原則であり、自判は例外となったといわれる。[1] しかし、実際には自判が大多数をしめ、差戻しは僅かである。[2] ここでも、現行刑事訴訟法において原則と例外との逆転現象が生じているが、この現状をいかに評価すべきか。また、とりわけ、ここでテーマとして掲げた第一審無罪判決に対する控訴審での破棄自判・有罪の場合に、被告人に不利益は生じないのか。さらに、事実取調べの問題とも関連して、控訴審において積極的な事実認定がはたして正しくできるのか。

私は、先に発表した論稿で、第一審で採用されている口頭主義（直接主義）・公開主義・自由心証主義・「疑わしきは被告人の利益に」の原則等から、「（証明なし）無罪判決」に対する上訴は出来ないとの見解を示した。[3] 本稿では、前述の諸問題について、先の論稿を踏まえ、現行法、なかでも特に、第一審に採用されている様々な原理・原則との関係を考慮しつつ、検討してみたい。[4] そこでまず以下では、先の論稿での趣旨を簡単に示したうえで、論述を進めることにする。

二　基本的視座

第一審に口頭主義・直接主義を採用した刑事公判手続のもとで、事実認定に関して「生き生きとした口頭主義・直接主義は、二度目に繰り返すときは、死んだものとなってしまう」といわれる。これは、控訴審での事実審理の繰り返しが単に不適当なだけではなく、不可能なことも示している。[5] さらに、この言葉は、控訴審における第一審にまさる審理の繰り返しが単に不可能であるのみならず、差戻し後の審理も困難であること、を意味している。[6] この命題が控訴審での審理を論じるうえで基礎におかれねばならない。従来の学説はこの認識を充分にもちながら、これを曖昧化（無視）したうえで、控訴審の問題を論じている。[7]

この命題から導かれる帰結は、たとえ控訴審での審理が認められるとしても、口頭主義・直接主義を採らない審理で、破棄の場合、その裁判は原則として自判で終結することになろう。これがもっとも上記命題と整合性をもつ。

この控訴審で認められる審理、それは、第一審で有罪の理由となった事実認定に「合理的疑いを超える証明」[8] としてのいわゆる「客観的蓋然性」があるかどうかの判断である。逆にいえば、控訴審の審判対象としての第一審事実認定に「客観的（合理的）疑い」があるか否かである。[9][10] そして、控訴審ではこの第一審での事実認定を、もっぱら弾劾することになる。この意味で、主として書面を中心に行われる控訴審での審査は固有な意味での事実認定（心証形成）ではない。[11] 法が予定している事実認定とは、判断者の面前で行われる生き生きとした口頭主義・直接主義のもとにおける有罪方向での心証形成を意味し、[12] これ以外にはない。この固有な意味での事実認定は口頭主義・直接主義を採用する第一審でのみ可能であり、しかも繰り返すことは決してできない。これに対し、控訴審で行われる第一審認定事実の審査は、口頭主義・直接主義とはかかわりのない、書面に基づく、もっぱら客観的蓋然性についてのそれである。すなわち、第一審での事実認定、心証形成のための判断の資料は、たんに証拠能力のある証拠のみではなく、その証拠に関する取調べの態様、被告人・証人の供述態度といった、口頭弁論の中で、すなわち、証拠調べ全体の中ではじめてよりよく評価できる、いわゆる口頭弁論の全趣旨も含まれる。[13] しかも、その評価には主観的なものが含まれざるをえない。また、これら供述態度などの判断資料の事後的な繰り返し、再現は不可能であろう。このような事実認定の性格を踏まえ、現行刑訴法は、第一審の裁判所が判決理由（事実認定理由）に使用可能なのは証拠能力のある証拠のみで、証人の供述態度などは除かれる、としたと考えられる。この事実認定理由を主たる手段に行われる（行わざるをえない）控訴審での審査は、したがって、第一審における固有な意味での事実認定（心証形成）とは判断の資料が異なる。

第一審と控訴審との判断資料、それに関係する評価方法の相異は、いかなる帰結をもたらすのか。「第一審の有罪の事実認定（心証形成）また無罪の判断は、証拠能力ある証拠とそれ以外の供述態度等を総合して（主観・客観両面にわたって）下されるが、他方、控訴審ではこのうち客観面（客観的蓋然性）しか審査できない」との前提は、「第一審（証明なし）無罪に対する控訴はできない」との結論を導く。すなわち、口頭主義・直接主義を採用した第一審において、供述態度などをも考慮して最終的に有罪の確信を得ることができなかったにもかかわらず、控訴審で主として書面から、これを覆すことは、よりより事実認定のため第一審に口頭主義・直接主義を採用した趣旨に反することになる。以上、控訴は第一審での有罪判決にのみ可能で、（証明なし）無罪判決にはできない。

さらに、事実認定とは有罪方向での心証形成を意味することを考慮に入れるならば、控訴審での審査は、心証形成をするものではなく、ただ第一審での有罪認定（心証形成）に必要な客観的蓋然性があるかどうかである。しかも、第一審の事実認定へのチェック機能という控訴審の積極的位置づけを考慮するとき、存在する第一審有罪認定を前提として、この（無罪方向への）弾劾が控訴審唯一の任務である。

以上、事実認定に関する第一審と控訴審との審理・判断方法などの相異について、概略私見を述べてきた。以下では、この見解を踏まえたうえで、冒頭に示した問題、すなわち、第一審無罪判決に対する控訴審での破棄自判・有罪にはどのような問題が現実に存在するのか、具体的に検討してみたい。

三　具体的問題点

破棄自判・有罪の問題は、究極的には無罪判決に控訴を認めている訴訟実務・理論に原因があり、本稿テーマは証明なし無罪判決に対する控訴不可能性主張の根拠の裏返しでもある。そこで以下、とりわけこの観点から、この問題について、控訴審での審理の順序をおいながら、論述してゆきたい。

1　事実誤認についての控訴審での審査は、まず、原判決・控訴趣意書・答弁書に基づき、原審訴訟記録・取調べ証拠を資料として、書面審査を行い、そこで問題とされている事実について書面審査限りでの「心証を形成」をし、一応の結論を出したうえで、公判期日に臨む[14]。控訴審での審査の開始はこのようにならざるを得ないであろう。しかし、この手続は、起訴状一本主義を採り、予断排除を厳格に貫いている（刑訴法二五六条六項）第一審でのそれとは全く異なる。このような手続を認めるとすれば、控訴審では被告人の権利としての「公平な裁判所」、「無罪の推定」は侵害される。第一審で保障される憲法、刑事訴訟における基本的原理・権利が控訴審では保障されなくてよいのか。この矛盾を論理整合的に説明するためには、法は被告人に対する不利益な控訴を認めていない、と考えるしかない。これによってのみ、控訴審が、第一審（証明なし）無罪判決に対し、書面から有罪心証を獲得し、予断をもって公判に臨むことを回避することができる。

2　第一審無罪判決を被告人に不利益な方向に破棄・自判するために、事実の取調べはどの程度必要とされているのか[15]。判例によれば、刑訴法四〇〇条但書をめぐり、第一審で証明なし無罪判決に対し控訴審が事実の取調べなしに訴訟記録と第一審で取調べた証拠のみの書面審査によって事実を認定し、破棄自判・有罪とすることは、許されない[16]。さらに破棄自判に必要な事実の取調べの範囲について、判例は「事件の核心」あるいは「主要な争点」を少なくとも取調べる必要がある[17]、とする。その程度について、取調べ結果が第一審で調べた証拠以上に出ない場合でも、[18]詐欺の意思の存否につき、原控訴審判決が証拠とした被告人の検察官に対する供述調書を措信すべきかについてのみ取調べをなせば[19]、充分であるとする。また、証人の供述の信用性を有罪方向に評価・変更するには、事件の核心部分について被告人質問をすればよいとしている。[20]しかし、これら第一審判決は証明なし無罪判決である。無罪判決は最終的に検察官の主張する事実が認められないことを意味し、事実認定がなされるわけではない。実際に法は無罪判決に事実認定理由（「罪となるべき事実」・「証拠の標目」）を要求していない（刑訴法三三六条[21]）。判例は事実の取調べにより直接主義・口頭弁論主義の原則を満たそうと試みる、しかし、それはあくまでも部分的なものにとどまらざるを得ない。すなわち、逆転有罪判決の事実認定はその大部分が書面によって行われる。第一審では、直接主義に基づき口頭弁論全体の中であらゆる観点を総合して、事実認定ができなかったにもかかわらず、部分的な事実の取調べで事実認定を行い、有罪判決を出すことは、第一審で採用した直接主義・口頭主義の原則に明らかに反し[22]、第一審以上によりよい事実認定ができるわけではない。[23]しかも、このような破棄自判・有罪は被告人側に控訴審で争う機会、告知・聴聞の機会が充分に与えられず、被告人は審級の利益を奪われるだけではなく、裁判を受ける権利も奪われることになろう。[24]

さらにまた、先に示した事実の取調べの程度についての不充分な判例は、その事実の取調べを、自判を目的に[25]、書面審査によって得られた第一審とは異なる心証に誤りがないかを単に確認するために行うこと[26]、を容認する。控訴審が書面から得たいわゆる心証を正しいと考え、それを追認するために事実の取調べを行うとするなら、実際にそれは被告人に不利益な変更するための最小限の形式とならざるを得ないであろう。これらの判例は、「事件の核心」について事実の取調べさえすれば自判を許容する、という機能を果している。[27]しかし、このような態度は、不充分な書面から、いわゆる「心証」を形成し、それが正しいとの予断と偏見をもちつつ、事実の取調べを行うものであり、事実認定にとって決して相応しいものではない。

3　それでは、この控訴審における事実誤認の判断方法について、学説はどのように考えているのか。[28] 事実誤認概念として、(1) いわゆる経験則違反と(2) 経験則違反とはいえない程度の原審と控訴審の証拠の価値判断の食違いがあり、(1)については客観的な「記録の矛盾」だけで判断できるが、(2)は被告人の不利益には原審と同じ厳格な証明手続を前提とする、との主張がある。[29] この説は「無辜の不処罰」、「疑わしきは被告人の利益に」の原則を考慮し、被告人に利益・不利益により、破棄の方法に差異を設けようとする。だが、(証明なし) 無罪判決に対する控訴を認め、その破棄を認める限り、問題は解決しない。これは経験則概念の曖昧さに起因する。[30] さまざまな内容・程度の経験則の存在は(1)、(2)の限界を不明確にし、ひいては破棄方法にも影響を与え、無罪判決は単なる書面審査のみで破棄へと導かれる。これは、右に示した主張の基礎にある、記録によっては無罪判決を破棄することはできない、[31] という基本命題に反する。

4　破棄自判・有罪について、控訴審で口頭審理を繰り返そうとするいわゆる覆審を実際に採るとしても、問題は決して解決しない。たとえば、千葉大チフス菌事件控訴審においては、一審で、証人尋問が充分に行われた証人・証拠調べの対象とならなかった者の死亡により、各人の員面調書が控訴審で刑訴法三二一条一項三号で採用されている。また、第一審で証人調べが行われた者を再度控訴審で取調べ、その際「古いことだから忘れた」、「検察官調書は事件の直後に述べたことだから正しい」との証人の言葉でもって、各証人の検面調書を刑訴法三二一条一項二号書面とした。このように、第一審の問題がそのまま控訴審に持ち込まれ、第一審以上に弁護側の反証の余地がなくなる。[32] これは、先に述べた被告人の審級の利益を奪い、刑事訴訟法の、事実認定に関する基本原則である第一審中心主義、口頭弁論・直接主義、伝聞主義などに反する。[33]

四　小括

「(証明なし) 無罪判決」に対して控訴審で破棄自判・有罪を認める判例・実務は、どんなことをしてでも真実を発見しようとする積極的な実体的真実主義にたつ。だが、これは、法がよりよい事実認定のために第一審に導入した口頭主義・直接主義・公開主義・無罪の推定などの諸原則に矛盾し、むしろ第一審の事実認定の悪化という事態をもたらす。控訴審を、第一審に導入された諸原則と調和させ、結果として上述の諸問題を克服しうる被告人のための制度とするためには、「(証明なし) 無罪」に対する控訴を否定するしかない。また、何はともあれ、第一審の充実こそが必要と思われる。

(1)　たとえば、平野龍一「控訴審の構造」『刑事法講座六巻』(有斐閣、一九五三年) 一二五七頁参照 (平野龍一『裁判と上訴』〔有斐閣、一九八二年〕に所収)。現行刑訴法も、四〇〇条で差戻し・移送を原則とし、自判を例外とする。

(2)　一九八七年中、控訴審において破棄された終局処理人員に対する自判率は、九八・五七％に及ぶ。

(3)　平田元「上訴審による自由心証主義のコントロール」九大法学五二号 (一九八六年) 四五頁以下〔本書第一章第一節〕。自説に対しては、後藤昭「自由心証主義と直接主義と刑事控訴——平田元氏の論文を契機として——」千葉大学法学論集二巻二号 (一九八八年) 二一頁以下、田宮裕「控訴——その手続きと構造」法学教室一〇一号 (一九八九年) 五一頁以下 (田宮『刑事訴訟法〔新版〕』〔有斐閣、一九九六年〕に所収) 等による批判がある。本稿では、可能な限りこれらの批判に応えたいと思っている。

(4)　これらの問題について、憲法、特に検察官上訴との関係で、簡単に論じたことがある。平田元「検察官の上訴は、なぜ許されるか」法学セミナー四一八号 (一九八九年) 五二頁〔本書第一章第四節〕参照。本稿では、これらの問題について、本文で示した諸原理・原則との関係で (諸原理・原則が憲法と無関係では決してないが)、論じる。

(5)　平野「前掲」一二四七頁以下。

(6)　田邨正義「控訴審」三井誠他編『刑事手続(下)』(筑摩書房、一九八八年) 九六五頁参照。

(7)　たとえば、前述の平野「控訴審の構造」は、なるほど控訴審での事実審理の不可能性を認める。しかし、「事実の認定をまったく第一審限りにしておくわけにもゆかない」という必要性からその不可能性を克服する（平野「前掲」一二四八頁）。もっとも、あくまでも控訴審は、事実認定を審査する事後審査の審級で覆審ではない、という意味で矛盾はないともいえる。しかし、事後審査の結果、原判決を破棄したとき、差戻しが原則である（一二五七頁）とし、差戻しを認め、第一審での口頭主義・直接主義に基づく再度の事実認定を許容する限りで、本文の命題に反する。また、平野博士は「実体判決に対する上訴をどの程度認めるかは、立法政策上、重要な問題である」（平野龍一『刑事訴訟法』〔有斐閣、一九五八年〕二九七頁）とされ、この点からも博士の結論には矛盾はないのかもしれない。だが、立法論であれ解釈論であれ、ひとたび政策的な根拠を持ち出すことによって、立法が第一審で前提とした諸原則、それから導かれる命題を、必要性を理由として、どこまでも切り崩すことができるのであろうか。平田「上訴審による自由心証主義のコントロール」一〇〇頁、註（19）（20）〔本書六二頁〕参照。

（8）　私は、「合理的疑いを超える証明」という場合、事実認定における客観面としての、証拠に経験則・論理則を適用して導かれる一定の「客観的蓋然性」と、主観面としての「確信」の二つを考えている。事実認定は、客観的蓋然性（証拠、経験則・論理則）と、主にそれらを判断対象、基礎として導かれる主観的な確信を必要とする。この意味で、二つの要素は密接に関係し、全く無関係に相互に独立しているわけではない。「証拠裁判主義」（刑訴法三一七条）からすれば、確信は客観的な蓋然性があってはじめて問題となる。「確信」の事実認定への要件化について、後藤教授は「結果において事実認定過程を神秘化し、かえってその合理的なコントロールを困難にさせる虞がある」とする（「自由心証主義・直接主義と刑事控訴」三三一頁）。しかし、先に述べた客観的蓋然性と確信との関係からすれば、この批判は当っていないように思われる。事実認定から「確信」すなわち「道徳的確実性」を排除し、単に客観的基準による有罪と無罪との区別は、むしろ裁判官の責任回避につながる。すなわち、裁判官本人としては有罪と確信できないが、一般的客観的基準からすれば、有罪としなければならないという場合、それは有罪認定の他律的強制を意味し、事実認定における当該裁判官の責任の契機は極めて希薄になるのではなかろうか。

（9）　後藤教授は「合理的疑い」とは「説明できるような疑い」であり、この意味で客観的基準に従うとされる（後藤「前掲」三四頁）。しかし、証人や被告人の態度が裁判官に無意識のうちに影響を与えること、「説明できるような疑い」といってもその内容は不確定で、人により異なり得る、ことも認める（後藤「前掲」三二頁、三六頁）。この点では、後藤、平田の事実認定をめぐる現実認識は同一である。後藤教授の「合理的疑い」も客観的基準とはいうものの、実際には極めて主観的なものではなかろうか。この意味で後藤教授も「客観的」ではなく「合理的」との言葉を使っているとも考えられる（後藤「前掲」三四頁参照）。しかし、後藤教授の所論は、結果において、事実認定における現実を隠蔽することになるのではないか。私見とて、主観的判断を事実認定の全面に押し出そうとしているのでは決してない。ただ、後藤教授も認められる主観性の存在を否定せず、前提として、理論を構築しようとしているのである。

(10)　平田「前掲」九八頁［本書五九頁］。控訴審での審査は、事実認定の客観面にのみ関係し、固有な意味での事実認定ではない。

(11)　第一審においてであれ、口頭主義・直接主義に基づかない、おもに捜査段階での調書・記録による事実認定は、本来の意味での事実認定（心証形成）とはいえない。これを事実認定と呼び、単に客観的蓋然性のみの要求は、口頭主義・直接主義を採用しない、捜査段階の記録による書面審理と調和する。船田三雄「刑事控訴審における事実審査」判例時報一三一一号（一九八九年）二〇頁以下参照。

(12)　戦後、刑訴法に採用された当事者主義において、検察官提起の訴因が審判の対象である。裁判官にこの訴因事実を認めさせることができるが問題となり、証明とは裁判官の白紙の心証を検察官が証拠提出によって有罪（訴因事実の存在）の確信に変化させることである。さらに、「疑わしきは被告人の利益に」の原則は無罪の心証を訴訟法的に問題としない。そうだとすれば、固有の事実認定とは有罪方向への心証形成を意味するといえよう。刑訴法三一七条の「事実の認定は、証拠による」もこの意味において理解できる（平田「前掲」九六頁［本書五八頁］以下参照）。また、以上との関連で、被告人は「無罪の推定」を受け、有罪とされるまで無罪とみなされるなら、事実認定理由は有罪判決にのみ要求され、無罪判決には必要ない。しかし、検察がそれらしい証拠を出した、「多少とも問題のある事案」では、「合理的疑い」を説明する必要があるとすることは（後藤「前掲」三四頁、三六頁）、検察がそれらしい証拠を提出した段階で「無罪の推定」が破られることになる。

(13)　平田「前掲」八六頁［本書四六頁］参照。この点について、田宮裕「上訴の理由」『刑事訴訟法講座三巻』（有斐閣、一九六四年）一一〇頁註（19）（田宮裕『刑事訴訟とデュー・プロセス』（有斐閣、一九七二年）に所収）、船田「前掲」一二頁参照。

(14)　石松竹雄「控訴審における事実判断」『刑事裁判の現代的展開』（勁草書房、一九八八年）二〇二頁以下参照。控訴審と起訴状一本主義に関連して、後藤昭『刑事控訴立法史の研究』（成文堂、一九八七年）一九二頁以下参照。

(15)　この関連・前提として、刑訴法三九三条一項をめぐる控訴審での事実の取調べの範囲の問題がある。この学説・判例の整理として、たとえば、野間禮二「刑事控訴審における事実の取調」松山商大論集三九巻四号（一九八八年）参照（野間禮二『刑事訴訟における現代的課題』（判例タイムズ社、一九九四年）に所収）。

(16)　最大判昭和三一・七・一八刑集一〇巻七号一一四七頁、最大判昭和三一・九・二六刑集一〇巻九号一三九一頁、最二小判昭和三一・一二・一四刑集一〇巻一二号一六五五頁、最三小判昭和三二・二・一二刑集一一巻二号九三九頁等がある。事実の取調

べなしに、控訴審が第一審よりも重い事実を新たに認定するものにつき、最二小判昭和三二・六・二一刑集一一巻六号一七二一頁がある。

(17)　最二小判昭和三四・五・二二刑集一三巻五号七七三頁、最一小判昭和四三・一二・一九判例時報五四四号九三頁、最二小判昭和三六・一・一三刑集一五巻一号一一三頁。

(18)　最二小判昭和三六・一・一三刑集一五巻一号一一三頁。

(19)　最一小判昭和三三・五・一刑集一二巻七号一二四三頁。

(20)　最三小判昭和五七・三・一六刑集三六巻三号二六〇頁。

(21)　註(19)の第一審無罪判決では、詐欺の意思以外の訴因事実は認められると判示するが、その理由は、被告人・証人の当該公判廷での供述をそれぞれ総合してと述べるだけで、有罪判決と同様の形式を備えていない。また、最一小判昭和四三・一一・二一判例時報五三九号七七頁において、第一審無罪判決は、贓物性の知情が認められないとしたが、被害の程度についても、被告人の供述の信用性を認めず、認定していない。しかし、控訴審においてこの点が「事件の核心」とされたわけではない。

(22)　この理はとりわけ証人の信用性を被告人質問のみで変更した事例に当てはまる。この点につき後藤『前掲書』三一六頁以下参照。佐藤文哉「上訴審の機能」『現代刑罰法大系六巻・刑事手続Ⅱ』(日本評論社、一九八二年)二六五頁も、必要な証拠を全部調べない限り直接審理主義、口頭弁論主義の要請を充したことにならない、と指摘する。

(23)　平田「上訴審による自由心証主義のコントロール」九七頁[本書五九頁]。この点について、後藤教授は、口頭主義(直接主義)のもと、事件からより時間を経た控訴審が、第一審よりも真実に近付き得るか疑問である、と抽象的にはいえるが、現実には控訴審の結論が正しいと推定することが合理的である、とされる(後藤「自由心証主義・直接主義と刑事控訴」四三頁)。なるほど、真実発見のできる場合もあろう(後藤教授がここでいわれる有罪判決が事実誤認で破棄される場合についての言及は、正当である)。だが、控訴審が誤る、とりわけ第一審無罪判決が誤って逆転有罪となることがある。これこそが重要な問題である。法は、この点(この意味でのよりよい事実認定)をも考慮して、第一審に採用した口頭主義・直接主義と論理的整合性をもつ制度を控訴審に採用した、といえる。実際に控訴審の結論の方が正しい場合もあるとの理由で、事実認定をめぐる主義・原則を控訴審で破ることは、積極的な実体的真実の追求(実体的真実主義)に比重をおき過ぎているのではないか(平田「検察官の上訴は、なぜ許されるか」五三頁[本書一二〇頁]参照)。

(24)　谷口正孝「差戻と自判」『公判法大系Ⅳ』(日本評論社、一九七五年)二三二頁参照。

(25) 阿部文洋「控訴審——裁判の立場から」『刑事手続㊦』（筑摩書房、一九八八年）九五九頁は、この自判を目的とする事実の取調べを理論的には否定するが、自判目的の事実の取調べが、法をやや逸脱して現実に存在することを認めている。
(26) 佐藤「上訴審の機能」二六五頁。
(27) 佐藤「前掲」二六四頁以下、阿部「控訴審」九五八頁以下参照。
(28) この問題について詳細は、平田「上訴審による自由心証主義のコントロール」一一〇頁〔本書七三頁〕以下参照。
(29) 田宮裕「上訴の理由」一〇六頁。これとほぼ同旨のものとして、光藤景皎「再審からみた事実誤認」ジュリスト六六〇号（一九七八年）三〇頁がある。もっとも、ここで光藤教授は、本文の事実誤認概念(2)も帰納論的に経験則が機能する、広義の経験則違反とされる。私も、両者を広い意味で経験則違反として、一元的に捉えるべきと考える。また、次に述べる経験則概念の曖昧さも、「疑わしきは被告人の利益に」の原則の観点から、被告人の利益な方向で用いるべきである。
(30) 経験則概念の曖昧さについて、たとえば、斎藤朔郎『事実認定論』（有斐閣、一九五四年）八八頁（斎藤朔郎『刑事訴訟論集』〔有斐閣、一九六五年〕に所収）、船田「刑事控訴審における事実審査」二一一頁以下参照。
(31) 田宮「上訴の理由」一〇六頁。
(32) 「腸チフス事件上告趣意書（上巻）」二四頁以下参照。この上告趣意書も述べるように、これらの調書の採用が、不当な有罪判決の根拠となった。
(33) 註(23)との関連で、本文のような事例は例外的である、大多数の事件はうまくいっている、ともいえよう。しかし、より重要なのは、この例外的な事例をいかに確実に防止するかである。

第四節　検察官の上訴は、なぜ許されるか

一　検察官上訴の理論的根拠

第一審あるいは控訴審で無罪判決を受けた被告人に対する検察官の上訴（不利益上訴）は、実務上、現在では当然のこととされる（本稿では、無罪判決のうち、とくに事実認定に関する証明なし無罪に対する検察官上訴について言及する。また、この他にも不利益上訴として、検察官が有罪判決に対しより重い刑を求める場合もある）。それは、刑訴法三五一条一項が、「検察官又は被告人は、上訴をすることができる」としているからである。しかし、訴訟法の上位規範である日本国憲法三九条には、「何人も……既に無罪とされた行為については、刑事上の責任を問はれない。……」との文言がある。検察官上訴の問題は、解釈論的には、これらの条文をめぐって議論されている。

当初、憲法の「既に無罪とされた」の表現をめぐり、それは大陸法的な一事不再理を採用したのか、それとも英米法的な二重の危険を採用したのかが、問題となった。前者によれば、「既に無罪とされた」とは、判決が形式的に確定した、すなわち、上訴提起期間が徒過した場合を意味する。したがって、検察官上訴は認められる。これに対し、後者によれば、少なくともひとたび無罪判決を受けたなら、それによって被告人は一つの危険を被ったことになり、検察官による上訴は被告人に再度の危険をもたらす（これは、アメリカ合衆国憲法修正五条「何人も、同一の犯罪について重ねて生命身体の危険に臨ましめられることはない」との規定にしたがう）。ゆえに検察官上訴は許されない。

このような議論の中、最高裁判所昭和二五年九月二七日大法廷判決（刑集四巻九号一八〇五頁）は、次のように判示する。「元来一事不再理の原則は、何人も同じ犯行について、二度以上罪の有無に関する裁判を受ける危険に曝さ

るべきものではないという、根本思想に基くことは言うをまたぬ。そして、その危険とは、同一の事件においては、訴訟手続の開始から終末に至るまでの一つの継続的状態と見るを相当とする」と。すなわち最高裁は二重の危険論を採りつつ、第一審から上訴審を経て、判決の確定に至る一連の流れを一つの危険として捉えた（いわゆる継続的危険論、アメリカ合衆国においてこの考え方を採るのはわずかに二、三の州だけである）。これは検察官上訴を合憲とする。

学説の上では、田宮教授が一事不再理の効力について、大陸法と英米法を歴史的・比較法的に研究され、それを二重の危険の法理から根拠づけた。そして元来一事不再理は被告人の利益のための訴訟手続の効果であり、大陸といい英米といっても、歴史的には同一の根源にさかのぼることを指摘した。しかしこの二重の危険の法理の概念は、各々の法系での訴訟制度に応じ、種々の内容を盛りこむことができる、柔軟性をもつ。英米法での検察官上訴の禁止は、陪審制度の密接に関係し、二重の危険の法理からの必然的・本来的な内容ではない。憲法が二重の危険の禁止を採用したからといって、論理必然的に検察官上訴が違憲となるわけではない。以上の見地から、田宮教授は最高裁の判決を高く評価され、検察官上訴は自明の、確固たる地位を実務・学説の上で占めるに至る。だが、憲法上も決して問題がないとは思われないこの解釈、実務・運用に弊害はないのか。

二　その問題点

検察官上訴について、次のような問題点を挙げることができよう。

まず第一に、裁判の長期化の問題がある。戦後著名な誤判事件の一つに八海事件がある。この一九五一年一月に起きた強盗殺人事件は、それが単独犯行か五人共同犯行かをめぐる事実認定、とりわけ共犯者自白の信用性が問題となった。本件は、事件の無罪確定までに第三次の上告審判決を含む都合七回の裁判が重ねられ、一七年を超える歳月を要した。この間、一九五九年九月二三日の第二次控訴審判決は被告人らに無罪判決を言渡した。検察はこれに対し上告を行い、一九六八年一〇月二五日の第三次上告審無罪判決確定まで、結局さらに九年をも要した。これは先に指摘した憲法三九条の問題となるだけではなく、憲法三七条一項、被告人の「迅速な裁判」を受ける権利にも抵触するのではないか。この弊害は、たとえば弘前事件のような再審無罪事件にもあてはまる。弘前事件では、一九五一年一月一二日第一審で無罪判決が下されたが、高裁では破棄有罪とされ、最高裁への上告も棄却され、確定した。再審において最終的な無罪判決が下されたのは、一九七七年二月一五日であった。再び無罪判決を得るまでに、実に二六年を要した。この他にも、第一審が無罪にもかかわらず、検察官上訴によって有罪となり確定したものの、それが非常に疑わしい事件として、たとえば、千葉大チフス菌事件、名張毒ぶどう酒事件などがある。このように検察官上訴は、最終的な被告人の救済（「無辜の不処罰」）を遅らせ、裁判の長期化（「迅速な裁判」を受ける権利の侵害）をもたらす、といえよう。しかも、第一審で被告人側があらん限りの力を尽くし、強力な捜査権限をもつ検察と争った弁護活動、勝ち取った無罪を反故にする。この検察に再度の攻撃を許容する検察官上訴は、被告人側に二回以上の負担・危険を実際に課すものといわざるを得ない（実質的当事者対等主義に反する）。また、この許容は、現行憲法・刑訴法が強調する、とりわけ第一審に比重をおく公判中心主義にも反する。

つぎに、先に示したいくつかの事件は、検察官上訴が真実の発見に果たしてふさわしいのか、という問題を提起する。無罪判決は、経験則・論理則に基づきつつも、口頭主義・公開主義のもと当事者の充分な弁論の中でのみよりよく保証され、最終的に主観的とならざるを得ない有罪事実の認定（確信獲得）に至らなかった（疑いの残る）ことを意味する（「疑わしきは被告人の利益に」の原則）。検察官が上訴し、第一審で争いのあった微妙な事実認定について、この確信の存否を、主に不充分な書面により再審査することは（第一審と同じ口頭審理を事後的に完全に繰り返すことは決してできない）、誤った事実認定（有罪認定）、「無辜の処罰」の危険増加へと導く。また、不充分な書面に関して、特に上訴審での審査の中核をなす判決理由（事実認定の理由）は有罪判決にのみ要求され、無罪判決には必要ない（刑訴法四四条、三三五条、三三六条参照）。これは、検察による有罪立証のない限り、被告人は本来的に無罪であるという「無罪の推定」の原則からの帰結である。無罪判決理由の不存在によって、無罪判決の事後審査の可能性は実際に極めて困難となる。否、むしろこれは、法が無罪判決に対する上訴を認めないことを示している。

以上のように、検察官上訴は憲法・刑訴法上のさまざまな原理・原則、そこから導かれる事実認定の性格に照し、極めて疑わしい制度といえる。また、上述の諸論拠は陪審制度不採用の場合でもあてはまるだろう。

三　その存在理由

それではこの問題ある検察官上訴は、なぜ先に示した理論的装いによって許されるのか。これは上訴制度の目的をどのように捉えるのかにかかわる。その許容は、犯人必罰、すなわちどんな手段を用いても犯人を見つけだし処罰しよう、との実体的真実発見の手段として上訴を考える。これは、たとえば、デュー・プロセスの尊重し強調しつつも、他方で、検察官上訴の正当化根拠として、その破棄率の高さを指摘する点にもうかがえる（ちなみに、検察官控訴に対して、一九八六年に判決の下された二〇人の被告人のうち、一六人が破棄有罪となっている）。しかし、この実体的真実発見も第一審無罪判決が控訴審で維持されたただいたずらに負担を被る被告人の犠牲の上に成り立っている。憲法の保障するデュー・プロセスとは真実発見の犠牲の上に成り立つのではないのか。検察官上訴の許容には、実体的真実主義の根強さ、裁判官の真実発見に対する絶対的な自信がうかがえる。しかし、前述のように、検察官上訴は真実発見を保証するものでは決してない。検察官上訴の禁止によってはじめてデュー・プロセスを貫徹し、上訴制度を無辜の不処罰、被告人救済の制度として構成する道が拓けよう。

今日、検察官上訴の問題性・違憲性を指摘する論稿は決して少なくはない。だが、現在の刑事裁判実務を支配する実体的真実主義、検察官上訴の許容は微動だもしない。現状をわずかでも動かすにはある程度の実務への歩み寄りが必要かもしれない。しかし少なくとも一方では現実をにらみつつも、憲法・刑訴法の原点、原理・原則をみすえた、より確固とした理論の構築、深化が必要であろう。

・平田元「上訴審による自由心証主義のコントロール」九大法学第五二号（一九八六年）〔本書第一章第一節〕
・川崎英明「二重の危険と検察官上訴」別冊判例タイムズ第七号（判例タイムズ社、一九八〇年）
・熊本典道「上訴権者」『公判法大系Ⅳ』（日本評論社、一九七五年）
・田宮裕『一事不再理の原則』（有斐閣、一九七八年）

第二章　イギリスにおける刑事上訴

第一節　イギリスにおける刑事陪審と上訴制度
――「内在的疑い（lurking doubt）」を中心に――

一　はじめに

近年、国民の司法参加との関連で、刑事陪審制度導入の賛否をめぐり、その議論が盛んに行われている。この中で陪審に反対し、参審制度導入に好意を寄せる論者もいる。その論拠として、陪審制度の導入により、「理由なき有罪判決」に耐えることを余儀なくされ、誤判救済にとって絶望的な制度であることがあげられている。一方で、「陪審評決を最終的なものとし、裁判官がこれを破棄すべきではない、これが陪審制度に固有な観念である」とし、これに、わが国では事実問題の三回にわたる議論が当然視されているを対置し、陪審による事実判断一回性の観念への否定的な評価を行う。(1) しかし、陪審制度の採用・不採用に関わらず、事実認定は原則として一度限りではないのか。少なくとも、戦後の控訴審論、事後審論はこの点をめぐって展開したのであり、わが国の伝統が事実問題を三回にわたって議論することを当然視しているとはいえない。また、他方で陪審制度採用する諸国において、法問題のみならず、事実を問題とする上訴制度も存在する。もっとも、事実問題とは陪審評決をめぐる、裁判官の訴訟指揮、説示に関するもので、換言すれば手続問題であり、純粋な証拠評価問題は含まれないのでは、との疑問も提起されよう。だが、本稿で検討を試みようとする陪審制度の母国イギリスにおける刑事上訴では、陪審有罪評決に対する上訴裁判官による証拠評価の優越性が法律、判例により認められている。[2] いわゆる「内在的疑い（lurking doubt）」基準がこれである。[3] 以下では、二〇世紀初頭、一九〇七年に制定された刑事上訴法、さらには六〇年代におけるその改正を振り返り、「内在的疑い」基準の承認へと至った経緯、意義について検討してみたい。[4] 陪審制度下においても、陪審評決、証拠評価への上訴裁判官による介入、誤判救済は可能で、これによって、陪審制の意義が失なわれるとは、イギリスにおいてすら考えられていないことを示してみたい。

二　刑事上訴法成立過程[5]

1

イギリスにおける刑事上訴制度要求の運動は一八三五年にまで遡ることができる。[6] その発端は、一八二七年にわずか九ヶ月の間に六件もの誤った死刑事件が明らかになったことによる。刑事においても軽罪（misdemeanours）に対しては、王座裁判所への新公判の申立（motion for a new trial）が認められ、[7] 刑事と同じく、裁判官・陪審により審理される民事事件については新証拠や証拠の不充分さを理由として上訴が認められていた。また、一九世紀、刑事事件での公正な裁判、人権保障が目論まれる中で、陪審評決に対する上訴の領域のみ手付かずであった。一八四四年から一九〇六年の間に、刑事上訴をめぐり、三一の法案が提出されたが、唯一成立した上訴法は、一八四八年の刑事留保裁判所（Court for Crown Cases Reserved）」で、これは法問題をめぐるものである。[8]

この間、事実問題をめぐる上訴法案としては次のようなものがあった。先の誤った死刑事件をうけ一八四四年の法案は、すべての有罪者に事実審理から生じた法・事実問題を理由に新公判を求める権利を与え、民事と刑事上訴との一致を目論んでいた。また、一八五八年には王座裁判所に新公判のためのサーシオレイライを認める法案が提出されている。これらの立法案はいずれも議員立法案であった。

一八七〇年代後半のスティーブン（J.F. Stephen）を中心とした、刑法法典化と刑事手続改革の中で、上訴も取り上げられた。政府もこの頃から上訴問題に取り組むようになる。その刑事法典草案（Criminal Code（Indictable Offences）Bill 1878）は、誤審令状を廃止し、事実審理裁判官あるいは法務総裁（Attorney-General）による事件に関する意見に基づき訴追側、弁護側のいずれかからの法問題提起を可能とする。また、内務大臣（Home Secretary）あるいは事実審理裁判官の許可（leave）による新公判の申請が可能であった。さらに当該証人が偽証罪で有罪となった場合、その偽証に基づき有罪となった者には絶対的な上訴権がある、と規定する。この法典化は全体として成功しなかったが、上訴に関して、スティーブン等からなる王立委員会でこの案は引き続き討議され、委員会は次のような変更を加えた。それは、裁判官の許可があれば評決が証明力（weight of evidence）に反することを理由とした上訴も可能で、また、内務大臣は新証拠（fresh evidence）がある場合、事件の裁判所への付託なしに、新公判を命じることが可能、というものであった。

一八五〇年代から八〇年代にかけて誤判とされた、すなわち内務省が恩赦を行った著名事件は少なくとも一二件にのぼり、その他にも世論によって疑わしいとされたが、すでに処刑された事件も何件か存在した。このなかで、上訴制度は刑事実務家にとり緊急の課題となった。政府は、正式起訴事件について先の委員会案よりも幅広い上訴権を織り込んだ法案（Criminal Code（Indictable Offences Procedure）Bill）だけでなく、法曹や議会での反対を考慮して、より限定的な刑事上訴裁判所法案（Court of Criminal Appeal Bill）も同時に一八八二年、議会に提出した。後者は死刑事件に関しては、事実問題についてもいかなる理由であれ、権利として上訴を認め、上訴裁判所は新公判を命じうる、というものであった。非死刑事件では、事実審裁判官の許可が原則として上訴に必要とされた。

その後も、世論によって誤判と考えられたリプスキ（I. Lipski）の処刑（一八八七年）や、砒素により夫を謀殺したとして有罪評決・死刑（一八八九年）を受けたメイブリック（F. Maybrick）夫人に対する、他の死因も考えられるとの理由からの終身刑への減刑恩赦、といったセンセーショナルな事件により、上訴問題への関心は衰えることはなかった。その後も様々な立法提案がなされている。しかし、陪審有罪評決における事実問題をめぐる刑事上訴は一九〇七年まで立法化されることはなかった。

2　それでは、とりわけ事実問題をめぐる上訴法案反対の理由は何であったのか。(9) 一八〇〇年代中葉、イギリスの刑事手続は、たとえば拷問の禁止が示すように、多くの他の諸国に比べて人道的と考えられていた。裁判官は被告人を保護すべきとされ、有罪には合理的疑いを超える証明が必要で、陪審員の全員一致が求められた。事件はまず治安裁判所、検死官陪審、大陪審での吟味後に、陪審審理にゆだねられ、これがある意味で上訴に相当すると考えられた。裁判官は陪審評決に疑いをもつ場合、恩赦を勧告でき、また評決を自らの考える方向へと影響力を行使できた。裁判官はこれらを誤判防止策として充分と信じていた。さらに、事実審理をめぐる正確な記録がほとんどの事件に存在しないこと、予期しうる上訴事件数に対する裁判官不足がある。しかしパッテンデンはこれらの理由は副次的で克服可能なものとし、決定的なことは、立法者と刑事訴追を受ける者との階級が異なることであった、という。すなわち、抑圧の対象でしかない犯罪者のため、上訴をめぐるさらなる出費負担に反対し、内務省への恩赦請願の方が上訴より安上がりとされた（しかし、実務には、積極的な無罪が判明しない限り恩赦は出ないという峻厳さがあった）。また、私人訴追者は、さらに出費を要する上訴に反対する。その他の反対理由として、一九世紀あらゆる刑事立法改革に躊躇した裁判官（法曹）の生来的な保守性に加えて、訴追側上訴も認めるべきではないか、上訴により陪審が自らの任務を真剣に果たさなくなる、といったものがあった。最後に、ナポレオン戦争後の社会秩序不安の中で、政府、裁判官は、上訴制度により、見せしめとしての刑罰の迅速な執行（抑止効）が不可能になることをおそれた。

3　一九世紀の上訴裁判所導入問題は、未だ政治的問題とはならず、議会でも中心的な緊急課題とは充分には認識されなかった。議員の大多数はいわゆる内務省への上訴（恩赦）で足りると考えていた。この中でベック（Beck）事件が世の注目は引くことになり、様相はベック事件によって一変した。ベック事件の概略は次の通りである。(10)

ベックは、一〇人の被害者女性らから犯人と識別され、また、警察官により一八七七年の詐欺罪（larceny）で処罰された犯人と同一人物とされ、一八九六年に同様な犯罪で有罪評決を受けた。その際、七七年に処罰された人物とベックとの同一性を示す筆跡鑑定人への反対尋問の申請は却下され、それにより七七年当時ベックがペルーのリマにいたことも立証できなくなった。ベックは内務省に恩赦の請求を一六回も行った。その中で、七七年に処罰された男には割礼があったが、ベックにはないことが判明した。だが、結局恩赦は行われなかった。刑期を勤めて一九〇一年に釈放されたベックは、三年後に再び同様な犯罪で逮捕され、被害者ら五人による犯人識別により有罪とされた。しかし、事実審理裁判官はそれに疑いをもち、判決を留保した。その間に七七年の犯人が逮捕され、すべての詐欺を自白し、結局ベックは二つの有罪に対する恩赦を獲得することになった。

ベック事件を契機に世論はわき上がり、政治家にとっても、恩赦制度の不充分さが認識され、事実問題に関する刑事上訴が緊急に必要なものと感じられるようになった。誤判発生が日常的なものと考える世論を鎮めるには、内務大臣による恩赦に代えて、その恒常的な救済機関である上訴裁判所しかなかった。もちろん、議員、裁判官の中にはその導入に反対するものも当然いた。この中で、一九〇六年に提出された法案は一度は廃案になったが、翌年に再び提出され、その審議の過程で、事実問題に関する上訴をより限定しようとする試みもなされたが功を奏せず、一九〇七年刑事上訴法（Criminal Appeal Act, 1907）が成立した。本法により、刑事留保裁判所、誤審令状、新公判の申立は廃止された。正式起訴（indictment）により有罪とされた者は、法問題（question of law alone）、事実問題（question of fact alone）、その混合問題（question of mixed law and fact）に対し刑事上訴裁判所（Court of Criminal Appeal）へ上訴できた（法三条(a)(b)）。後二者については、刑事上訴裁判所の許可（leave）あるいは事実審理裁判官の確認（certificate）が必要であった。また、上訴裁判所の許可により、量刑に対する上訴も認められた（法三条(c)）。本法は、上訴理由について、その法四条一項で、次のように規定する。

第四条一項――上訴裁判所は、有罪評決に対してなされた上訴について、陪審評決が、不合理である（unreasonable）あるいは証拠を顧慮するならば維持できない（cannot be supported）ことを理由にして破棄されるべき、あるいは上訴人が有罪とされた裁判所の裁判が何らかの法問題に関する誤った判断を理由として破棄されるべき、あるいは何らかの理由によって誤判（miscarriage of justice）が存在する、と考えるときは上訴を許容しなければならない。それ以外の場合には上訴は棄却される。

但し、裁判所は、上訴で提起された問題が上訴人の有利に判断されたとしても、実質的な（substantial）誤判が現実に生じていないと考えるなら、上訴を棄却することができる。

また、本法は九条において、新証拠を広範に許容している。すなわち、上訴裁判所は、司法の利益（interest of justice）において、必要あるいは相当（expedient）と考えるならば以下のような権限をもった。(a) あらゆる書面、証拠物、あるいは手続に関わるその他の物の提出を命じること、(b) 事実審理に召還されたかどうかに関わらず、事実審理において召喚を強制可能（compellable）であった証人の出頭、尋問を命じること、(c) 強制不可能であった場合でも、申し出があるなら証人適格のあるあらゆる証人（上訴人を含む）を受理すること、(d) 上訴に関して生じた、裁判所自らうまく対処できない書面の調査・検討に関する遅滞や科学上のあるいは地域的な調査を含むあらゆる問題について、上訴裁判所が任命する特別委員へ付託を命じること、(e) 事件の適切な判断のために特殊な知識が必要なとき、裁判所補佐人として活動する専門家を任命すること、(f) 裁判手続をめぐって、民事事件における上訴に関してさしあたり行使することが許されているその他の権限を行使すること、並びに命令などを実行するために必要な令状を発すること[11]。

さらに、本法はこれまでの上訴法案と同様に、恩赦手続をも存続させ（法一九条）、また、上訴を被告人側のみに限定している。しかし、これまでの立法提案は、陪審による裁判、陪審審理の優越性（終局性）という憲法上の原理から、破棄による新公判（陪審審理）を求めていたが、本法は、同一犯罪に対する再度の事実審理の回避という二重の危険を理由として、それを規定しなかった。立法過程で新公判を求める提案も出されたが、立法当時の法務総裁(Sir J. Walton) は、まさに新公判を命じる理由、すなわち疑いの存在は、受刑者を無罪放免にする理由である、と議会で述べている[12]。したがって、上訴審での判断は、上訴棄却か破棄自判無罪のいずれかのみである（法四条一項・二項）。

4　以上、事実問題に関する上訴制度の必要性はその時々の具体的事件の救済に端を発し、一九世紀の中盤から叫ばれてきた。イギリスの刑事制度が当時の大陸諸国のそれに比べ被疑者・被告人に対する人権保障において進んでいた中、上訴制度の要求はより一層の人権感覚の昂揚を示すもの、といってよい。具体的事件の積み重ねは最終的に恒常的な救済制度を求め、幾つもの法案、成立した上訴法が示すように、上訴はもっぱら被告人側にのみ、認められた。刑事上訴制度が被告人のための制度として設けられたことは自明であろう。この点に関して、幾つもの法案は、陪審評決の終局性・優越性（「陪審による裁判」）を考慮して、破棄後の陪審による新公判を求めた。ここには陪審評決の終局性・優越性の考慮はあるが、当初から陪審による事実審理一回性の原則はない。もっとも、上訴導入反対論の理由の一つとしてこれをあげることができよう。しかし、先に見たように、上訴に反対する理由は様々であり、一回性の原則を絶対的なものと見ることはできない。また、立法者の議会での答弁とともに、成立した法を見る限り、それは新公判（再公判）すら認めていない。ここでは、陪審評決の終局性・優越性さえも保障していない。新証拠・新証人をめぐる上訴裁判所の広範な権限と、審理をした後に誤りにも関わらず上訴を棄却できる法四条一項但書（proviso）とによって、上訴裁判所は再審理（retry）を事実上行うことが可能となった[13]。上訴制度が不充分な恩赦制度の代替物として設けられた事実も、上訴審での再審理を立法が要求したことを物語る。従来から恩赦手続において、内務大臣の調査（再審理）の後、「実質的な誤判」が存在しないならば、恩赦の請求は棄却されていた。すなわち、但書の存在は再審理を前提にしている。また、実際に立法者も、再弁論（rehearing）が行われる民事上訴の類似物を期待していたのである[14]。こうして片面的に認められた上訴制度は、消極的な事実を明らかにし、もっぱら被告人を救済する制度として捉えられ、構想されていたといえよう。

三　上訴法成立後の運用と法改正

1

一九〇七年の刑事上訴法は、その規定にも関わらず極めて限定された運用が、とりわけ事実問題をめぐるそれをめぐって、当初から行われた。上訴裁判所での再審理を目論み、陪審評決に対して自らの評決を代替させるという過激な変更に、裁判官たちは従わなかった。この結果どのような事態が生じたのか、以下で概観してみたい。

早くも一九〇八年、上訴裁判所へ最初に係属したウィリアムソン事件[15]において、王座部主席裁判官（Lord Chief Justice）アルバーストン（Lord Alverstone）は、次のようにいう。「結論に到達するための証拠が適切に（proper）陪審に対して委ねられた場合に、我々は再審理を行うことはできない、と理解しなければならない。上訴人は法四条一項の意味において上訴を提起しなければならない。本件において、両当事者からの証拠があり、陪審が不適切に評決に到達したということは、不可能である」と。こうして上訴裁判所は、法的に許容された被告人に不利益な証拠がわずかでも事実審理、陪審の前に示された場合、有罪評決を維持した。どれほど疑わしいものであっても証拠の信頼性、価値の問題はもっぱら陪審の任務とされた。

その後も裁判所はこの一般原則に従っている[16]。一九四九年にも、王座部主席裁判官ゴッダード（Lord Goddard）は、マックグレイス（McGrath）事件で、次のように述べた[17]。「陪審が判断しるう証拠があり、陪審に対して適切に説示が行われているならば、上訴裁判所は自ら陪審に取って代わり、事件を再審理することはできない。これは我々に課された任務ではない。もしこの任務から外れるなら、陪審による事実審理というまさに根幹を揺るがすことになろう」。ここでは、被告人のアリバイ主張と犯人識別につき、すでに陪審は後者の証拠価値を認めているとの理由で、上訴は棄却された。

このような限定的運用は、上訴審の再審理化を意図した一九〇七年の立法に明らかに反する。法四条一項の上訴理由、陪審評決が「不合理あるいは証拠を顧慮するならば維持できない」との用語法は極めて広範なもので、誤った説示からの救済ではなく、疑わしい評決の破棄を意図しているといえる[18]。また、パッテンデンは、これと同一の用語を用いるオーストラリアでは、充分な証拠が存在しても、被告人を有罪とすることが「危険な（dangerous）」とき、評決を破棄できるのが判例である、とも指摘する[19]。しかし、結局、刑事上訴裁判実務において、事実審理に手続的誤りがなく、新証拠も存在しない場合に、陪審評決を破棄できるのは、① 合理的な陪審が有罪評決をするだけの証拠が存在しない場合、② 同一陪審の複数評決がお互いに矛盾している場合、という極めて限定されたものとなった。[20][21]

2　このような中、ジャスティス（Justice、国際法律家協会イギリス支部）は、一九六四年、陪審による評決という事実のみから、経験ある裁判官が相当な証拠により支持できないと真に考えるにも関わらず、その評決を維持することは馬鹿げていると、とりわけ犯人識別の問題を指摘しつつ、実務を痛烈に批判し、法四条の拡張解釈、あるいは上訴理由の改正を提案した。[22] この問題につき、一九六四年設置のドノバン委員会（Interdepartmental Committee on the Court of Criminal Appeal）が検討した。[23] 委員会の多数は、従来の上訴理由（法四条一項）では、両当事者から一応の信頼できる証拠が出され、陪審がその一方を採用し有罪評決を出すなら、その救済はできない、ここに法の欠陥がある、とする。[24] しかし、一九〇七年刑事上訴法導入の端緒となり、都合一五人の目撃供述が誤っていたをベック事件をふまえ、上述の立場からすると、法四条一項を理由として、充分に救済可能と考えられよう。いずれにしても、報告書は、この欠陥を救済すべきと考え、より広い明確な救済を求め、次ような上訴理由改正を勧告した。すなわち、事実審理に何ら手続的な誤りがなく、新証拠がない場合でも、「あらゆる証拠を考慮して、評決が誤っているあるいは不満足（unsafe or unsatisfactory）である」場合に、破棄すべきとした。これにより、誤った犯人識別による誤った有罪、強姦をめぐる同意に関する誤った判断などの上訴審による救済を目論んだ。[25] この委員会提案を承け、一九六六年刑事上訴法四条は、「事件のあらゆる状況のもと、誤っているあるいは不満足」な場合、評決は破棄されるべきと上訴理由を改正し、[26] これは一九六八年刑事上訴法二条に引き継がれた。

3　控訴院刑事部（CACD）は、一九六九年のクーパー（Cooper）事件[27]において、改正上訴理由に対する見解を表明した。判決書を参考にした事件の概要は次の通り。

被害者の女性が深夜三人組の男性の一人に顔面を殴打され、傷害を負った。事件から約六週間後、この女性は、複数面通し（parade）で被告人Cを犯人と即座に識別した。Cは「当夜の早い時期にB、Fと一緒にいたが一旦別れた。その後再びCは彼らを捜しに戻り、彼らを見つけたとき、ちょうど事件が終ったところだった。そのとき被害者は自分を見たのだろう。殴打したのはBだ」と弁解した。Fもこれを支持する供述をした。しかしFの警察での「Cが殴った」との以前の供述は、その信用性を減殺した。Cにとり重要な証人はDであった。Dは犯行当夜、現場にいなかったが、面通し当日、拘置されていたCを訪ねた。彼はそこに同じく訪れていたBと一緒にCと面会した。Dの供述によると、「面会の際、CがBに『これからどうするつもりか』と尋ねると、Bは『すべては最後に明らかになるだろう』と答えた」と。また、この帰り道、DがBに問いただした際、「Bは『殴ったのは自分である。しかし前科があり何もできない』と語った」と。このほかに、事実審理に提出された写真によると、CとBとは身体的特徴が極めて似ていた。

これに対し、判示は、次のように述べる。「本件は新証拠もなく事実審理において、事件の困難さも陪審に対して示され、説示も全く公正である。証人を直接、見聞きした陪審評決に安易に容喙すべきではない。しかし、一九六六年刑事上訴法（一九六八年刑事上訴法）成立後は事情が異なる。『事件のあらゆる状況のもと、誤っているあるいは不満足』との上訴理由により、陪審評決を破棄すべきと考えるとき、有罪評決に対する上訴の許容が我々に課された任務である」と。この意味するところは、「この種の事件では、上訴裁判所は、最終的に次のような主観的な質問を自らに課さねばならない。すなわち、我々は評決をそのままにしておくことに満足できるかどうか、あるいは、不正（injustice）が行われているのではとの気持ちを心中に生ぜしめる内在的疑い（lurking doubt）がないかどうか、である。これは厳密に証拠それだけに基づかなくてもよい反応（reaction）である。すなわち当裁判所が体験しているような事件の全体的印象（general feel）により創出されうる反応である」と。こうして有罪評決は破棄され、Cは無罪放免された。この「内在的疑い」基準は貴族院（House of Lord）によってスタッフォード判決の中で承認された。この判決は新証拠事件でも上訴審の心証を陪審評決に優先させることを認めている。[28]

こうして、六〇年代の上訴理由改正は、陪審評決に上訴審の心証（証拠評価）を優越させるという、一見すれば極めて過激な帰結を導いた。しかし、まさにこれが法改正の主眼目であった。ここに陪審制度の母国といわれるイギリスの判例においてすら、陪審評決・事実認定の絶対性がもはや神話にすぎないことが明かとなる。一九〇七年法で意図された事実問題に関する上訴審での再審理（審査）は、クーパー、スタッフォード判決により、判例上承認されたことになる。「内在的疑い」基準は、犯人識別供述のみに必ずしも限定されてはいない。[29] もっとも、スタッフォード判決は、上訴裁判所に幅広い権限を認めたが、「内在的疑い」基準を排他的なものとして承認したわけではない。判例の中には「誤っているあるいは不満足」との用語のみ用い、誤った評決（事実誤認、wrong verdict）を破棄するものもある。[30] 裁判官の中には、この用語には「内在的疑い」基準は含意されないとし、その先例性を否定するものもいる。ジャスティスの調査は、一九六八年から一九八九年の間に、新証拠がなくしかも公正な説示後の、誤った評決としての有罪評決破棄はわずか六件、と報告している。[31] ここに「内在的疑い」基準への裁判官の躊躇、陪審評決を神聖視する態度が依然存在することをうかがうことができる。また、一方で、極めて主観的に呈示された「内在的疑い」基準から、「有罪認定について合理的かつ実質的な不安（reasoned and substantial unease）を感じるかどうか」へのより客観化を、一部の裁判官は試みる。[32] その後、九〇年代に入り、この状況は変化してくる。最近の研究によると、九〇年と九二年両年、一月から七月にかけての上訴事件それぞれ三〇〇件中に「誤った評決」として破棄された事例は各々一一件、一四件あり、そのうち「内在的疑い」に言及したものは各々六件、五件であった。[33]この数字は陪審有罪評決全体からすれば極めてわずかである。[34]しかし、誤判救済への好転の兆しは、当時問題となったバーミンガムシックス（Birmingham Six）やギルフォードフォー（Guildford Four）[35]といった誤判救済の高まりの中で生じた。これは、イギリス上訴裁判官の陪審評決への神聖視も絶対的なものではなく、これは誤判救済をめぐる法の運用者、裁判官の意識によっても変化することを物語る。

四　小括

以上概観したように、イギリスの事実認定をめぐる刑事上訴制度は、具体的事件救済の必要性に端を発し、もっぱら被告人を救済する制度として、二〇世紀初頭、片面的に導入された。この目的は陪審評決の絶対性を凌駕している。もっとも、この立法の意図は裁判官に即座には受け入れ難いものであった。ここに依然として陪審評決の不可侵性という意識が存在した。六〇年代の上訴法改正、判例による「内在的疑い」基準の承認、最近の「内在的疑い」基準等による陪審の「誤った評決」破棄の増加は、陪審評決の不可侵性も絶対的なものではありえず、そこに誤りがあれば、容喙するのが当然であることを示す。イギリス上訴法は当初からこれを目論んでいた。被告人の権利としての陪審裁判、誤判救済としての上訴と認識するなら両者に決して矛盾はない。陪審評決の不可侵性と映ったのは、その運用者の意識によるものであった。意識の変化により、今や、陪審評決の絶対性はイギリスにおいて神話になりつつある、といえよう。わが国での陪審論議においても、制度として両者が決して矛盾するものではないこと、結局は裁判官の陪審に対する態度、意識が問題となることを、充分に踏まえる必要があろう。また、上訴審は、事実誤認の審査、誤判救済をする点で、第一審が陪審・職業裁判官の何れによろうと変わりはなく、イギリスでの上訴審の構造、再公判と二重の危険をめぐる議論を、わが国のそれと理論的に比較検討することも重要な課題であろう。[36]

（1）佐藤博史「なぜ『日本に参審制を』か」自由と正義四八巻四号（一九九七年）一一〇頁。佐藤弁護士は、裁判官による陪審評決の破棄は、陪審制の意義を失わしめる、と述べる。
（2）本稿では上訴の対象を、イングランド及びウェールズのそれに限定する。
（3）ここでの対象となる事件は第一審が陪審裁判所のそれで、第一審が治安判事裁判所によるものを除く。すなわち、現行のイギリス上訴法においては、刑事法院（Crown Court）での陪審有罪評決に対する控訴院刑事部（The Court of Appeal, Criminal Division）への上訴事件である。これら事件に関する分類の詳細は、鯰越溢弘編『陪審制度を巡る諸問題』（現代人文社、一九九七年）三六二頁参照。
（4）なお、イギリス上訴法をめぐり、一九九五年に改正が行われたが、この詳細について、平田元「イギリス刑事上訴法改正」刑法雑誌三六巻二号（一九九七年）三四六頁以下［本書第二章第二節］参照。
（5）イギリス刑事上訴に関して、島田仁郎「欧米における上訴制度の現状(1)――英国」『公判法大系Ⅳ』（日本評論社、一九七五年）一五頁、庭山英雄「英米刑事訴訟における再公判」ジュリスト六〇一号（一九七五年）五六頁、高田昭正『刑事訴訟の構造と救済』一三五頁（成文堂、一九九四年）など参照。
（6）R. Pattenden, English Criminal Appeals 1844–1994, Appeals against Conviction and Sentence in England and Wales (1996) p. 6. 以下でのイギリス刑事上訴法をめぐる歴史の叙述は、主としてこのパッテンデンの研究によった。
（7）Ibid. 一九〇七年の刑事上訴法以前に、刑事に関する上訴としては、誤審令状（writ of error）、軽罪に対する新公判の申立、などが認められた。この点、さらには次の刑事留保裁判所の詳細について、高田『前掲書』一四八頁以下参照。
（8）Pattenden, op. cit., pp. 6–16. この間の法案、その内容・経過について、Reoprt of the Departmental Committee on New Trials in Criminal Cases (1954)（以下、"Tucker Report" として引用）Cmd. 9150, APPENDIX Ⅱ）参照。
（9）この点についても、Pattenden, op. cit., pp. 16–25.
（10）Ibid. p. 28. ベック事件につき、ヒルシュベルク（安西温訳）『誤判』（日本評論新社、一九六一年）五二頁参照。この他に、一九〇三年に発生したエダルジ（Edalji）事件が話題となった。この恩赦手続でも、無罪の積極的立証がないことを理由に、当初恩赦は認められなかったが、最終的には、世論の圧力で恩赦が出された（Ibid. p. 30）。

(11) この他にも、裁判所は法一〇条で、上訴人に弁護人を附し、また法律扶助を与える権限を認め、さらに法一一条は上訴審での審理に出廷する権利を上訴人に認めている。

(12) M.L. Friedland, Double Jeopardy（1969）, p. 234; Patttenden, op. cit., pp. 30–33, p. 190. See Tucker Report, paras. 5–6.

(13) このような評価を、ibid, para. 5, Friedland, op. cit., p. 234; Pattenden, op. cit., p. 141 なども行っている。上訴制度導入は、「陪審による裁判」をただ制度として固持するのではなく、それを人権の問題として捉え、より高次の誤判救済を陪審制度に優越させることを意図しているといえる。高田『前掲書』一五五頁参照。

(14) Tucker Report, paras. 6–8; Pattenden, op. cit., p. 141; Friedland, op. cit., p. 233.

(15) R. v. Williamson (1908) 1 Cr. App. R 3. See Report of the Interdepartmental Committee on the Court of Criminal Appeal (1965)（以下、"Donovan Report" として引用）Cmnd. 2755, paras. 138f..

(16) E.g. R. v. Lee（1908）1 Cr. App. R. 5; R. v. Towler（1909）1 Cr. App. R 34, 35; R. v. Graham（1910）4 Cr. App. R 218, 221. See Friedland, op. cit., p. 234; Pattenden, op. cit., p. 141.

(17) R. v. McGrath（1949）2 All E.R. 497. 本件は、後に内務省による付託手続（reference）を経て、最終的にはアリバイが認められ、有罪は破棄された。See Pattenden, op. cit., p. 142. この付託手続について、庭山「前掲」五九頁、平田「前掲」三四八頁［本書一四五頁］参照。

(18) Pattenden, op. cit., pp. 142f.. また、コーエン（H. Cohen）は、再審理こそ立法による獲得物であり、このために法四条一項があると述べた（H. Cohen, 'The Court of Criminal Appeal'（1918）456 Quarterly Review 342, 347. See Pattenden, op. cit., p. 142.）。

(19) Ibid. また、法四条一項には、不正（injustice）を意味する「誤判」という包括的な破棄事由もあることも忘れてはならない。

(20) Ibid. pp. 143f.. もっとも①につき、事実審理裁判官は指示無罪評決が可能で、これは極めて稀であり、かつ、現在では法問題として扱われている。豊崎七絵「刑事訴訟における『事実認定の当事者主義的構成』への一試論――イギリスの答弁不要の申し立てを手掛かりとして――」法学六一巻二号（一九九七年）一七〇頁参照（豊崎七絵『刑事訴訟における事実観』〔日本評論社、二〇〇六年〕に所収）。

(21) また、上訴裁判所が再審理を行わないとの一般的原則により、再審理を前提とする但書の適用も極めて限定された。但書が適用できず、有罪が間違いない場合でも、些細な違法（irregularity）や誤った説示（misdirection）により、無罪とせざるを得ない事件や、実際に上訴人が適切な事実審理を受けてたとはいえない事件が存在した（Tucker Report, paras. 7-8）。ここに再（新）公判（retrial）導入の必要性が生じたのであり、これは一九〇七年上訴法施行直後から感じられてきた。R. v. Dyson（1908）2 K. B. 454では、再公判を命じる権限を上訴裁判所がもたないことへの失望が早くも表明されている。See Tucker Report, para. 9; Pattenden, op. cit., p. 190. 再公判は、この問題をめぐり、一九五二年に設立された、タッカー（Lord Tucker）を委員長とする委員会（Departmental Committee on New Trial in Criminal Cases）による報告書（Tucker Report, 1954）を契機に、一九六四年刑事上訴法に取り入れられ、一九六八年刑事上訴法七条に引き継がれた。そこでは、新証拠が存在し、「司法の利益」がある場合に、再公判を命じることができた。もっとも、一九〇七年法九条で認められた広範な新証拠許容の裁量権も、上訴裁判所の自己規制（判例）により、一層限定されてきていた。その許容の要件として、① 事実審理に利用不可能であった証拠、② 関連性、許容性（admissibility）、信頼性のある証拠、③ 陪審に合理的な疑いをもたせたであろう証拠、がある。See Donovan Report, para. 132; Pattenden, op. cit., p. 131. これらの条件は、一九六六年刑事上訴法六条、一九六八年刑事上訴法二三条に規定された。See Pattenden, op. cit., p. 134. タッカー報告書には、新証拠がなくとも、再公判を命じる権限を上訴裁判所はもつべきとの少数意見もあった。この考え方は一九八八年の刑事司法法（Criminal Justice Act 1988）四三条により認められ、現在では「司法の利益」を理由に広範な再公判の権限が裁判所へ与えられている。再公判の要求は、主として有罪確保をねらったものといえよう。また、これは、一九〇七年法が再公判を否定した、一度事実審理・評決を受けたものが同一犯罪で再び事実審理を受けなければならないという、二重の危険の禁止原則に反する（再公判導入の経緯について、ibid. pp. 190-193、庭山「英米刑事訴訟における再公判」五六頁参照。再公判の意義について、庭山「前掲」五六頁以下参照）。本稿の立場からは、以下に述べる「内在的疑い」基準の積極的運用によって、再公判の導入はほとんど必要はなくなる、と考える。二重の危険とは一度無罪とされたものに対して及ぶのであり、再公判の事例は二重の危険には当たらない、との見解がイギリスでもある。私は、同じ犯罪で再び事実審理を受けることは二重の危険の原則に反し、よりよい事実認定を決して保証しないと考える（平田元「一事不再理と二重の危険」庭山英雄・岡部泰昌編著『刑事訴訟法［第三版］』〔青林書院、二〇〇六年〕二九一頁以下）。See Pattenden, op. cit., pp. 191f.; Tucker Report, para 16.

（22）　Justice, Criminal Appeals（1964）paras. 59-61, Chapter 9.

（23）　ドノバン委員会の主要目的は刑事上訴裁判所の機構改革であった。従来の刑事上訴裁判所は、平の裁判官（puisne judges）

によって構成され、民事における控訴院裁判官（Lord Justice of Appeal）のような上位裁判官により構成されていない、との批判があった。委員会はこの欠陥を是正すべく、控訴院に民事部と並んで刑事部（The Court of Appeal, Criminal Division）の設置を提案した（Donovan Report, paras. 84-85）。これが一九六六年刑事上訴法一条に取り入れられた。

（24）Ibid. paras. 141-142.

（25）Ibid. paras. 149-150. 'unsafe' は誤っていることへの不安（感）を表すものといえよう。

（26）この他に、一九六六年の改正では、一九〇七年法四条一項本文中の「誤判」を「実質的な違法（material irregularity）」に変更し、但書「実質的な（substantial）誤判」から「実質的な」を削除した。ここにも、上訴審での被告人救済拡張の意図がうかがえる。

（27）R. v. Cooper（1969）53 Cr. App. R. 82. この事件は、高田『前掲書』一四一頁以下で詳細に紹介されている。See Justice, Miscarriages of Justice（1989）, pp. 37f. 本件破棄につき、判示によると、内在的疑いは、伝聞証拠すなわち許容性のないDの供述により生じたのではないか。一方で上訴審での新証拠採用の要件として、法は許容性を必要とするが、この関係はどうなのか、一つの問題である（Ibid. pp. 34f.）。私は証拠能力をめぐり証拠法の片面的適用をすべきと考えるが（平田元「刑事訴訟における片面的構成の理論的基礎」『市民社会と刑事法の交錯──横山晃一郎先生追悼論文集』〔成文堂、一九九七年〕一九七頁以下〔本書第一章第二節〕）、証拠法での片面的構成が叫ばれ始めてきたイギリスでの議論の詳細は今後の課題としたい。平田「イギリス刑事上訴法改正」三四九頁〔本書一四六頁〕参照。

（28）Stafford v. D.P.P. [1973] 3 All ER 762. この事件では、上訴審で新証拠が許容された場合、「誤っているあるいは不満足」の判断をいかに行うかが問題となった。弁護側は、当該証拠が他の証拠と一緒に事実審理に提出されたなら陪審は合理的な疑いをもつかどうかを上訴裁判所は判断すべき、と主張したが、貴族院は、上訴裁判所自身が自らの問題として判断すべきとした。デブリンは、これにより刑事事件での陪審による事実審理（裁判）を受ける憲法上の権利が奪われるとの批判を、痛烈に行っている。See P. Devlin, The Judge（1979）pp. 148-176. 新証拠許容を伴う上訴棄却と陪審による事実審理を受ける権利、さらには新証拠を広く認めた一九〇七年法と再公判に関する詳細は、今後の課題としたい。

（29）たとえば、R. v. Kershberg [1976] RTR 526 や R. v. Carey and Another（CACD, 21 December 1984）; R. v. Speede, The Times, 3 April 1991 などがある。そこでは目撃供述のみではなく、鑑定、総合評価なども問題となっている。See Pattenden, op. cit., p. 145. この立場を、Royal Commission on Criminal Justice, Report（1993）（以下、"Runciman Report" として引用）Cm. 2263, p. 171

も支持している。

(30) See Justice, op. cit., p. 48. この破棄と「内在的疑い」基準適用による破棄は、内容的には同一の「誤った評決（wrong verdict）」である。See K. Malleson, Review of the Appeal Process (1993) p. 21.

(31) Justice, op. cit., p. 49; K. Malleson, 'Miscarriages of Justices of the Accessibility of the Court of Appeal' (1991) Crim. LR 33. もっとも、R. v. Turnbull [1977] Q.B. 224 は、犯人識別供述の危険性を事実審裁判官の説示の問題とし、法問題へと引き上げる。従来から、事実問題は法問題の射程拡張によっても、実際に救済されてきた。ターンバル判決について、渡部保夫「犯人識別供述の信用性に関する英国控訴裁判所刑事部の一判決について」判例タイムズ五五九号（一九八五年）三一頁。事実認定を可能な限り手続に載せての、法律問題への移行は正しい方向である。豊崎「前掲」三六一頁参照。しかし「内在的疑い」事例は、それによりすべてが解決しないことも示している。平田元「ドイツ誤判研究史」九大法学四七号（一九八四年）二〇九頁参照。

(32) See Pattenden, op. cit., p. 145. また、ジェイムスは「内在的疑い」の主観性は上訴裁判所による安易な棄却へと至るとして、公平で良心的かつ健全な精神をもったものが、「内在的疑い」を抱く理由があると考えるかが問題となると主張する（L. James, 'Criminal Appeal and the Lurking Doubt' (1990) 154 JP 781）。

(33) Malleson, Review of the Appeal Process, pp. 21f.

(34) イギリスでのこの数字は日本のそれに遠く及ばないと考えられるかもしれない。しかし事実は異なる。イギリスで一九九二年に無罪答弁後の刑事法院で陪審有罪評決を受けた、一四、六六一人のうち、一、五五二人が上訴裁判所へ許可申請を行い、単独裁判官（single judge）は五一四人にそれを許容した。許可を拒絶された一、〇三八人のうち四〇六人が合議部（full court）への再申請などを行い、さらに五〇人の申請が認められた。したがって、上訴申請者のうち都合五六四人（三六％）に許可が下りた。See Runciman Report, p. 163. その中、約半数が上訴に成功している。See ibid; Pattenden, op. cit., pp. 98f. これとおよそ半年間の上訴件数三〇〇件中（年間五六四人とほぼ一致）の前述した「誤った評決」事例数から、それを年間およそ二〇件とすると、上訴申請者全体の約一・三％が「誤った評決」として破棄されている。ここには新証拠事件は含まれていない。新証拠事例（六件×二）を含めると、約二・二％となる。これとわが国とを厳密には比較できないが、極めて概略的には、一九九五年、控訴審刑法犯終局総人員二、九二一人中、事実誤認（法三八二条）で破棄された五一人の比率、約一・七％、あるいは原審地方裁判所の控訴審終局人員（刑法犯と特別法犯）四、六一二人中事実誤認破棄を七二人とするなら、一・六％となり、両者にさほど径庭はない。最高裁判所事務総局『司法統計年報２刑事編　平成七年』（一九九六年）三〇二頁、三二四頁、三四八〜三五一頁参照。

(35) これらの事件につき、播磨信義『人権を守る人々』(法律文化社、一九九五年) 参照。

(36) デブリンは、「内在的疑い」基準による破棄をめぐり、「訴追側には事実に関し満足させねばならない二つの裁判体がある。一つは陪審であり、もう一つは上訴裁判所である」と述べる (Devlin, op. cit., pp. 156, 170)。これは、結果的に、上訴審心証の陪審のそれに対する優先を意味し、田宮教授の控訴審の構造論に極めて一致する。田宮裕『刑事訴訟法〔新版〕』(有斐閣、一九九六年) 二九八頁、四八八頁。さらに「内在的疑い」基準をより客観的に捉えるなら、わが国での経験則・論理則違反を理由とする破棄に接近する。この点につき、平田元「上訴審による自由心証主義のコントロール」九大法学五二号 (一九八六年) 一〇六頁〔本書六九頁〕以下参照。陪審有罪評決は最終的には、私のいう、主観的確信獲得を意味し、上訴審は客観的蓋然性の有無につき、原審一件記録を中心に審査するともいえる。もっとも、陪審評決の審査にとって記録が不充分との批判もある。だが、イギリス破棄事例はそれが無くとも審査可能であることを示している。この場合、事実審裁判官説示からうかがえる証拠の要約と有罪の結論が一種の証拠説明ともなり、これと上訴趣意書も含む一件記録を参考に「合理的疑い」が存在するかの審査を行うことになろう。クーパー事件などからうかがえるように、原審一件記録を中心に審査は実際に行われ、その破棄理由、疑いの根拠も指摘されており、批判は当たらない。鯰越編『前掲書』三五六頁、四宮啓「なぜ『日本に陪審制度を』か」自由と正義四八巻四号 (一九九七年) 一〇五頁参照。また、事実認定にその理由があれば、より審査可能といえよう。最後に、両国は、二重の危険、いわゆる検察官上訴をめぐりその運用が全く異なる。わが国への陪審制度導入論議においても再考が必要であり、無罪評決に対する上訴は明確に否定すべきである。

第二節　一九九五年イギリス刑事上訴法改正

一　はじめに

イギリスでは、いわゆるバーミンガムシックス（Birmingham Six）やマグァイヤー（Maguire）といった誤判事件に端を発し、「刑事司法に関する王立委員会（The Royal Commission on Criminal Justice）」（以下、「委員会」）が設立された。委員会に対する諮問事項は多岐にわたったが、この中には上訴をめぐる問題も当然に含まれていた。一九九三年に委員会の報告・勧告が出され、これを承けて一九九五年刑事上訴法（Criminal Appeal Act 1995）が制定された。以下では、この立法において注目される二つの点、すなわち上訴理由の改正と「刑事事件再調査委員会（The Criminal Cases Review Commission）」（以下、「ＣＣＲＣ」）の設立を中心に、紹介することとする。なお、本稿ではイングランド及びウェールズを対象とする。北アイルランドの上訴をめぐっても本法により同様の改正がなされた。

二　上訴理由の改正

本稿で扱う対象は、原則として、正式起訴状による刑事事件（indictable offence）の第一審、すなわち刑事法院（Crown Court）での陪審有罪評決に対する控訴院刑事部（The Court of Appeal, Criminal Division）への上訴である（量刑問題はのぞく）。周知のとおり、無罪評決に対する上訴は原則として認められていない。また、上訴には上訴裁判所の許可（leave）あるいは事実審裁判官の確認（certificate）がまず必要である（本法によって、法律問題のみの上訴にもこれらが必要となった）。

一九六八年上訴法（Criminal Appeal Act 1968）二条一項では、有罪評決に対する上訴理由は、次のように規定されていた。

二㈠　本法において別に規定されている場合をのぞき、上訴裁判所は、次の場合、有罪評決に対する上訴を認めなければならない。

(a)　事件のあらゆる状況のもと有罪評決が誤っているあるいは不満足（unsafe or unsatisfactory）であることを理由として破棄されるべきと考える、あるいは、

(b)　事実審裁判所の裁判が法律問題の誤った決定を理由として破棄されるべきと考える、あるいは、

(c)　事実審理の過程に実質的な違法があったと考える、場合。

これ以外の場合には、上訴を棄却しなければならない。

ただし、裁判所は、上訴において提起された点を上訴者の有利に判断したとしても、誤判（Miscarriage of Justice）が現実に生じていないと考えるときは、上訴を棄却することができる。

一九九五年上訴法（二条一項）は一九六八年上訴法を次のように改正した。

二㈠　本法の規定に従い、上訴裁判所は、

(a)　有罪評決が誤っている（unsafe）と考えるならば、有罪評決に対する上訴を認めねばならない。

(b)　これ以外の場合には、上訴を棄却しなければならない。

以上のように、一九六八年上訴法の(a)から、「あるいは不満足」が抹消され、さらに(b)(c)と但書（proviso）も削除された。極めて概略的にいうと、(a)(b)(c)の選択的な理由は曖昧で、お互いに重なり合い、実際に上訴許容の際にその理由が個別化されていない例がしばしばあった。また、但書は、(a)(b)(c)それぞれとその両立が不可能あるいは困

難である。すなわち、裁判所は、有罪評決が破棄されるべきと考えるか、そうでないと考えるかのいずれかであり、（それぞれの理由により）有罪評決が実質的に破棄されるべきと考えるならば、もはや但書を適用する余地はなくなる。ここに但書が不要となる理由があり、一九九五年上訴法は、上訴理由を単一的に規定した。

この改正された、単一的な「誤っている」のみとなった有罪評決に対する上訴理由には懸念が表明されている。それは、この破棄が極めて限定されるのでは、というものである。「誤っていない（safe）」を文字通り、上訴者が有罪評決を受けた犯罪で実際に有罪であることに疑いがないことを意味するとすれば、たとえ事実審理前あるいは事実審理中に誤りがあったとしても、上訴は棄却されることになる。だが、従来から、たとえ有罪評決が「誤っていない」としても、あらゆる点を考慮して、事実審理が適切に行われたなら、陪審は有罪としたであろうかを問い、それに満足できないなら、有罪評決破棄の可能性があった（どの時点での「誤っている」か）。ここに「あるいは不満足」削除による、曖昧さの残る「誤っている」だけでは救済されない、上訴理由の限定的運用の危険性がある。これは破棄を従来より広く認めようとの委員会の意図に反しかねない。また、この意図のもと、委員会勧告には、上訴理由に「あるいは誤っているかもしれない（or may be unsafe）」との文言があり、この場合には再公判（retrial）とすべきと提案したが、法案段階で削除された。したがって、いかなる状況下で再公判を命じうるかについて、本法には何らの言及もない（一九六八年上訴法七条には再公判の規定がある。さらに一九八八年刑事司法法四三条参照）。

上訴理由の判断に関連して、新証拠（fresh evidence）の許容をめぐり、法は、一九六八年上訴法二三条に規定する、許容の「義務」を「裁量」に変更した（四条）。この点について、後退ではないかのとの批判もある。さらに、従来からの許容要件の一つである当該証拠が「信頼出来そう（likely to be credible）」が「信頼しうる（capable of belief）」に取って代られた（四条(二)(a)）。委員会は、これにより新証拠の許容性のハードルを若干下げたと考えている。だが、

「信頼しうる」は、断定的な判断であり、反対尋問が終らねば不可能で、新証拠の許容性判断基準としては相応しくない、より高い許容性基準となりかねない、との批判もある。

三　刑事事件再調査委員会（ＣＣＲＣ）

王立委員会設立の際、諮問事項に、「上訴権が尽きた後の、誤判の主張を検討し、調査するための制度」が含まれていた。従来は一九六八年上訴法一七条で、内務大臣（The Secretary of State）が申請によりあるいは職権で誤判の疑いある事件を調査し、上訴裁判所に付託（reference）した。しかし、ギルフォードフォー事件などに示されたように、権限行使に相応しくない内務省職員による、極めて限定的で不透明かつ遅滞した運用に批判が集っていた。また、この付託手続は、司法部と行政部との権限分離という憲法原理にも反するといわれた。

一九九五年上訴法により、この付託手続は廃止され、委員会勧告をベースに、ＣＣＲＣは、適正な付託手続の遂行のため、政府から独立した委員会として設立された。一一人以上のメンバーからなり、少なくとも三分の一は法曹資格が必要であり、かつ三分の二は刑事司法制度の知識あるいは経験がなければならない（八条）。職員数も内務省に比べ三倍以上の六〇人が予定されている。また、本法は付託対象を略式事件にも広げている（一一条）。法は、手続の開始、申請者について一般的な規定をおかず、ＣＣＲＣにゆだねている。さらに、上訴裁判所が係属中の事件について、一定の条件で、ＣＣＲＣに捜査（investigation）、報告を求めることができる場合がある（五条）。これには、ＣＣＲＣが裁判所の従属機関となり、上訴裁判所は破棄回避のために、この権限を行使するのでは、との懸念が表明されている。また本法の改正によっても、依然として内務大臣には、恩赦を助言する役割があり、このために事件をＣＣＲＣに付託することができる（一六条）。

ＣＣＲＣは、捜査のため独自の捜査権をもつのではなく、捜査を警察官などに依頼し、捜査を指図、監督することができる。捜査完了によって、捜査官は集めた資料と報告書を、ＣＣＲＣに提出しなければならない（二〇条）。この点についても、誤判の原因として自らの行為を批判の対象とされている警察が果して充分に再捜査できるのか、ＣＣＲＣは独自に捜査権をもつべきではとの主張がある。これに対しては経費の問題が投げかけられている。

裁判所への付託条件は、次のように法一三条が規定する。すなわち、(a) 付託されたならば有罪評決が破棄される「現実的可能性（real possibility）」がある場合、(b) 主張（argument）あるいは証拠が裁判所に以前提出されていないこと、(c) 上訴に失敗あるいは上訴のための許可が拒絶されていること、である（もっとも、(b)(c)には例外がある）。

この点に関して、とりわけ「現実的可能性」の判断に、「上訴の成功」といった非常に高い見込みが必要なのかとの懸念が、議会で出された。委員会勧告では、有罪評決が裁判所によって考慮（consider）されるべきとき、付託すべきとしていた。付託に際して、ＣＣＲＣは特定の事項について上訴裁判所に付託しその意見を求めることができる（一四条三項）。付託決定の際、ＣＣＲＣは裁判所と当事者にその理由書を送付しなければならない（一四条四項）。上訴裁判所に付託されると、事件はＣＣＲＣの手を放れ、通常上訴と同様に扱われる。

さらに、本手続をめぐる問題点として、申請者への証拠開示に関する一般的規定の不存在がある。むしろ開示は犯罪となる（二三条）。警察官報告書へのアクセス権すら与えられていない。公開性の観点から極めて問題であろう。また、法律扶助の規定もない。最後に、本改正が看過した重要な問題がある。ＣＣＲＣが世論の期待に応えるには、関連性はあるが許容性のない証拠をも考慮する必要がある。これまで上訴審でこのような証拠が実際に考慮され「誤っている」として破棄された有罪評決も存在する。しかし現行法は許容性のない証拠を上訴審でも認めていない。さりとて、これを恩赦で解決することは許されないであろう。ここに伝聞法則をも含めた証拠法改正の必然性がある。

四　小括

ＣＣＲＣが成功するかどうかは、その活動のみならず、改正された上訴理由、新証拠の許容などをめぐる上訴裁判所の対応・運用にもかかっている。誤判救済に改善の兆しがあるといわれる控訴院刑事部が、人的・財政的資源の限られた中で、立法をめぐり提起された懸念にどう応えるのか今後を見守りたい。

・イギリスにおける上訴制度について、島田仁郎「欧米における上訴制度の現状(1)――英国」『公判法大系Ⅳ』（日本評論社、一九七五年）、庭山英雄「英米刑事訴訟における再公判――イギリスを中心として――」ジュリスト六〇一号（一九七五年）。一九九五年刑事上訴法について、Royal Commission on Criminal Justice, Report（1993）; J. Smith, 'Criminal Appeals and the Criminal Cases Review Commission'（1995）; April 14 NLJ 533; April 21 NLJ 572; J. Smith, 'The Criminal Appeal Act 1995: (1) Appeals Against Conviction'（1995）, Crim LR 921; K. Malleson, 'The Criminal Appeal Act 1995: (2) The Criminal Cases Review Commission: How Will It Work?（1995）, Crim LR 929; R. Pattenden, English Criminal Appeals 1844-1994（1996）参照。

第三節　イギリスにおける「二重の危険」論議をめぐって

――最近の法律委員会報告書を中心に――

一　はじめに

イギリスにおいて昨今、二重の危険（double Jeopardy）および訴追側上訴（prosecution Appeals）が問題となっている。[1]これは、一九九三年四月に発生したスティーブン・ロウレンス（Stephen Lawrence）謀殺事件を調査したマクファーソン報告書[2]がその勧告三八において、「新規性がありかつ現実性のある（fresh and viable）証拠が無罪（acquittal）の後に現れた場合、控訴院に訴追権（prosecution）を付与することが相当である」としたことを契機とする。これを承けて内務大臣は法律委員会（Law Commission）に対し、一九九九年七月、二重の危険に関するイギリス法の考察を付託した。また、二〇〇〇年五月には、裁判官による指示無罪評決（judge-directed acquittals）に対する訴追側上訴に関する法の再考も付託された。法律委員会は一九六五年に法律委員会法（Law Commissions Act）により設立された独立機関で、あらゆる法の改革、法の改廃、法典化、統一等ために調査・諮問を行い、それに基づき報告・勧告を提出し、通常それには法案草稿をともなう。メンバーは五人で、議長は高等法院（High Court）の裁判官から、残りは経験ある法曹（裁判官、バリスター、ソリシター）および大学教師から選ばれ、大法官（Lord Chancellor）によって任命され、フルタイムで働く。[3]

先の付託に対して、法律委員会が幅広く意見聴取を行うために諮問書（Consultation Paper）として公表したのが、一九九九年一〇月の「二重の危険（double Jeopardy）」（CP 156）と二〇〇〇年七月の「裁判官の判決に対する訴追側上訴（prosecution Appeals against judges' Rulings）」（CP 158）である。それぞれの付託された争点に対する最終的な報告書は、意見聴取およびその検討を経て、二〇〇一年三月に「二重の危険と訴追側上訴（double Jeopardy and prosecution Appeals）」（Law COM NO 267）として公にされた。[4]

本稿は、イギリスにおける、とりわけ二重の危険をめぐる議論に焦点を当て、最終報告書の内容を中心に、その禁止の根拠をどこに求め、その例外の要件をいかに考えているかを紹介し、探ろうとするものである。それはまた、陪審制度と上訴、再公判（retrial）との関係をどう捉えるかの問題とも関わることになろう。

二　二重の危険禁止の現状

イギリスにおける二重の危険禁止はコモンロー上認められている。被告人が以前に無罪あるいは有罪とされた犯罪と同一の犯罪（same offence）で再び審理されない（autorefois rule）。これは極めて限定的なもので、これによれば、強盗の過程で犯した謀殺罪が無罪になった後に強盗罪でその被告人を訴追することが可能である。すなわち同一犯罪とは事実と法の両者が同一の場合に限定される。[5] この autorefois rule を補完するものとして、コネリー判決（Connelly v. D.P.P. [1964] AC. 1254）がある。[6] すなわち、同時処理の可能性から、同じ被告人を再び裁判にかけることが不公正であり、「手続の濫用（abuse of process）」であることを根拠とし、被告人が以前に無罪あるいは有罪とされた犯罪と異なる犯罪での再び訴追は、それが最初の訴追と同一あるいは実質的に同一の諸事実に基づく場合には、「特別な情況（special circumstances）」がある場合を除き、停止される、とするものである。

イギリス法における以上の二重の危険禁止についての理解のもと、マクファーソン報告の勧告を承けた法律委員会は、単にロウレンス事件における人種差別に動機づけられた犯罪に限定することなく、二重の危険禁止の問題（例外）についての、検討にむかう。[7] その前に、法律委員会は、前提として、イギリスがしたがうべき国際人権法の射程について検討している。検討の対象とされたのは、市民的及び政治的権利に関する国際規約（ＩＣＣＰＲ）第一四条第七項とヨーロッパ人権条約第七議定書（Protocol 7 to the ECHR）第四条である。それぞれの規定の内容は次の通りである。

市民的及び政治的権利に関する国際規約　第一四条第七項：何人も、それぞれの国の法律及び刑事手続にしたがってすでに確定的に有罪又は無罪の判決をうけた行為について再び裁判され又は処罰されることはない。

ヨーロッパ人権条約第七議定書　第四条第一項：何人も、その国の法律及び刑事手続にしたがってすでに確定的に無罪又は有罪の判決をうけた行為について、同一国の管轄下での刑事訴訟において再び裁判され又は処罰されない。

第二項：前項の規定は、当該訴訟の結果に影響を与える、新しいあるいは新たに発見された事実の証拠がある場合、あるいは以前の訴訟手続に根本的な瑕疵がある場合には、当該国の法律及び刑事手続にしたがって訴訟の再開を妨げるものではない。

法律委員会は、市民的及び政治的権利に関する国際規約は後者の確たる根源であり、後者にそれが反映されているとして、とりわけ、ヨーロッパ人権条約第七議定書を考察の対象としている。[8] この中で、法律委員会は、第四条をめぐり、第一項に、autorefois rule のみならず、コネリー原則が含まれるかどうかは不明なこと、[9] 現在、autrefois rule には新証拠による二重の危険の例外は認められないが、第二項によれば新証拠等により認められること、第二項の「再開（reopening）」とは裁判機関の判断によらなければならないこと等を確認しつつ、二重の危険に関するイギリス法はヨーロッパ人権条約にほぼ合致していると結論づけている。[10] 以上をふまえ、禁止の例外について意見聴取するにあたり委員会が諮問書において設定した事例は次の二つである。[11]

①　強姦事件において、告訴人は、これまで知り合いでもなかった被告人を識別した。さらに、犯行を彼と結びつける情況証拠も存在する。被告人は告訴人に会ったこともないと主張し、アリバイを提出した。強姦犯人に疑いなく由来する体液が発見された。しかしその量がわずかであったためＤＮＡ鑑定を行うことが出来ず、被告人は無罪となった。三ヶ月後、新しいＤＮＡ検査方法が利用可能となり、以前よりも極めて少量の資料を分析することが出来るようになった。この技術により強姦犯人の体液が被告人に由来するものであることが確認された。

②　被告人二人は謀殺罪の共謀が無罪となった。彼らは殺人のためにXを雇っていたとされていた。訴追側の主張は、ある程度説得的であったが、全く情況証拠によるものであった。裁判の直後に、純粋な宗教上の改宗の結果、Xが名乗り出て、自発的に訴追側に有利な供述をした。その証拠の真実性は謀殺者しか知らない詳細を暴露することによって確証されている。

従来の二重の危険禁止の理解からは、再公判の許容されない事例において、科学技術の進歩等による強力な新証拠が現れた場合に、無罪に対する再公判を不可能とすべきかどうかが、問題として提起され[12]、法律委員会は、無罪後に新証拠が発見された場合、特定の事件については二重の危険禁止の例外を認めることを提案した。[13]新証拠による再公判は少なくとも国際人権法においても認められることを前提に、法律委員会が諮問、意見聴取を経て、二重の危険禁止の例外について、どのような理由から、どのような勧告を最終的に行ったかみてみよう。

三　法律委員会の勧告

1

法律委員会は、さきの諮問書において、新証拠による二重の危険禁止の例外を認め、それを、再公判で有罪なら三年以上の自由刑が言い渡されるであろう場合としていた。[14]それは、手続での「結果の正確さ（accuracy of the outcome）」と二重の危険の禁止に関わる「手続的価値」、すなわち「誤った有罪の危険」、「事実審理手続での苦痛（distress）」、「終局性（finality）の必要」、「効率的捜査促進の必要」とを検討し導びかれ[15]、暫定的に提案されたものであった。[16]最終報告書によると、この例外を認める提案に対しては、五一の賛成、三二の反対のそれぞれ意見があった。賛成は、場合によっては結果の正確さが終局性に勝るとの理由による。これに対して、法律委員会は反対意見に説得力があるとし、我々は誤りを犯していたと述べる。それは、終局性の重要性に独立した実質的な価値を充分には認めず、もっぱら苦痛とか負担との関係で捉えていたことを理由とする。[17]以上のように述べ、法律委員会は、とりわけ終局性の重要性について、次の項目に分け論じている。

(A)　苦痛や不安を取り除く手段としての終局性　無罪となった者が将来再び裁判にかけられるという不安をもつのは、実際に犯人でありながら無罪とされた者だけである、と諮問書では過小評価していたと述べる。根拠はなくとも、再び訴追されるかもしれない、という不安に取り憑かれる方が遙かに重要である。終局性がないことによる苦痛・不安は、実際に再び裁判にかけられることはないにしても、無罪となった多数の被告人に対して大きな影響を与えるとし、二重の危険禁止の例外には、明確な基準とその周知徹底が必要であり、さきの三年以上の自由刑を例外とすることは、この終局性との関係で広すぎると結論づけた。[18]

(B)　終局性と個人の自由　これは終局性が個人の自由、自律（autonomy）に与える価値の問題である。民主的で自由な社会では、個々人に自らの生活空間を認め、自ら生活設計し、それを追求する個人の自律を可能な限り認めることが基本的な政治的社会的目的である。したがって、終局性の欠落、二重の危険は、無罪後の自由な人生設計を侵害することになる。委員会は諮問書においてこの観点を認識していなかった、と自戒する。[19]

(C)　公務員によるハラスメント　これも意見聴取によって初めて指摘された点である。すなわち、例外の許容は、この権限が悪意の公務員によって不当に用いられる道を拓く。また、二重の危険の禁止は、ただ無罪が不当であるとの理由から無罪とされた者を証拠もないのに抑圧することを禁止しており、この許容は、とりわけ不利益な立場の少数グループを脅かすことになろう、と。[20]

(D)　幅広い社会的価値としての終局性　二重の危険禁止として認識されているか否かにかかわらず、終局性は、政府権限の制約と国民の自由保障の尊重を国家が恒久的かつ高らかに承認していることを意味する。二重の危険禁止は、法の支配の象徴であり、幅広い教育的啓蒙的効果をもつ。すなわち、二重の危険禁止の主張は、国家の権限が絶対的なものでないことを想起させ、民主主義と自由のために、刑事法執行の正当性の限界を監視し、国家の権限をチェックすることに寄与する。これらの点に刑事手続における終局性の特別な意味がある、と法律委員会は指摘する。[21]この社会的価値も委員会がここで初めて承認した価値である。

法律委員会は、意見聴取に対する回答、さらには以上の再考をへて、この二重の危険禁止の原理はさきの諮問書以上に重要であることを認識する。とりわけ、終局性の概念が、個人だけでなく社会的レベルにおいて意味をもつ基本的な手続上の価値であることを強調している。[22]以上の考察は次のような帰結へと至る。すなわち、諮問書では社会的価値のレベルにおける終局性はほとんど考慮されておらず、個人的レベルでの終局性の価値と個別事件における「結果の正確さ」のみが、新証拠による二重の危険の許容を検討する際に、考量されていた、と。これに対して、法律委員会の現在の認識では、これに加えて、前述(D)で指摘した、社会的レベルにおける終局性の価値、すなわち「全体としての制度」における価値も考量の対象となる。前者の考量によれば個別事件における「結果の正確さ」が個人的レベルでの終局性の価値を上回るとしても、「全体としての制度」における社会的価値を加えることによって、結論は異なりうる。もちろん、この考量論には、無罪の不当性が極めて明白であり、それにより刑事司法制度の信頼性が毀損され、それが二重の危険禁止原則に含まれる価値を上回るほど重大な場合に限定して、例外は認められる、との法律委員会の前提がある。その上で、法律委員会は、諮問書で提案した二重の危険の禁止の例外をもはや維持することはできないとし、その範囲（限界）を、より明確な基準で周知徹底できる方向で、事件の種類（重大性）と新証拠の価値をめぐり新たに検討し、勧告を導いている。[23] 以下では、これらの点について言及してみよう。

2　(1)　どのような犯罪に新証拠による例外を認めるかについて、正式起訴状の対象となるすべての犯罪、あるいはその中で正式起訴状によってのみ審理可能な犯罪[24]という考え方もあるが、法律委員会はさきの考察からこれは広すぎるとする。また、諮問書において提案していた、当該事案において三年以上の自由刑が言い渡されるであろう場合に限るとの提案に対しては、それはあまりにも恣意的で厳密ではなく、判断も困難で三年という基準も低くすぎること等を理由としとりわけ反対が多く、委員会もこの批判を受け入れている。[25] さらにより客観的な分類方法として、一四年以上の自由刑、あるいは終身刑を法定する犯罪に限定すべきとの回答もあったが、終身刑を法定する犯罪も極めて重大な行為から、比較的些細な行為も含んでおり、これを限定的に前述の例外許容の見地から編集することは困難と、委員会はする。かくして、終身刑を伴う犯罪の中で、刑事司法制度の信頼性を毀損し、新証拠の例外を正当化する固有の重大性をもつ犯罪は現行法上、謀殺罪のみであるとの結論に至る。それは、謀殺罪が他の犯罪とその重大さにおいては同じであっても、質的に異なるからである。[26] 殺人（homicide）は回復不可能なこと、歴史上も無罪後の再公判が殺人にのみ認められていた事実、最近、種々の報告書において謀殺（者）が他の犯罪

（者）に対して特別なものとみなされているとの指摘がなされ、[27]他のあらゆる犯罪から区別され、特殊な地位に謀殺罪のあることを強調している。[28]この限定により例外の基準が明白で周知となり、再公判の不安に怯える者も劇的に減少する、と法律委員会は指摘する。さらに、この謀殺罪の他に、殺人によって構成されるジェノサイドのほか、さらに、故殺罪（manslaughter）を分割し、その一つとして終身刑に値する未必の故意ないし認識ある過失による殺人罪（reckless killing）が制定されるときには、それも含むべきことを、法律委員会は勧告している。[29]

(2)　例外を認める法律が制定された場合、これに遡及効を認めるかどうか、すなわち制定以前に無罪となった者にもこの法を適用するかどうかも一つの問題である。委員会は、最終的にこれを肯定する結論に至っている。その理由として、① この立法提案は手続法に関するもので、いずれにしても問題となった行為は行為時に犯罪であったこと、② 遡及効を認めないと、とりわけＤＮＡ鑑定によって最近明らかになった諸事例に適用ができなくなること、③ 立法時点による区別は極めて偶然的なものとなり、社会の憤激、故人やその親族のために正義が行われるべきとの要求が必ずや生じること、等をあげている。[30]もっとも、法制定時すでに新証拠を当局が得ている場合、合理的期間内に再審理の請求がなければ、その遅滞を請求審裁判所は決定の際に、「司法の利益（interest of justice）」の観点から考慮して再公判を拒絶したり、また再公判の段階でも「手続の濫用」を根拠に停止することは可能とされており、無罪の日付が全く意味をもたないわけではない。[31]

(3)　新証拠の強度をめぐって、法律委員会は諮問書において二つのハードルを設けていた。① 新証拠によって訴追側主張が最初の審理に比べて、全体として、実質的により強化されること、② 再公判での有罪の見込みが一定の程度にあること。この程度に関して委員会は、(a) 陪審が有罪にするであろう高度の蓋然性（highly probable）、あるいは(b) 確実性（sure）の二つを呈示していた。[32] ①について、回答者の多くはこれに賛成したが、反対者は、請求審での判断の困難性、不明確さをあげている。この趣旨は新証拠を再公判の単なる口実とすることの回避にあったが、この基準では最初の主張が弱ければそれだけ該当可能性が高まる。問題の本質が、例外を正当化する充分な新証拠が存在するかであるなら、この基準には基本的な欠陥があるとして、法律委員会はこれを放棄した。[33]②に対しては、ほとんどの回答者から批判があった。それは、請求審が再公判を行う陪審の役割を侵害しない適切な基準設定の困難さにある。また、提案は請求審に事実審理の結果の予想を要求することになり、この基準のクリアーは必然的に第二の陪審に心理的影響を与えるというものである。以上から法律委員会はこれらの批判を受け入れ、請求審に再公判での結果の予測を要求すべきではないとした。[34]反対に、第一の事実審理を回顧し、新証拠がそこに提出されていたなら、陪審は有罪にしたかどうかを問う方法が考えられる。これは「汚された無罪」における請求審の判断方法と同様である。しかし法律委員会は、正しい審理が行われなかった「汚された無罪」と手続にしたがって正当な事実審理において下された評決が問題となる新証拠による例外を同列には論じられないとし、後者の場合には、新証拠の効果が、「司法の利益」の観点から、正当性のある陪審評決の維持を、許容し得ない程度であるかが問題となる、とした。[35]その新証拠の評価は、当事者間で問題となっていたか否かに関わりなく、事実審理に現れていた争点（issues）の文脈において、その争点を判断するために吟味することが必要な証拠との関係で（旧証拠全体との関係ではなく）、新証拠自身が確たる証拠（compelling evidence）であるかを判断することになる。すなわち、法律委員会によれば、新証拠それ自身が確たる証拠として、請求審裁判所がその段階で、被告人が有罪との高度の蓋然性があると判断するに至ることを意味する。[36]

(4)　諮問書において、新証拠の例外を許容する一要件として、「適正な注意（due diligence）」を払っても、当該証拠を最初の事実審理に提出できなかった場合があげられていた。回答者の多数はこれに賛成したが、委員会はここでも少数の意見に説得力があるとして態度を変更した。この「適正な注意」基準に反対する論拠は次のようなものである。① とりわけ重大な事件において警察はあらゆる方面で絶えず捜査をしており、この基準によって捜査に重要な違いが生じるものでもなく、懲戒的な役割を果たさない。② 裁判所のレベルにおいても、拘置期間延長（custody time limits extension）事例での同様な基準の判断に見られるように、新証拠の例外に関する「適正な注意」基準も容易にクリアーされ有効な保護手段とはならない。③ 警察の失敗を根拠にして、社会的利益、被害者・その家族の利益を犠牲にするのは間違いである。④ 有罪に対する上訴での新証拠許容をめぐる審理では、有罪が維持されるべきかどうかが中心課題で本来あるべきなのに対し、むしろ関心は、当該証拠が事実審に提出可能であったかをめぐる原審弁護士批判へと集中した。同様のことが、この基準を停止条件とすれば、より立証困難な警察捜査をめぐり生じるという危険である。[37] 以上の理由をあげ、法律委員会は「適正な注意」を必要的な要件とすることを撤回した。しかし、絶対的な二重の危険の禁止原則があっても捜査機関は重大な捜査で失敗する場合があり、例外を認める際には、なおさら何らかの被告人に対する保護手段の明示が必要であるとした。また、これには、有罪に対する上訴をめぐる新証拠許容の際に、その事実審理に提出できなかった合理的説明が、一つの考慮要素であることと対をなし、二重の危険禁止の例外に関して、要件を設定しないことは、ヨーロッパ人権条約第六条で保障する武器対等の原則に反するという理由が加わる。こうして、法律委員会は、「適正な注意」基準を「司法の利益」に関わる裁量的な一考慮要素として、勧告している。[38]

(5)　以上の他に、法律委員会は次のような勧告を行った。① 請求審を高等法院ではなく、控訴院刑事部（CACD）とし、その判断に対する上訴は認めないこと、② 無罪時に許容性のなかった証拠は後に法改正によって許容性を得ても新証拠とは認められないこと、③ 新証拠による例外の請求、さらに再公判も、終局性尊重の立場から、一回のみ許されること、④ ③との関係で、私人による不相当な請求を避けるため、請求には公訴局長官（Director of public Prosecutions）の同意を必要とすること、⑤ 再公判における陪審への予断の危険を防止するため、請求審、再公判の報道を原則として禁止すること、[39] 以上がこれである。

四　若干の考察

イギリスにおける一九九〇年代の立法は、「刑事司法及び公共秩序法（Criminal Justice and Public Order Act 1994）」による黙秘権の制限[40]さらには「汚された無罪」の破棄に代表される、犯人必罰、「法と秩序」を維持し、「犯罪者」から国民を保護するとの方向での、これまで刑事手続の根幹とされてきた基本的な人権の制限へと向かっている。法律委員会報告書による二重の危険禁止の制限も同一線上にある、といってよい。報告書も指摘するように、二重の危険の禁止はこれまで絶対的な原則であった。しかし、具体的な事例を呈示の上、被害者を強調し、「結果の正確さ」と結びつけ、これと人権の手続的価値とを比較考量すれば、いくら後者を強調したとしても、それ自体絶対的価値として前提され対置された前者に対し、後者はそれに対置された相対物としてしか現象せず、例外の範囲（量的広狭）への影響はあっても、単に相対的・数的なスケールの揺れにすぎず、絶えず例外は許容されることになる。法律委員会は例外許容要件の明確化を強調した。だが、謀殺罪等に限定するとはいえ、それを「司法の利益」という一般条項に依拠せざるを得ないことは、結果として曖昧さも残すことになる。[41] 法律委員会は前述三2(5)②における許容性をめぐり、特定の事例救済（有罪確保）のための法改正を戒めている。[42] であるなら、刑事手続におけるもっとも基本的な原則の一つである二重の危険禁止の目先にとらわれた切り捨ては認めるべきではない。ここでまず問われるべきは、例外を先取りした上での、基本的な人権をめぐる比較考量的考察方法であろう。二重の危険禁止の原則は、被害者、謀殺罪の存在さらには無罪の推定を前提に、国家の関心事としての刑罰権をめぐる刑事手続における、（被害者をも包含する）国家の権限を制限し、真実発見（結果の正確性）犠牲の上に成立した、絶対的な権利として画一的に取り扱われるべきである。また、これを知らしめるのが二重の危険禁止の教育的効果であろう。

二重の危険禁止の例外を認め再公判を許容するとのイギリスにおける提案は、わが国と比較するとき、一方では不利益再審を認めることとなり、極めて過激なものと看做されよう。他方で、イギリスでの無罪評決に対する上訴の原則的禁止を前提にするなら、極めて限定した上での再公判を、この補完物として許容することも可能であろう。しかし、上訴不許容の理由と再公判との関係は一つの問題である。法律委員会は訴追側上訴に関する諮問書の中で、裁判官による誤った説示を理由とする陪審の無罪評決に対する上訴を否定する根拠として、次のような理由をあげた。すなわち、上訴審において、刑事裁判における証明基準から、有罪評決では誤説示によって有罪に疑いが生じるかだけを判断すればよいが、無罪評決では誤説示の影響力の判断だけでは足りず、無罪に対するあらゆる合理的疑いを排除する必要がある。しかし、陪審員は証拠の微妙なニュアンスから無罪にすることもあり、あらゆる疑いを上訴審で排除することは不可能である、と。(43) 法律委員会は、この陪審制度が重大犯罪審理の中心に位置する重要な制度であることを認め、同輩の中から無作為に抽出され健全な常識を備えている陪審制度は「結果の正確さ」と「手続的価値」に奉仕する、との理解が前提にあり、事実認定の誤ったことを理由とする訴追側上訴は、この前提に反し採用できない、(44) と述べる。以上の理由から、無罪評決に対する上訴を否定しつつ、二重の危険禁止の例外として再公判を認めることは可能であろうか。ひとたび陪審無罪評決が出たなら、最終的に陪審が何を根拠に無罪としたかは不明である。これは、たとえ新証拠が当該陪審審理に提出されていたとしても、それとは関係なく、無罪の可能性があったことを意味する。すなわち、新証拠を加えたとしても、再公判は前述の陪審理解に反し、再公判は陪審により無罪をうけた被告人の利益を奪うことになる。もっとも、以上の陪審理解のみを前提にするなら有罪評決に対する上訴も認められないことになろう。この有罪評決にのみ、「合理的疑いを超える証明」が必要との上述の証明基準の無罪評決との相違が、有罪評決に対してのみ上訴を許容する根拠ではないのか。すなわち、事実認定における片面性である。これは、法律委員会が、「答弁不要の申立（no case to answer）」に対して、「訴追側証拠を最も高く評価しても、適切に説示された陪審がその証拠に基づいて適切に有罪評決できない」として、裁判官が手続を停止した決定には上訴できないと勧告した事実からもうかがえる。[45] ここで裁判官は事実問題について陪審に準じる（quasi-jury）役割を果たしていると委員会は指摘する。これは、判断主体が裁判官であれ証拠評価をめぐる無罪には上訴ができないことを意味している。わが国の不利益再審を認めない立法にも、この事実認定構造の片面性の観点は、より適合するものといえよう。[46] これに加え、前述の陪審理解も加わるイギリスにおいて、この理論の線上に再公判を認めることができるのか一つの問題である。法律委員会も上訴と再公判が関連することを認めている。[47] にもかかわらず、以上を考慮することなく、一方で無罪評決に対する上訴を否定した上で、再公判の採用を当然の前提として、すなわち全くの立法政策上の問題、「司法の利益」の問題とすることには疑問がある。

イギリスでの二重の危険禁止に例外をもうけるとの主張は、とりわけ、科学技術の進歩さらには治安の悪化、犯罪被害者との関わりの中で生まれた、といってよい。この情況は現代わが国においても同様であろう。わが国には二重の危険に由来する憲法第三九条が存在し、これを根拠に不利益再審は当然に認められないとされてきた。しかし、ほぼ同様な文言を含む「市民的及び政治的権利に関する国際規約」第一四条七項が例外的情況における刑事手続の再開を認めているとの見解もあり、柔らかな相対的デュー・プロセス論のもと、今後イギリスと同様の主張がわが国においてもなされる危険は充分にある。これに対処するためにも、単なる政策論を超えた、二重の危険禁止の本質的根拠をより一層解明することが必要と思われる。

（1）本稿では、もっぱら「イギリス」をイングランドおよびウェールズに限定して論を進める。

（2）The Stephen Lawrence Inquiry--Report of an Inquiry by Sir William Macpherson of Cluny（1999）Cm 4262. 概略すると、ロウレンス謀殺事件は、黒人被害者のロウレンスが深夜に五、六人のグループに刺殺されたものである。捜査は長引き、犯行現場から少し離れた位置にいた彼の友人の他に、犯人を識別する確実な目撃証人はいないとして、訴追には至らなかった。一九九六年、家族からの私人訴追による三人の主要容疑者に対する裁判は、訴追側主要証拠である友人の目撃証言が信用できないことを理由に（see R. v Turnbull 1977 QB 224. このターンバル判決については、渡部保夫「犯人識別供述の信用性に関する英国控訴裁判所刑事部の一判決について」判例タイムズ五五九号〔一九八五年〕三一頁参照）、裁判官による審理停止決定で、無罪となった。また他の二人の容疑者についても、それ以前一九九五年の陪審付託決定手続の段階で放免された。これに対し一九九七年二月には、検屍官陪審（Inquest Jury）が全員一致で、「スティーブン・ロウレンスは五人の白人青年からなる全く冷酷な人種差別主義者の襲撃により違法に殺された」と評決した（ロウレンス事件について、鯰越溢弘『刑事訴追理念の研究』〔成文堂、二〇〇五年〕一六六頁以下参照。また、検屍官陪審について、鯰越溢弘編『陪審制度を巡る諸問題』〔現代人文社、一九九七年〕九九頁以下参照）。このような経緯の中、本件はセンセーションを呼び起こし、内務大臣は、一九九七年七月、とりわけ人種差別に動機づけられた犯罪の捜査・訴追での教訓を学ぶために本件を調査する委員会を設置した。この委員会が一九九九年二月に提出したのがマクファーソン報告書であり、勧告三八はとりわけ三人の主要容疑者の無罪に対し二重の危険の禁止（一事不再理）が働き、もはや再訴できない点を問題として指摘したものである。

（3）この法律委員会と同時に、同法によってスコットランドにも法律委員会が設立された。伊藤正己・田島裕『英米法』（筑摩書房、一九八五年）二九五頁参照。

（4）もっとも、内務省が刑事裁判所をめぐる別の調査（Review of the Criminal Courts of England and Wales by the Right Honourable Lord Justice Auld, 2001）に本勧告を役立てるため早期の公表を望み、また、二重の危険のみならず幅広く刑事手続の問題を含む法案作成が必要との理由から、この報告書には、通常ともなうはずの法案草稿はなかった。LAW COM NO 267, para 1.22. また、この二重の危険禁止の制限は、第二期目を迎えたブレアー政権の主要なテーマともなっていた。See Guardian 21

June 2001. ちなみに、わが国では、二〇〇一年六月に、二一世紀の日本を支える司法制度をめぐる司法制度改革審議会による最終意見書が提出された。この審議会との対比において、法律委員会報告書には、以下に見るように、諮問書への意見に対する（柔軟な）対応さらには最終的な勧告（結果）への過程（理由）が明示されている点に特徴がある。また、当初の審議会での「司法制度改革に向けて――論点整理」では、司法制度改革等をめぐる常設機関設置の検討が目論まれていたが、最終意見書からは脱落している。社会的・経済的に流動するわが国でも、法律委員会に類する常設の委員会が必要と思われる。

（5）現行法上、この原則の例外としては、⑴陪審によらない事実審理（summary trial）による無罪に対する訴追側の部裁判所（Divisional Court）への事件概要記載書（case stated）による上訴が成功し、再度の審理（rehearing）を命じた場合、⑵陪審審理での有罪に対する被告人の上訴が成功し、控訴院（Court of Appeal）が再公判（retrial）を命じた場合、⑶「汚された無罪（tainted acquittal）」が高等法院（High Court）によって破棄された場合、の三つの場合がある。⑴、⑵は確定前の再公判であり、純粋な例外とはいえない、と報告書は述べる。⑶は、一九九六年「刑事手続と捜査法（Criminal Procedure and Investigations Act）」によって導入された。この詳細を、概略するなら、無罪に関わった陪審員あるいは証人に対する干渉や脅迫をともなう司法運営に対する犯罪での確定有罪判決を条件に、無罪破棄の請求が可能となる。LAW COM NO 267, paras 2.9-2.13. 委員会報告書は、「汚された無罪」について、その干渉・脅迫の対象者を、裁判官、治安判事、治安判事補佐官にも拡大し、司法運営に対する犯罪の概念も拡げることを勧告している。LAW COM NO 267, paras 5.1-5.9.

（6）この判決は、Beedie [1998] QB 356 で確認された。LAW COM NO 267, para 2.16. これらの詳細は、高田昭正『刑事訴訟の構造と救済』（成文堂、一九九四年）二四頁以下、四六頁以下参照。

（7）CP 156, para 1.8, n 6.

（8）もっとも、この第七議定書にイギリスは批准していないが、政府はその意思を示しているとして、法律委員会は検討の対象とした。また、国連人権委員会が、前記国際規約第一四条第七項は、例外的情況（exceptional circumstances）における刑事手続の再開（reopening）を二重の危険禁止に違反しないと表明している点を、法律委員会は指摘している。LAW COM NO 267, paras 3.6, 3.9.

（9）第一項の射程について、同じ事実から生じた異なる犯罪についても二重の危険禁止が及ぶかについて、ヨーロッパ人権裁判所の解釈には、及ぶとする Gradinger v. Austria A 328-C とこれを否定する Oliveira v. Switzerland 1998-V とが存在する。いずれをとるかによって、コネリー原則の「特別な情況」と第七議定書第四条第二項の二重の危険を許容する「情況」との関係が問題となってくる。LAW COM NO 267, paras 3.10-3.18 : CP 156, paras 3.42, 3.46, 3.50 : I. Dennis, "Rethinking Double Jeopardy" [2000] Crim. L.R. 938, 939. これとも関係し、法律委員会は、諮問書においてautorefois ruleとコネリー原則両者を含む形での二重の危険の禁止原則とその例外を法典化する提案を行っていたが（CP 156, para 4.16.）、最終報告書では、autorefois ruleとその例外についてのみ法で規定することを勧告した。コネリー原則が、手続の不当な拡散を禁じる一般原則であり、二重の危険だけではなく、全く異なる行為（conduct）の強制的併合に関わり、未だその射程が不明である中で、これを立法により分離・固定化することは適切ではなく、全体としてこの原則を吟味する必要があること等を理由としている。LAW COM NO 267, paras 6.35-6.48.

（10）　CP 156, para 3.49.

（11）　CP 156, para 5.8.

（12）　とりわけ①の事例の提起の仕方について、これは、現実に起きた極めて示唆的な事例にも関わらず、委員会がそれを指摘せず、仮定的な事例とすることにより、この事例が思弁的なものと思われ、改革の提案も説得的とはなり得なくなる危険がある、との批判もある。また、②の事例も現在十件程度が見積もられているとの指摘もある。Dennis, "Rethinking Double Jeopardy" [2000] Crim. L.R. 942, 943.

（13）　CP 156, para 5.17.

（14）　CP 156, paras 5.27, 5.29.

（15）　「誤った有罪の危険」とは繰り返しの事実審理は誤判の危険性を増加させるとの主張であるが、一般的にはそういえても、本文設例のように強力な新証拠がある場合には当てはまらない、と法律委員会は述べた。また、「効率的捜査促進の必要」とは、一度しか裁判ができないとしたら、それによって警察には最初から捜査を適切に集中して行うインセンティブが生じることを意味する。後述「適正な注意」参照。LAW COM NO 267, paras 5.9-5.17. その他の根拠については、以下本文で指摘する。

（16）　LAW COM NO 267, para 4.6.

（17）　LAW COM NO 267, para 4.10.

（18）　LAW COM NO 267, para 4.11.

（19）　LAW COM NO 267, paras 4.12, 4.13. さらに、法律委員会は、「終局性と第三者」として、終局性による利益があるものとして、被告人の雇用者、家族、被扶養者等もあげている。LAW COM NO 267, para 4.16.

（20）　LAW COM NO 267, para 4.14.

（21）LAW COM NO 267, para 4.17 u. P. Roberts, "Acquitted Misconduct Evidence and Double Jeopardy Principles, From Sambasivam to Z" [2000] Crim. L.R. 954.

（22）LAW COM NO 267, para 4.19.

（23）LAW COM NO 267, paras 4.20-4.22.

（24）この点について、鯰越編『陪審制度を巡る諸問題』三六二頁以下参照。

（25）LAW COM NO 267, paras 4.23-4.26.

（26）LAW COM NO 267, paras 4.28-4.30.

（27）LAW COM NO 267, paras 4.31-4.33. この歴史については、M.L. Friedland, Double Jeopardy（1969）, pp. 9-10. See Criminal Law Revision Committee, 14th Report "Offences against the Person", para 15 & Report of the Select Committee on Murder and Life Imprisonment, vol. II -Oral Evidence, Part 1（HL Paper 78-II）p. 119.

（28）イギリス法における謀殺罪は、故意殺人（deliberate killing）に限定されず、それには重身体傷害惹起（cause grievous bodily harm）の故意も含まれ、謀殺罪のわずかしか殺人の故意によって処罰されていないとの指摘がある。たとえそうだとしても謀殺罪の核心は故意殺人にあり、謀殺罪が特別な犯罪であることには変わりない、と法律委員会はする。LAW COM NO 267, para 4. 34.

（29）LAW COM NO 267, paras 4. 38-4. 42. 故殺罪分割の提案については、Legislating the Criminal Code : Involuntary Manslaughter（1996）Law COM NO 237 参照。また、内務省はこの提案を採用する方針を決定している。

（30）LAW COM NO 267, paras 4.43-4.46.

（31）LAW COM NO 267, para 4.55. 遡及効を認めた上で、その遡及に時間制限を設けるか否かが問題となったが、それも恣意的になるとして否定され、請求審、再公判の際に「司法の利益」、「手続の濫用」の観点から個別的に考慮すべきとされた。LAW COM NO 267, paras 4.86-4.89.

（32）CP 156, paras 5.38, 5.42.

（33）LAW COM NO 267, para 4.59.

（34）LAW COM NO 267, para 4.60.

（35）LAW COM NO 267, para 4.61.

(36) LAW COM NO 267, paras 4.63-4.65. また、この判断基準に関し、有罪に対する上訴での破棄理由としての「誤っている（unsafe）」を、無罪の場合にも適用すべきとの主張（Select Committee on Home Affairs Third Report［2000］para 66）がなされた。これに対し、法律委員会は、この用語は有罪に合理的疑いが存在するとき、すなわち挙証責任が訴追側にある場合に用いられるのであり、適切ではないとした。その他、新証拠の信頼性（reliability）を、一つの重要な要件として、あげている。さらに、先の訴追が私人訴追の場合、必要な証明の程度を下げるべきかが問題となった。しかし、濫訴のおそれがあるとして否定されている。LAW COM NO 267, paras 4.66, 4.68, 4.70.

(37) LAW COM NO 267, paras 4.74-4.79.

(38) LAW COM NO 267, paras 4.80-4.83.「司法の利益」の観点から考慮されるべき要素として、「適正な注意」の他に、「再審査請求の遅滞」、「当該犯罪からの時間経過」、さらには社会での予断・偏見等と関係する「公正な裁判の可能性」を法律委員会はあげている。LAW COM NO 267, paras 4.71, 4.85-4.87, 4.90.

(39) LAW COM NO 267, paras 4.91-4.103.

(40) 黙秘権の制限をめぐっては、井上正仁「イギリスの黙秘権制限法案（一）（二・完）」ジュリスト一〇五三号、一〇五四号（一九九四年）、鯰越溢弘「黙秘権と刑事弁護」季刊刑事弁護二号（一九九五年）参照。

(41) See Editorial, "Double Jeopardy and Prosecution Appeals"［2001］Crim. L.R. 340. また、最初に設例の一つとしてあげられた強姦罪を例外から法律委員会が最終的に除外した事実からもうかがえるように、犯罪の重大性、回復不可能性の判断にも曖昧さが付きまとうであろう。

(42) LAW COM NO 267, para 4.94.

(43) CP 158, paras 6.21-6.26. R. Pattenden, "Prosecution Appeals Against Judges' Rulings"［2000］Crim. L.R. 985 は、良心による法の無視、いわゆるジュリー・ナリフィケーションも無罪評決に対する上訴の不可能性としてあげている。

(44) CP 158, paras 1.22, 1.23, 6.22.

(45) LAW COM NO 267, paras 7.50-7.74. これに対し、純粋な法律問題による停止については上訴できるとした。答弁不要の申立の詳細については、豊崎七絵「刑事訴訟における『事実認定の当事者主義的構成』への一試論――イギリスの答弁不要の申立を手掛かりとして」法学六一巻二号（一九九七年）一七〇頁以下参照（豊崎七絵『刑事訴訟における事実観』〔日本評論社、二〇〇六年〕に所収）。

(46) この観点からは、不利益再審のみならず、「(証明なし) 無罪」に対する上訴も認められない。再公判の不許容が陪審制度と直接結びつくものではなく、それは事実認定構造の片面性によるとの主張について、平田元「イギリスにおける刑事陪審と上訴制度」竹澤哲夫先生古稀祝賀記念論文集『誤判の防止と救済』(現代人文社、一九九八年) 四五五頁〔本書第二章第一節〕参照。さらに、平田元「刑事訴訟における片面的構成の理論的基礎」横山晃一郎先生追悼論文集『市民社会と刑事法の交錯』(成文堂、一九九七年) 一九七頁〔本書第一章第二節〕も参照。

(47) CP 158, para 1.10.

第三章　刑事事実認定論

第一節　救済の観点からみた証明論

一　はじめに

本稿は、最近の情況証拠・間接事実をめぐる事実認定論議さらには個別事例を参照しつつ、総合評価の基礎となる個々の間接事実にいかなる水準の証明が必要か、総合評価における「合理的疑いを超える証明」とはどのようなものかを検討する。また、間接事実による事実認定の適正さ確保・被告人救済のための手続的保障の問題に触れ、若干の検討を加えたい。

二　間接事実認定論

間接事実の分類については、たとえば存在時点によるものとして、予見的・並存的・遡及的なもの、主要事実を即座に推認させる第一次的間接事実、第二次的間接事実から第一次的間接事実そして主要事実と推断する、近接的・遠隔的なそれ、さらには被告人に対して利益あるいは不利益な方向へ推認させるかの区別によって積極的・消極的間接事実といった分類がある。[1] 本稿テーマ、すなわち証明の程度との関係からは、積極的・消極的の区別に従った検討が必要であろう。

1　積極的間接事実

間接事実が総合評価に参加するための資格の問題として、一つは間接事実認定の程度の問題、さらにはそれから主要事実を認定する推認力（推定力）の程度の問題がある。積極的間接事実をめぐり前者について、仁保事件上告審判決は、これらの（間接）事実の存否は、本件事案解明の鍵をなすもので、これらの事実を積極的に認定しようとするならば、その証明は、高度に確実で、合理的な疑いを入れない程度に達していなければならないと解すべき、とした。[2] この点については、学説においても、「真実であることが確定される」とか「完全にあるいは充分に証明される」ことを要するとしている。[3] それは不確実な事実からは何ら確定的な命題を導くことができないからである。この間接事実に確証（不動性）を要するとの見解は、次の消極的間接事実論ともかかわるが、間接事実に「疑わしきは被告人の利益に」の原則が適用されるのかどうかとも関係する。証明されたことのみが被告人に不利益に考慮されるべきであり、第一次的間接事実の認定も複数の第二次的間接事実によるとすれば、それは複数の第一次的間接事実による最終的な総合評価の構造と異なるものではなく、間接事実の認定にも「疑わしきは被告人の利益に」の原則を適用すべきであろう。このことはまたトリカブト殺人事件[4]において、本件殺人の間接事実の一つとして本来独立した主要事実ともなりうる前妻を類似の方法で殺害したと第一審が認定したのに対し、控訴審は「疑わしきは被告人の利益に」の原則の発現形態である「合理的疑いを超えて」これを証明したとはいえないと判示した点からも認めることができよう。しかもこの間接事実は判決には影響を及ぼさない、すなわち決して中核となる要証事実ではない（補助的間接事実）としてもである。またロス疑惑銃撃事件での一間接事実としての殴打事件をあげることもできよう。このように、積極的間接事実の認定にも「疑わしきは被告人の利益に」の原則が適用されねばならない。

次に間接事実が総合評価に残るためには、それから要証事実あるいは主要事実を推認させる力はどの程度必要であろうか。ドイツでは、多数の判例が間接事実からの有罪方向への推論は論理的に可能であれば足り、必然的である必要はないとする。[5] これは複数の間接事実が集ることによって互いに補強しあい証明力を高めることを意味するのであろう。次の表現もこれを示しているといえよう。「異常死とこれに対する被告人の関わりを志向する状況証拠は少なくないこと、各証拠は独立し偶然同時的に一点の命題を志向しているときには、一つ一つの証明力は弱くともその結束した証明力は強いとみてよい[6]」がそれである。また、ロス疑惑銃撃事件第一審判決[7]において、検察官が共犯者・実行犯認定の根拠として示した情況事実について「それらの情況事実は、どれを取上げても、それだけでは犯人を断定し得る証明力を有しないとしても、それらの情況証拠を総体として観察し、そうした諸事実が犯人以外の人物に凝縮して存在するという偶然が、果して現実の社会事象の中であり得るかという視座のもとで判断することが求められる」とし、この観点からは証明充分であるとした点も同様であろう。しかし、この判断方法に対し控訴裁判所は、「検察官は、情況証拠を評価するに当たって、個々の情況証拠が持つ多方面の証明力の中から、有罪認定に都合の良い可能性を持つ一面を選りだして、これらを重畳的に重ね合せ、その上で、これだけ多くの事実がすべて集まるのは偶然ではないと主張しているようにみえるのである。……いわば消極的可能性を持つ他の一面や、有罪認定とは矛盾する可能性が高い情況証拠をも正当に評価するという視点が十分ではない」と批判する。また、かつて最高裁が長坂町放火事件[8]でも多義的な解釈を許す放火場所・方法・材料を巡り指摘したように「被告人が争わない間接事実をそのまま受入れるにしても、証明力が薄いかまたは十分でない情況証拠を量的に積み重ねるだけであって、それによってその証明力が質的に増大するものではない」。この観点から、有罪認定には合理的疑いを超える証明という非常に高度の証明を必要とし、総合評価が加算的というより乗算的であるなら、個別的証拠評価の結果、質の高くない単なる可能性（弱い証明力）しかもたない間接事実はそもそも総合評価に参加できないとすべきである。これは判決理由において個々の間接事実についてその推認力を単に可能性があると示すだけでは足らず、その程度とその理由を説得的に示す必要があることを示している。[9] また、ロス疑惑銃撃事件控訴審判決において示されたように、犯人同定のためには、銃撃実行者・共謀成立過程という中核的要証事実（間接事実）にはとりわけ質の高い一義性を有する情況証拠による立証が不可欠であろう。すなわち、総合評価・認定には、多数の間接事実の積み重ねによる量的な推認力を質的推認力へと飛躍・転化させる、支柱たる間接事実（一義性をもつ間接事実）の存在が不可欠で、[10] これはまた間接事実が無罪仮説（アナザー・ストーリー）とおよそ相容れないということが必要なことを意味しよう。[11]

2　消極的間接事実

消極的間接事実の代表はアリバイ事実であろう。ドイツ連邦裁判所判例は、主要事実を推認すべき間接事実があるにもかかわらず、アリバイが存在するのではとの疑いで無罪とした事件に対し、このアリバイ立証には「疑わしきは被告人の利益に」の原則は適用されず、すなわち証明されたアリバイだけが判決に影響を及ぼしうる、とした。[12] しかしドイツ学説も批判するように、これは「疑わしきは被告人の利益に」の原則に反し、挙証責任の転換を意味することになり、認めるわけにはいかない。ドイツでは確証されない消極的間接事実も優越的蓋然性（Überwiegend Wahrscheinlichkeit）があれば考慮されるべきと主張されている。もっとも、この原則からするならば無罪判決のためには最終的に合理的な疑いが発生すればよいのであり、消極的間接事実は完全には立証に成功せず、確証をもって認定されずとも、総合評価において「疑い」を発生させる程度の可能性があれば、充分であろう。すなわち疑わしい命題が、真実と確証された消極的間接事実とはされないことと、それが限定的ではあるが証明力をもつかどうかとは別問題ということになる。[13]

この点で参考になるのが前出の長坂町放火事件最高裁判決である。本判決は刑事裁判において「犯罪の証明がある」とは「高度の蓋然性」があることとし、それは反対事実の存在の可能性を許さないほどの確実性を志向した上での「犯罪の証明は十分」であるとの確信的な判断に基づくものとした。ここには心証形成のあるべきプロセスが示されていると同時に、いかなる場合に無罪方向の反対事実（消極的間接事実）の可能性が認められるかを示す一つの好例といえよう。[14] すなわち、内部犯行を示す有力な積極的間接事実である「密室性」について、一本引戸は、開閉するとがたがた音がし、……同所から侵入することは容易ではないとはいえ、「全く」その可能性がないわけではなくとか、一方ではガラス戸戸締り用の心張り棒は当時掛けられていなかったと断定することは相当ではないとしつつ、心張り棒は強固なものではなく、……外部から戸を開けようとして力を入れると外れ落ちる可能性があることを考慮に入れるときは、この出入口からも外部の者が「絶対に」侵入できないと断定することはできないのである、とする。ここから、積極的間接事実、とりわけ中核となる要証事実（密室性）を否定するためにどの程度の反対事実（消極的間接事実）存在の可能性（疑い）があれば足りるかについて、最高裁が極めて厳格に判断している姿勢がうかがえよう。[15] また無罪仮説の排除に関連して、ロス疑惑銃撃事件をあげることができる。第一審では、有罪とされた被告人は現場で白いバンには気付かず、襲撃はグリーン車の二人組で被弾後襲撃されたと一貫して供述したが、これはバンの存在を秘匿する、ことさらの虚偽供述とされ、被告人の犯人性をめぐる最も重要な間接事実とされた。これに対して控訴審は、白いバンが被告人らをおそった可能性の方がはるかに高いと判断しつつ、たとえば被告人の弁明を裏付けるかのようにシャツからとれたボタンが発見されたことをあげ、この点について検察官は納得できる証拠による説明をしていないとして、虚偽供述であることには疑問が残るとしている。ここには全面的に挙証責任をもつ検察官が「合理的疑いを超える証明」を果したというためには、あらゆる具体的な疑い（消極的間接事実）を証拠により説得的に少くとも払拭する必要性のあることが示されているといえよう。これは同時に被告人の弁解、無罪仮説の可能性で足りることをも意味し、被告人は無罪仮説を証明する必要はない、ことを示す。これは刑事手続における挙証責任の原理に忠実に従っていると評価できよう。この意味では一般論として、ロス疑惑銃撃事件控訴審判決等での「事実認定での決断力」を欠くことにより情況証拠による犯罪立証の余地を狭めるべきでないとの判示よりも、放火事件最高裁判決での蓋然性判断の際「思考上の単なる蓋然性に安住」してはならないとの指摘が強調されなければならない。なお、被告人の嘘の弁解、たとえば虚偽のアリバイ主張には、無罪証拠の不充分さを補う等様々な理由が考えられ、真犯人のみが嘘をつくものでなく、虚偽であることのみを理由としては、被告人の他の供述の信用性に影響を与えうるのみである。ただその虚偽が事実認定を誤らせようとする唯一の理由である場合のみ、それを判決理由に示すことによって一つの積極的間接事実とすることができよう(16)。これに対し、黙秘はそれが憲法上の保障であることからすれば被告人に不利益な根拠とすることは許されない。

三　事実認定の手続的保障

間接事実による事実認定の適正化のためには、先に述べたように要証事実の認定において、「疑わしきは被告人の利益に」の原則が厳格に守られる必要がある。またその大前提として充分な証拠開示が必要なことはいうまでもない。名張事件でも依然としてそれが問題となっている。以下では被告人の救済という観点から、とりわけ判決理由と証拠構造の問題について検討してみよう。

1　判決理由・証拠構造論

判決理由とりわけ有罪の事実認定理由は、裁判の公開の担保として、国民を納得させ、被告人に対する保障として、それを説得するため、さらに上訴による審査に資料を提供するため、必要とされる。[17]この趣旨からすると現行の証拠標目列挙主義では全く不充分であろう。事実認定を説得的にするには、それが可視化され検証可能でなければならない。どの証拠・事実からどのようにして合理的疑いを超え事実を認定したか判決理由中に示されねばならない。上訴審では、この認定事実を支える証拠・事実の有機的連関・証拠構造が争われ、これが弾劾対象となり、被告人はこれに合理的疑いを指摘し、発生させるべく活動することになる。

先のトリカブト殺人事件における一間接事実としての前妻殺害が控訴審で脱落した場合、控訴審はその他の間接事実の証明力を嵩上げし、証拠構造を変更したのか。刑事訴訟において、当事者弁論主義をより徹底し、検察官に間接事実をも含む証拠構造についていわゆる主張責任を認め、第一審での審判対象として、これに拘束力を認め防禦権の保障をはかるとするなら、控訴審で検察官に安易にその変更を許し、その構造を組み替えての有罪維持は認めるべきではない。付言するなら、この当事者主義の徹底は、検察官から主張のなかった事実を、裁判官が事実上「口頭弁論の全趣旨」から斟酌して、すなわち職権により認定すること（証拠構造の組み替え）を回避し、自由心証主義をより制限することを意味しよう。[18]

次に、名張毒ぶどう酒事件第五次再審請求最高裁決定[19]をめぐり、総合評価説からする証拠構造分析不要論にみられるように、総合評価と証拠構造論はそもそも結びつくものではない。[20]この意味において上訴審における心証形成説と証拠構造分析に拘束力を認める説は相容れない。上訴審の構造について、上訴審で新たに心証形成するとの説よりも判決理由を中心に事後審査とする方が、弾劾対象を原審の証拠構造とすることにより親しむものである。[21]

2　訴因の特定と概括的認定

間接事実による事実認定の場合、詳細な犯罪の日時、場所、方法を特定できず、訴因の不特定、判決理由での概括的認定の問題が生じる。トリカブト第一審判決は、被害者が死亡し、目撃者もなく、被告人も一貫して否認している事案であり、実行行為の日時・場所・方法を詳らかにすることのできない特殊な事情があるとして、幅のある訴因を認めた。(22)ただ被告人が否認しているから不特定な訴因、事実認定でよいとすることは、否認の不利益を一方的に被告人に押しつけることになり、問題である。ロス疑惑銃撃事件第一審判決では氏名不詳者との共謀が実際に認定されている。(23)また無尽蔵店主殺害事件第一審判決は、間接事実のみでは被告人が「単独であるいは他のものと共謀し」、死に致し、あるいは後に死に至る傷害を与えた事実しか認定できないとしている。(24)この点、間接事実による認定の際には、間接事実の証明力をめぐって、とりわけ注意が必要であり、さらに、少なくとも、被告人側の防禦に影響がある場合には、訴因の変更、検察官主張の立証命題・証拠構造を変更・明確化させ、これに対して裁判所は判断を加えねばならない。

3　消去法的認定方法

最後に、認定手続の方法に関し、いわゆる消去法的認定方法がたとえばトリカブト控訴審判決で用いられている。それは本件毒カプセルを被害者に手渡したのは誰かを認定するためである。そこではカプセルを被害者に渡す可能性のある者について、被害者に当時直接接触できた者をまず限定し、この中から動機、カプセル作成・入手可能性といった諸条件の適合から判断することになる。犯人特定のための手法であり、それぞれの諸条件の設定が争点になり、とりわけチェックする集団の最初の限定を厳格にできるか（漏れはないのか）が最大の問題である。間接事実による事実認定では犯行日時などに幅がでるとすればなおさらであり、「他に接触した者がいない」といった否定的な証明は絶えず開かれている。ロス疑惑銃撃事件控訴審判決もいうように、この種の認定方法には、どうしても漏れが生じることは根本的に避けがたいのが実際であり、この疑問が解消されない限り、決定的なウエイトを置くべきではないだろう。[25]

四　小括

間接事実による事実認定においては、積極、消極すべてを総合して、それらが有罪認定に収斂しなければならない。積極的間接事実は多義的であってはならず、消極的間接事実、反対事実の可能性は説得的に克服されねばならない。これが合理的疑いを超える証明の意味するところであり、「疑わしきは被告人の利益に」の原則を刑事裁判で貫徹することである。また、検察官主張の証拠構造論に拘束力を認め、それを判決理由を通して上訴審での弾劾の対象とするならば、審判対象、その変更に関する詳細、判決理由制度の充実、[26] 上訴審での審理方法についてさらに検討の必要がある。その際には、間接事実による事実認定の特質を十分にふまえる必要があろう。

（1）　情況証拠に関するまとまった研究として、古くは足立勝義「英米刑事訴訟に於ける情況証拠」司法研究報告書五輯四号（一九五二年）、最近の文献として、渡部保夫『無罪の発見』（勁草書房、一九九二年）一七四頁、村岡啓一「状況証拠とのように闘うか」『刑事弁護の技術㊤』（第一法規出版、一九九四年）五一九頁、中川武隆＝植村立郎＝木口信之『情況証拠の観点から見た事実認定』司法研究報告書四二輯二号（一九九四年）などがある。
（2）　最判昭和四五・七・三一刑集二四巻八号五九七頁。
（3）　たとえば、不破武夫『刑事法上の諸問題』（弘文堂、一九五〇年）二四頁、森岡茂「状況証拠による認定」『証拠法大系Ⅰ』（日本評論社、一九七〇年）二五五頁など。

（4）　いわゆるトリカブト事件第一・二審判決は、それぞれ東京地判平成六・九・二二判例時報一五三二号二八頁、東京高判平成一〇・四・二八判例時報一六四七号五三頁である。なお、本事件について渡部保夫「状況証拠の集積による司法判断の動き」法学教室一七三号（一九九五年）六六頁参照。

（5）　光藤景皎「『間接証拠論』事始め」『中山研一先生古稀祝賀論文集五巻』（成文堂、一九九七年）一一五頁（光藤景皎『刑事証拠法の新展開』〔成文堂、二〇〇一年〕に所収）。

（6）　渡部保夫「遺体なき殺人事件と自白の信用性」昭和六〇年度重要判例解説（一九八六年）一八八頁。

（7）　いわゆるロス疑惑銃撃事件の第一審判決は、東京地判平成六・三・三一判例時報一五〇二号四八頁、控訴審判決は、東京高判平成一〇・七・一判例時報一六五五号三頁。控訴審判決の評釈として、土本武司「いわゆるロス疑惑・銃撃事件控訴審判決」判例評論四八一号六四頁（判例時報一六六一号、一九九九年）、板倉宏「情況証拠による事実認定」警察学論集五一巻一二号（一九九九年）一二〇頁、白取祐司「情況証拠による事実認定／訴因変更手続の要否」平成一〇年度重要判例解説（一九九九年）一八八頁、がある。

（8）　最判昭和四八・一二・一三判例時報七二五号一〇四頁（長坂町放火事件最高裁判決）。本判決は、放火の場所・方法・材料に関し、これら間接事実は、一方で被告人が犯人であると容易に結びつくものであるが、他方で被告人がことさら自ら疑いを招くような場所・方法などを選んだのか理解困難として、これらには反対解釈の可能性があるとした。本判決につき、石塚章夫「情況事実による主要事実の認定」小野慶二判事退官記念論文集『刑事裁判の現代的展開』（勁草書房、一九八八年）一一二頁参照。

（9）　ドイツにおいて、蓋然性（Wahrscheinlichkeit）と可能性（Möglichkeit）とは対概念で、確率の高低を表すものである（たとえば、Karlsruher Kommentar Strafprozeßordnung Gerichtsverfassungsgesetz 3. Aufl., S. 1040 参照）。これに対し、日本語での可能性はそれ自身程度概念を含むものではなく、有罪認定の判示においてはその間接事実推認力の高低の判断をはっきりと示す必要があろう。

（10）　川崎英明「情況証拠による事実認定」光藤景皎編『事実誤認と救済』（成文堂、一九九七年）六八頁。

（11）　高田昭正「情況証拠と合理的疑いを超える証明」大阪市立大学法学雑誌四〇巻四号（一九九四年）七〇一頁。

（12）　この判決及びこれをめぐるドイツの議論について、光藤景皎「間接証拠論・その一」『松尾浩也先生古稀祝賀論文集下巻』（有斐閣、一九九八年）四三九頁参照（光藤景皎『刑事証拠法の新展開』〔成文堂、二〇〇一年〕に所収）。

（13）　Bender/Nack, Tatsachenfeststellung vor Gericht, Bd. I, 2. Aufl., S. 253.

（14）　高田「前掲」六七二頁。

（15）　石塚「前掲」一二二頁も、「密室性」を決定的な第一次的情況証拠として使用するためには、その密室性がほぼ完璧に証明されていなければならないと述べる。

（16）　この問題をめぐって、木谷明「最高裁判所判例解説刑事篇昭和五七年度第二事件」（一九八八年）四九頁、光藤景皎「アリバイ立証の不成功とその影響」竹澤哲夫先生古稀祝賀記念論文集『誤判の防止と救済』（現代人文社、一九九八年）二八一頁参照。この点、ヒルシュベルクが「有罪証拠としての嘘」を誤判原因の一つにあげたことを銘記すべきである（ヒルシュベルク〔安西温訳〕『誤判』〔日本評論新社、一九六一年〕六八頁）。

（17）　田宮裕・法学教室［旧版］第八号（一九六三年）二三〇頁。判決理由をめぐる最近の研究として、冨田真「刑事判決理由の研究（一）（二）（三・完）」法学六一巻三号、六二巻一、六号（一九九七、九八年）がある。

（18）　民事訴訟では、証拠調べの結果明らかとなった間接事実は、主張がなくとも裁判所は認定できる。すなわち、間接事実には主張責任がないことになる。これは裁判所に「口頭弁論の全趣旨」を斟酌することを命じられていることによる（ローゼンベルク〔倉田卓次訳〕『証明責任論［全訂版］』〔判例タイムズ社、一九八七年〕五五頁）。これとの対比において、この斟酌が認められない刑事訴訟では、当事者弁論主義を徹底し、検察官の主張しない間接事実を裁判所は認定できないとすべきである。

（19）　最決平成九・一・二八刑集五一巻一号三三七頁。

（20）　中谷雄二郎「時の判例」ジュリスト一一一一号（一九九七年）二〇六頁。また、佐藤博史「再審請求における証拠構造分析と証拠の明白性判断」『松尾浩也先生古稀祝賀論文集下巻』（有斐閣、一九九八年）六八九頁参照。これらに対する反論として、川崎英明「最高裁・名張決定と証拠構造論」法学六二巻六号（一九九九年）六六頁がある（川崎英明『刑事再審と証拠構造論の展開』〔日本評論社、二〇〇三年〕に所収）。さらに、高田昭正「白鳥決定と総合評価の判断構造」季刊刑事弁護九号（一九九七年）三九頁参照。

（21）　心証形成説は、有罪判決の理由（事実認定理由）の不十分さをその根拠としてあげ（後藤昭『刑事控訴立法史の研究』〔成文堂、一九八七年〕三一一頁）、上訴審においても心証形成（事実認定）をし、これと原審の認定を比べるとする。しかし、これまでの再審研究は、事実認定理由に現れた証拠構造分析から充分に確定判決の事実認定の批判ができることを示しているのではあるまいか。むしろ、心証形成説は再審での証拠構造の組み替え、証明力の嵩上げに途を開いている。

（22）　これは、最大判昭和三七・一一・二八刑集一六巻一一号一六三三頁に従ったものである。

(23) 東京地判平成六・三・三一判例時報一五〇二号四八頁。控訴審判決は、共謀が被告人と事件を結びつける中核的事実で氏名不詳者と共謀して銃撃させた事実についての確かな証拠が必要として、原審の安易な事実認定を批判している。

(24) 東京地判昭和六〇・三・一三刑月一七巻三＝四号一八七頁。

(25) 渡部『無罪の発見』二二四頁も、この消去法だけで有罪事実を認定しうるか疑問とし、ただ無罪の論証、合理的疑い存在の指摘に利用できるのみ、とする。

(26) 陪審制度との関係で、証拠構造・事実認定理由をいかに考えるかという問題がある。たとえ陪審が事実認定理由を伴わないとしても、認定事実の証拠構造は、検察官の主張・裁判官の説示の記録からうかがうことができ、本稿での証拠構造論の主張は陪審制度下でも可能で、決して矛盾するものではない。この点につき、平田元「イギリスにおける刑事陪審と上訴制度」竹澤哲夫先生古稀祝賀記念論文集『誤判の防止と救済』（現代人文社、一九九八年）四七三頁［本書一四一頁］註（36）参照。

第二節　間接事実の立証

一　はじめに

間接事実の立証をめぐる問題は、総合評価（主要事実の認定）のあり方に関係し、事実認定を、裁判官の主観的・直感的な心証にゆだねることを回避し、適正化するという観点から、重要な論点である。本稿は、無罪の推定を前提に、事実認定過程の客観化・可視化をめざす立場から論をすすめる。[1] 情況証拠による事実認定の問題は、日本刑法学会七七回大会（一九九九年）の共同研究においても採り上げられ、翌年の同学会ワークショップでも検討された。[2] 以下ではそこでの議論を中心に、本稿のテーマである間接事実の立証をめぐる諸問題に焦点を当て論述することにしたい。

二　総合評価への間接事実の参加資格

間接事実の立証をめぐり、まず問題とすべきは、総合評価への間接事実の参加資格である。その第一は、主要事実を直接推認する第一次的間接事実が総合評価に参加するには、この間接事実がどの程度まで証明されている必要があるか、確証（合理的疑いを超える証明）が必要か。また、間接事実の認定にも「疑わしきは被告人の利益」の原則が適用されるべきか、という証明度をめぐる問題である。第二は、この間接事実に主要事実立証のための推認力（証明力）がどの程度あればよいのか、単なる論理的可能性で足りるのか、それとも一定の蓋然性が必要かという問題もある。

まず、前者に関しては、総合評価への参加には、個々の間接事実には確証を要する、と考えられる（平田、高田）[3]。なぜなら不確実な事実からはなんら確定的な命題を導けないし、証明されたことのみが被告人に不利益に考慮されるべきとの理由による。さもないと証拠に基づかない推理・推論のみで有罪とされることになる。この意味から「疑わしきは被告人の利益に」の原則の適用もある[4]。また、この立場からは、総合評価参加のための推認力についても、単なる論理的可能性では足らないであろう。論理的可能性で充分との説は、個々の間接事実の推認力は弱くとも、それが多数存在し、それらを総体として観察するとき飛躍的に証明力が増大するとの考え方による。この考え方をロス銃撃事件第一審判決も採用している。

しかし、その控訴審判決が正当にも批判したように、「有罪認定に都合の良い可能性を持つ一面を選りだし……消極的可能性を持つ他の一面や、有罪認定とは矛盾する可能性が高い情況証拠をも正当に評価するという視点が十分ではない」という危険性もある。また、最高裁が、原判決を破棄して無罪とした長坂町放火事件判決（判例時報七二五号一〇四頁）で指摘したように、証明力が薄いかまたは充分ではない間接事実を量的にいくら重ねても、その証明力が質的に増大するものではない（乗数効果）。すなわち、間接事実による総合評価（事実認定）は加算的なものではなく、乗算的である。したがって、確証された間接事実が総合評価へ参加するためには、その推認力は単なる可能性では足りない。この観点からは、検察主張の間接事実をめぐり、その各々の証明力は充分あるのか、被告人の有利な方向での反対解釈の可能性があるのではないかなど、絶えず探る必要があろう。

以上の問題をめぐり、判例には両者の立場がある。無盡蔵店主殺人事件東京地裁第一審判決（判例時報一一五四号三頁）は、一間接事実としてのブーツへの人血付着痕を、被告人が当該ブーツを履いて犯行現場を歩いたと認める確証がなく、事実認定の慎重を期すとして、総合評価からこれを排除した。一方、ロス銃撃事件での実行犯に関する第一審判決と控訴審判決では、総合評価に、確証がなくとも各々の間接事実をひとまず参加させている。ただし、第一審判決では、総合評価に参加させるものの、間接事実のそれぞれの推認力をそこで厳密に評価し、間接事実の質を重視するのに対して、控訴審判決では、厳格な意味での「合理的な疑いを超える」証明すらなくても、総合評価において補助的な間接事実として機能することを認めている。この点に関し、証拠上低い可能性にとどまる間接事実をいくら重ねても「合理的な疑い」を超える証明に達することはない（乗数効果）から、実際上、両者の結果に理論的な差ほどにはないであろう、との期待もある（村岡）。

さらに、この点をめぐり、間接事実による事実認定では、行きつ戻りつの判断過程は避けられない。避けるべきは、一見矛盾するあるいは立証程度の弱い間接事実をもすべて認定に合うように動員してしまう「心証のなだれ現象」であり、これを避けるために、裁判官にはある種の「知的矜持」、「精神力」が必要とされ、それに期待する主張もある（石塚(5)）。この裁判官の精神力に期待し、これら間接事実の総合評価への参加資格を認める考え方・主張は、どのような間接事実であれ最終的に裁判官によっていずれかの段階でチェックされればよい、との従来の自由心証主義観に親しむものといえよう。

しかし、上記第一審の立場、すなわち総合評価において、「それぞれの推認力」を厳密に評価するのであれば、そこでの加算的評価の危険性を遮断するためにも、総合評価への参加資格としてそれ以前に個別に評価する必要がある。また、この乗数効果への期待も、とりわけ長坂町放火事件最高裁判決が指摘した実際的な危険性に鑑みても限界がある。この点、実務において、先述の乗数効果をめぐる危険性が一つの注意則として最高裁によっても承認されている点を絶えず強調することが必要である。

三　消極的間接事実（アナザー・ストーリー）の立証

アリバイに代表される、被告人の利益に作用する消極的間接事実、アナザー・ストーリーをめぐって、無盡蔵店主殺人事件東京高裁控訴審判決（判例時報一二三九号二二頁）での「被告人の支出に見合う収入の合理的説明」や名古屋バラバラ殺人事件名古屋高裁控訴審判決（判例時報一五七七号一二九頁）での「異なる死亡原因の合理的説明」など、被告人に事実上その呈示義務が課されているのが現実である。無罪の推定、「疑わしきは被告人の利益に」の原則を採用する刑事訴訟において、原告である検察官に、自らの主張する訴因事実を最終的に合理的疑いを超える程度まで挙証する責任があることはいうまでもない。

しかし、この現実の中、合理的説明の必要性に迫られたとしても、ここでの責任は、あくまで「説明」責任、すなわち、違法性阻却事由などをめぐる主張責任のように証拠がなくともある程度具体性を帯びた主張でよい（もっとも、このような「主張責任」を事実認定のすべての領域に及ぼすことは理論的に問題である）。被告人が証明責任（実質的挙証責任）を負うわけでは決してなく、検察官にこの説明の成立しないことを証明する責任が最終的にあることを銘記すべきである。

また、被告人が消極的間接事実を証明しようとする場合、その立証の程度と立証失敗の効果が問題となる。前者について、たとえアナザー・ストーリーの可能性は低くとも、検察官においてそれを全面的に否定できないかぎりは、無罪方向での消極的状況証拠として機能する。すなわち、被告人の無罪仮説はその可能性で足りる（村岡、平田）。この可能性で足りるとする例として、ロス銃撃事件控訴審判決での検察官の主張を否定する方向での「カレンダーの追加積載」や「緑色の車による襲撃」というアナザー・ストーリーの主張に関するものがある。また、この判断方法を、最高裁自身、長坂町放火事件判決においても採用しており、この点を強調しすぎることはないであろう。これは、消極的間接事実の立証には確証まで必要ではなく、その可能性（検察官の主張への疑いの発生）で足りることを意味し、刑事手続における原理・原則に忠実であると評価できよう。[6]

つぎに、この立証失敗の効果について、すなわちこの主張の存在可能性が否定され、虚偽であると判断される場合である。判例では、無盡蔵店主殺人事件第一審判決、名古屋バラバラ殺人事件控訴審判決、ロス銃撃事件第一審判決などにおいて、それを不利益な間接事実として用いている。また、これが心証に与える事実上の影響力は無視しえない、その倫理的色彩のゆえに、判断者の心証形成への影響は大きい、との分析もある（村岡）。この現実に対して、それ自体は不利な積極的間接事実に転化するものではない、その転化は主要事実認定におけるミッシングリングを根拠のない推理・推論だけで埋め合わせることになる、虚偽のみを理由としては積極的間接事実にならない、との主張が対置される。虚偽の主張にも様々な理由が考えられ、真犯人のみが嘘をつくわけではなく、それ自体中立的な存在である。積極的間接事実に転化するのは、その虚偽が事実認定を誤らせようとの唯一の理由であるとか、虚偽を正当化する理由がなく、他に積極的な間接事実がある場合、しかも積極的虚偽をただ補助的な間接事実としうるのみである（平田、高田）。この観点からすれば、上記ロス銃撃事件控訴審が「緑色の車による襲撃」というアナザー・ストーリーの可能性を認めたのに対し、第一審判決がそれを虚偽として、その虚偽性を中核となるもっとも重要な間接事実と位置づけたことは、その安易な可能性否定とあわせて、実務における運用の危険性がここに露呈している。この主張の虚偽性が、有罪・無罪の分水嶺ともなっており、誤判への極めて高い危険性をもつだけに、ドイツ判例[7]にみられるように、さきに指摘した内容をもつ裁判慣行の確立に向けて努力する必要があろう。

四　消去法的認定の活用可能性

「犯行の機会をもつ者が被告人以外にいるか否か」という「密室性」の要件を用いた認定方法を消去法的認定方法という。まず最初に犯行のあらゆる可能性を想定した条件設定を行い、その集団に包含された者を種々の観点から絞り込んで犯人を特定することになる。この検討により当該事件の犯人性をめぐる事実認定の難易度を測ったり、これを積極的間接事実の集積効果による犯人性を検証する意味で、積極的に併用すべきとの主張がある（村岡）。ただ、この方法において、とりわけ最初の条件設定が、実際上、充分に可能かどうか、疑わしい。ロス銃撃事件控訴審判決、葛尾事件控訴審判決（東京高判平成七・一・二七、判例タイムズ八七九号八一頁）がその危険性を指摘し述べるように、どうしても漏れが生じ、概してばらつきの避けられない手法であるとすれば、これに決定的なウエイトを置くべきではない（平田）。

これに対して、無実の人間がこの「絞り込み」に入ってくる可能性はあるが、その者はこれを一応合理的に説明できるはずであるとし、アナザー・ストリーの証明責任ではなく、説明（弁明）責任を被告人に課すことにより、この方法を積極的に活用することを試み、説明に対して検察官がその虚偽を立証しない限り「合理的な疑い」は残るとの主張も出されている（村岡）。この見解については、これを手続問題として、被告人の「説明責任」と検察官の「虚偽立証責任」とに分配することに賛成との意見も出された（石塚）。たとえこの手法に応じるとしても、被告人の責任は、さきのアナザー・ストリーの事実上の呈示義務と同様に、説明責任で足りる。

五　証拠構造論の活用可能性

本稿冒頭で指摘した「適正な事実認定」を推進すべきとの立場の一方向として、「先ずは、自由心証主義の枠の中で、情況証拠による事実認定の注意則を確立し、それを一般化していく方が問題解決の方向としては正しいのではなかろうか」（村岡）との見解がある。これは、事実認定の適正化をさらに進め、主要事実に至る諸間接事実の有機的連関、証拠構造を検察官に呈示させ、これが裁判所による事実認定に対して拘束力をもつことを認め、被告人による弾劾の対象を明確化すべきとの主張（水谷、川崎）に対するものである。事実認定のブラックボックス化を回避し、当事者主義を貫徹し、弁護権をはじめとする被告人の人権のさらなる保障のためには、拘束力を認めるべきであろう。(8) この対立の背景には、一方で、心証形成における倫理的意味（判断）を、判決理由に記載することは困難で、その表現と内心には差が存在し、判決理由から抽出される証拠構造を事実認定に利用することには限界がある（石塚）、との考え方があり、他方には、検察官は、推認過程に欠落や飛躍のない証拠構造を示し、判決理由においても複数間接事実に基づく推理・推論、心証形成の過程・内容を具体的に明示すべきで、これができないときはそれ自体が合理的疑いである、（高田）、との主張が横たわっている。これは、判決理由、事実認定理由の理解に関わり、これは当事者のみならず、国民をも納得させるためのもので、あわせて上訴審での審査対象ともなることを忘れてはならない。また、さきに述べたように、虚偽供述自体は中立的な事実であってそこから倫理的意味を読みとり、積極的な間接事実とすることはできない。事実認定を裁判官の全くの自由心証（内心）にゆだね、それをブラックボックス化し、検察官の主張に囚われることなく職権主義的に事実認定・真実発見を裁判官に許容し、ただその抑制のために知的矜持、精神力を要求することは、当事者主義化した刑事訴訟の構造に反することになる。事実認定（過程）について、国民、上訴審といった外部の者をも説得するためには、少なくとも、客観的で伝達・表現可能な根拠によって、個々の間接事実の認定から主要事実に至る、段階をおった有罪事実の認定手続を自覚的・分析的に行い、その証拠構造を具体的に示し、判決上に可視化して、説明することにより、その適正化が目指されるべきである。

（1）「適正な事実認定」について、白取祐司「自由心証主義の反省――適正な事実認定のための試論――」光藤景皎編『事実誤認と救済』（成文堂、一九九七年）三頁以下（白取祐司『刑事訴訟法の理論と実務』〔日本評論社、二〇一二年〕に所収）、川崎英明「証拠構造論と事実認定――『事実認定の手続構造』試論――」梶田英雄判事・守屋克彦判事退官記念論文集『刑事・少年司法の再生』（現代人文社、二〇〇〇年）三五五頁以下（川崎英明『刑事再審と証拠構造論の展開』〔日本評論社、二〇〇三年〕に所収）など参照。

（2）共同研究の詳細は、刑法雑誌三九巻二号（二〇〇〇年）二八九頁以下に「特集　事実認定の今日的課題」として掲載されている。その論稿として、村岡啓一「情況証拠と事実認定」、石塚章夫「情況証拠と事実認定（コメント）」、水谷規男「適正な事実認定と証拠構造論」、川崎英明「適正な事実認定と証拠構造論（コメント）」、平田元「救済の観点からみた証明論」〔本書第三章第一節〕、高田昭正「救済の観点からみた証明論（コメント）」があり、以下、これらの引用は本文に（　）で名前のみ記す。

さらに、このワークショップに関しては、川崎英明「情況証拠による事実認定」刑法雑誌四〇巻三号（二〇〇一年）一二〇頁以下参照。

（3）光藤景皎教授も、原則的にこのことを認められる。ただ第一次的間接事実が第二次さらには第三次の間接事実から順次導かれる場合には、そこに推認が含まれており、「確証」がない場合でも、資格はあるとする（「間接証拠論・その一――主としてアリバイ立証に関連して――」『松尾浩也先生古稀祝賀論文集下巻』（有斐閣、一九九八年）四四二頁（光藤景皎『刑事証拠法の新展開』〔成文堂（二〇〇一年〕に所収）。この点、たとえば第三次的間接事実に確証があり、これに第二次的間接事実を推認する力が合理的疑いを超えて存在するなら、第二次的間接事実は存在するものとして、すなわち確証があるものとして扱い、第二次的間接事実から第一次的間接事実への過程についても同様に扱うことになる。この意味で、主要事実を導く複数の第一次的間接事実による証明の構造は、この第一次的間接事実の一つを導く複数の第二次的間接事実による証明の構造と何ら異なるものではない。

（4）もっとも、確証は必要であるが、これは、「疑わしきは被告人の利益に」の原則が適用された結果ではないとの考えもある。しかし、トリカブト殺人事件（東京地裁第一審判決〔判例時報一五三二号二八頁〕、東京高裁控訴審判決〔判例時報一六四七号五三頁〕）における間接事実の一つとしての類似方法による「前妻殺害」、ロス銃撃事件（東京地裁第一審判決〔判例時報一五〇二号四八頁〕、東京高裁控訴審判決〔判例時報一六五五号三頁〕）での一間接事実である「殴打事件」など、これらは独立して主要事実にもなりうる事実である。事実が訴訟法上存在するというためには、同一の原則、すなわち「疑わしきは被告人の利益に」

の原則が主要事実であれ間接事実であれ適用されるべきであろう。

（5）　この「心証のなだれ現象」について、秋山賢三「『なだれ現象』と証拠構造」庭山英雄先生古稀祝賀記念論文集『民衆司法と刑事法学』（現代人文社、一九九九年）三一三頁以下参照。

（6）　ここから、積極的間接事実と消極的間接事実の立証の程度には相違のあることが理解されねばならない。この意味で刑事訴訟における立証手続は片面的である。

（7）　ドイツ判例では、アリバイ立証の失敗をそれだけで被告人に不利益な間接事実として評価してはならないと、明示している。光藤景皎「アリバイ立証の不成功とその影響——間接証拠論・その二——」竹澤哲夫先生古稀祝賀記念論文集『誤判の防止と救済』（現代人文社、一九九八年）二八一頁以下参照。

（8）　川崎英明「証拠構造論と事実認定」三五五頁参照。

第三節　事実認定の理論と裁判実務——自白の注意則研究を中心に——

一　はじめに

本稿の主たる課題は、事実認定をめぐって実務に対してだけではなく理論的にも強い影響力を及ぼしている木谷明、さらには守屋克彦・渡部保夫といった元刑事裁判官によって蓄積されてきた事実認定論の到達点とその意義・限界を確認することである。これをもとにして、最近のいわゆる木谷・石井論争を位置づける手がかりとしたい。[1]

そこで以下では、上記三人の研究が実務に対してどのような意義・影響力をもったかをまず確認し、その到達点と限界を確認してみたい。その際まず検討対象の中心におくべきは、木谷・石井論争でも問題となり、三者のそれぞれの著書においても共通の論点となっている、「自白の信用性判断方法（基準）」として注意則の研究である。

二　注意則研究の意義・実務への影響

三者の著書（論文集）を示すとすれば、渡部保夫『無罪の発見——証拠の分析と判断基準』（勁草書房、一九九二年）、守屋克彦『自白の分析と評価——自白調書の信用性の研究』（勁草書房、一九八八年）、木谷明『刑事裁判の心［新版］——事実認定適正化の方策』（法律文化社、二〇〇四年）である。それぞれの著書に所収された論稿のうち、先に示した「自白の信用性判断方法」に関する研究の初出は、渡部「自白の信用性の判断基準と注意則」一九八二年、守屋「いわゆる『秘密の暴露』について——自白の信用性の評価に関する一考察」一九八五年、守屋「自白調書の真実性の分析」一九八六年、[2]木谷「犯人の特定」一九九一年である。[3]これらの研究では、自白の信用性を判断する際の注意則（検討事項）として、自白の、(1) 変遷の有無・程度、(2) 客観的証拠との整合性、(3) 秘密の暴露の存否、(4) 不自然・不合理な内容の存否などがあげられた。さらに、内容自体の具体性、詳細性、迫真性などからする直感的な印象を重視する立場を批判している。これらの注意則を用いることにより、これまで裁判官の全くの自由心証としてブラックボックスとされていた事実認定を客観化・可視化し、外部からの検討、批判を可能とする方途が開かれたといえよう。

一九八九年以降の無罪率の上昇を受けて、一九九一年に特集として組まれた「刑事裁判は甦るか」の中で、無罪事例の特徴として、自白の信用性が争点となった裁判例が多くを占めていた(4)。この自白の信用性をめぐって、無罪事例は、渡部、守屋、木谷といった裁判実務家による自白の信用性評価の注意則の研究によって、裁判所が信用性を厳格に吟味して無罪の結論に至ったのであり、信用性評価の適正化は定着しつつある(5)、と評価された。また、三者の研究は事実認定の適正化の要因の一つとして寄与していることが指摘されている。

木谷は、自白の信用性評価において、その内容自体の具体性、詳細性、迫真性などからする直感的な印象を重視する立場（いわゆる大綱論・大筋論）は、自白の変遷の有無・程度、物的・客観的証拠による裏付けの有無などの検討を通じ、より分析的・客観的に判断する方法にとってかわられ、昭和五〇年度以降の一連の判例により、後者は最高裁レベルにおいて、ほぼ完全に定着したとみてよい(6)、とする。三者の研究は、最高裁を含む過去の裁判例を分析・検討し、注意則を抽出したことにより、実務に対して、一定の説得力をもつことが可能となり(7)、これにより、裁判実務に影響を及ぼすことができたといえよう。ただ、この事実認定の適正化は、定着しつつあるといっても、全体として多くの裁判官の中に浸透しているかといえば疑問である、との評価もあったことに注意を要しよう(8)。さらに、一九七五・七六年の最高裁白鳥・財田川決定（最決昭和五〇・五・二〇刑集二九巻五号一七七頁、最決昭和五一・

一〇・二二刑集三〇巻九号一六七三頁）を契機とする「疑わしきは被告人の利益に」の原則を適用しての「合理的疑いあり」との明白性判断の通常手続における事実認定への影響も適正化の要因の一つとして指摘されている。[9]

もっとも、一九九四年から一九九五年にかけ、控訴審・上告審で無罪判決破棄事例が相次いだ。[10]この破棄は、一九八九年以降に言渡された無罪判決に対するもので、克服されたはずの直感的印象的な判断方法がとられ、事実認定に対する適正化に逆行する動きが生じたのではとの疑問が発生した。この逆行的状況を指摘する川崎英明は、その理由として、① 事実認定の適正化が基本的には裁判所主導の動きであったこと、② 事実認定の適正化に行き過ぎがあるという裁判所の自覚的または無自覚的意識の影響、③ 検察あるいは警察が裁判実務の動きに技術的に対応できる体制を整えたこと、をあげる。さらに、事実認定適正化の弱点として、それが手続の適正化に連動していなかった、すなわち無罪事例の多くが任意性ではなくもっぱら信用性判断で無罪の結論に至っている、という点を指摘している。[11]

渡部・守屋・木谷の自白の信用性評価に関する研究は、事実認定の適正化をもたらし、無罪判決の増加という一定の影響力を実務に対して及ぼした。だが一方で適正な事実認定に対する逆行的現象が生じた。これらの研究にはどのような限界が存在するのか。以下では、まず事実認定の適正化が手続の適正化と連動していなかった点から考察してみたい。

三　注意則研究の限界

1　自白の注意則研究は、現在の捜査・裁判慣行を前提とし、[12]注意則自体には手続適正化の契機は存在しない。すなわち、捜査の段階で自白をし、調書を取られ、公判においてこれを否認する場合の自白調書の信用性を問題とする。その供述調書は、供述をすべて録取したものではなく、取調官自らの要約調書で、質問と答えの部分が明瞭に区別されていない[13]。各論者が導き出す注意則もこの調書の信用性を判断した裁判例からのもので、この調書記載方式を前提とする。さらに、自白の任意性についても、取調べの可視化が図られていない情況でまず自白の信用性を吟味して判断するという実務が前提とされている[14]。信用性と任意性の混同ではないかとの疑問が即座にわく。また、身柄拘束中の被疑者取調べ受忍義務が前提とされている実務において[15]、判例が定立している「任意性」に関する基準は、必ずしも厳格なものではない。注意則による事実認定の適正化の前に、まず図られるべき手続の適正化がなされていないという現実がある。このような実務のなかで、任意性が肯定された自白について、信用性に疑いのある自白と疑いのない自白選別のため、注意則が必要となる[16]。

この点に関連して、守屋は「いずれも現在の捜査慣行を前提にして作成されている自白調書を念頭において分析の対象にしている。……緻密な分析で体験供述性に対する合理的な疑いが拭いきれるかどうかについて吟味していく審理は、よく表現すれば精密司法、悪く表現すれば調書裁判という評価を受ける[17]」、「供述の任意性に対する判断が、供述の信用性に対する判断にとってかわられ、その結果として自白偏重を生むのではないか[18]」と指摘する。もっとも、守屋も、たとえば、供述調書が取調べの公正と記載内容の正確性を担保しうる作成方式と記載形式を備えるように改善されることにより、現在の刑事訴訟制度が引きずっている糺問主義の陰が幾分でも薄らぐとし[19]、さらには取調べの可視化も展望しており[20]、現在の捜査・裁判慣行を決して追認しているわけではない。制度改善が早急に困難な情況のなかで現実的な解決策を呈示している。同様に、木谷も、極めて緩やかに運用されている自白の任意性基準について、「好ましいことではない」が、実務においては自白の信用性の判断（基準）が極めて重要になるとし、現実的な対応をとる。しかし他方では、任意性の判断手法について、「捜査の可視化」についての改善が見られないなか、「取調べ状況について、被告人と取調官との間で水掛け論にもち込まれた場合には、捜査官側の負けと割り切る必要がある[21]」と主張し、「自白の任意性に関する事実認定と法的判断基準を厳しくして、取調べ受忍義務を形骸化していくことが、もっとも実務的・現実的な手法である[22]」と述べる。それぞれの研究は、緩やかな任意性許容をはじめとする実務の現状を決して肯定しているのではない。現状変革のために、一定の提案・主張も行いつつ、「次善の策」として、厳然と存在する実務慣行への対応として注意則呈示を行っている。この事実は、実務が利用する注意則そのものは、取調べ受忍義務をはじめとして捜査・裁判実務の現状を前提とするもので、手続の適正化（変革）の契機とはなりえないことを示している。

2　また、刑事手続糺問化の危険もある。注意則による事実認定の適正化という方法は、「少なくとも客観的な文章として存在する自白調書中の記載を資料として、その時間的な推移という縦の方向、第三者の供述や物証との照合という横の方向、さらには供述の内容自体という角度から、供述内容の論理的な整合性や矛盾を分析し、推論していくという方法がとられる[23]」ことを意味し、縦横無尽に、より精密に、より論理的に分析検討することが求められる。ここには、精密司法・調書裁判の契機が含まれている[24]。また、注意則の呈示は、捜査機関にとって、有罪を確保するための手段を提供することにもなる。自白調書の変遷が問題となるとすれば、自白調書を逐一作成しないとかあるいは証拠申請しないなどして、有罪確保に努めることになる[25]。これすなわち、先に指摘した、検察あるいは警察が裁判実務の動きに技術的に対応出来る体制を整えることを意味しよう[26]。調書作成に取調官の作文性を前提とする注意則は構造的に循環し、それ自体によっては、有効な解決策を見いだせない。

さらに、弁護人にももたらされた注意則の消極的側面もある。それは、白鳥決定が出て以降、日本の刑事裁判は一層緻密な方向に向かった[27]との、裁判官山室恵の指摘に関係する。すなわち、検察官は、背景事情、犯行に至る経緯、犯行自体に関わる犯情、犯行後の行動などについて細かな事実を一つ一つ丁寧に立証し、さらに弁護側もこれを求め、これに対して弁護側が細かく反証するようになってきた事実である。これは誤判回避のための注意則の一つである供述内容の不自然・不合理性に関係する。ここでは、訴因・公訴事実を超えて「社会的事実」としての自然性・不自然性が問題とされ、それを法曹三者が追求している。[28] 社会的事実として、それが不自然さのないものとして認定できるまで調べられねばならないことになる。弁護人側にすれば、無罪獲得のためであろうが、ここにも、注意則の弊害、裁判実務における自白偏重、捜査の肥大化・糾問化、積極的実体的真実主義、職権主義への傾斜を看て取ることが可能である。

3　注意則の限界として、その適用によっても、自白の信用性についてその一義的な結論が決して導かれないことも指摘できる。すなわち、木谷が指摘するように、注意則は自白の信用性判断の上で留意すべき点を整理したに止まり、自白の信用性が自ずから明らかになるものではない。個々の検討事項を総合して最終的に判断する際にも、個々の裁判官の裁量がものをいう。[29] また、守屋も「自白調書の信用性は、審理に登場した全部の証拠に基づく全体的、総合的な心証形成に服するから、本稿で取り上げた個々の疑問が生じているからといって、ただちに自白の真実性が否定されるべきものとはいえない[30]」と述べる。この点について、「確かにチェックポイントはいろいろ研究されたけれども、それが最後の心証の段階でどちらにもとり得る[31]」との批判もなされている。これは注意則が十分に精密なものになっていないこととも関係しよう。[32] この注意則呈示による事実認定の適正化は、「合理的疑い」の存否を、最終的には裁判官の自由心証に委ねざるをえないことになる。事実認定の適正化が基本的に裁判官主導であったのも当然であろう。そして、事実認定の適正化の促進、逆行は裁判所、裁判官の自覚的あるいは無自覚的な意識に依存し、影響を受ける。まさに、自白の信用性の正しい判断が可能かどうかは、最終的には個々の裁判官のセンスとか感受性の問題となる。[33] これは、個々の裁判官の刑事訴訟観・事実観などにも関係する。以下では、この観点から、木谷・石井論争を位置づけてみたい。

四　木谷・石井論争と訴訟観・事実観

木谷・石井論争では、[34] (1)「疑いの合理性の範囲」、(2)「自白の任意性の判断手法」、(3)「自白の信用性の判断方法」が争点となった。この中で、木谷が反論の前提としてあげた次の指摘が重要である。すなわち、現実の判断者（裁判所）・訴訟制度を念頭においての、「もともと刑事裁判において被告人を真犯人と無辜とに峻別することは人間の能力を超えるものであるが、わが国の刑事システムの下では、その判断は一層困難[35]」という、木谷の刑事訴訟観・事実観である。この真犯人とそうでない者を常に明確に区別できるという保証はない、事実認定に曖昧な部分が残ることを前提として、「無辜の不処罰」、「疑わしきは被告人の利益に」の原則は存在する。[36] また、ここから、制約のある刑訴法上のルールに従って認定された事実のみが、訴訟上の真実であることになろう。[37] これに対して、石井の根底には、「石は水中に沈み、木の葉は水面に浮くのが望ましいのであって、沈んだものを石、浮いたものを木の葉と観念するのは、刑事訴訟の生命を損なう[38]」との事実観がある。ここには石とか木の葉は所与の存在として訴訟の外に絶対的な事実として存在し、判断者（裁判所）は、両者を明確に区別することができるとの前提がある。「無辜の不処罰」と「犯人必罰」は、両立しないとするのが木谷であり、「両立する（できる）」あるいは「すべき（望ましい）」とするのが石井（の訴訟観）である。しかし、ここには理想と現実との混同がある。

(1)「疑いの合理性の範囲」をめぐる論争では、「疑わしきは被告人の利益に」という鉄則を重視するあまり、「不合理な疑い」を「合理的な疑い」に取り込むことは、逆の場合と同様正義に反する、と石井は木谷を批判する。先の「両立」からすれば「同様正義に反する」ことになろう。石井の主張では、疑いの合理性（「合理的疑い」）の「範囲」は存在せず、それは「有無」だけであり、両者を明確に区別することができる。[39] しかし、事実認定に曖昧な部分が残ることを前提に「疑わしきは被告人の利益に」の原則は認められている。石井の主張は、突き詰めてゆくと、この原則を否定することになろう。(2)「自白の任意性の判断手法」に関して、捜査の可視化が一向に解決されず、被告人と取調官との言い分が水掛け論に終われば、取調官側の負けと割り切る必要があるとの木谷の主張に対し、石井は任意性をめぐる複雑な実相に照らして、その割り切りのよさに躊躇を覚える、と批判する。ここで問題となっているのは、任意性に関する事実の認定である。木谷は事実認定に対する訴訟の制度的手続的限界から、「疑わしきは被告人の利益に」の原則を厳格に適用し、任意性の挙証責任は取調官側にあるとする。これに対して、石井は、「複雑な実相」、「割り切りのよさ」をもち出す。これは、絶対的な真実が訴訟外に当初から存在し、それは「発見できる、だから発見しなければならない[40]」、通常の裁判官はその捜査の実体、「複雑な実相」を直感を働かせて見極めている、ことを含意していよう。[42] しかしここにも、結論を先取りする予断偏見、有罪の推定といった問題が潜んでいる。(3) 自白の信用性の判断方法についても同様である。上述した直感的な印象を重視する判断方法（大筋論・大筋論）と、分析的・客観的判断方法があり、後者が正しいとの木谷の主張に対し、石井は、もともと二つの判断方法はいずれかの一方が正しいというほど絶対的なものではないと主張する。この点に関しても、供述調書の限界性（不十分さ）を木谷は問題にする。石井は直感的印象による判断を肯定的に評価する。これは、自白調書の危険性を直感により超えて、絶対的事実を発見することを意味する。ここにも、(2)と同様な批判が当てはまる。

以上のように、裁判官の訴訟観・事実観によって、自白の信用性判断も大きく影響を受けることになろう。社会秩序維持に軸足をおく裁判官が多数を占め、木谷のような考え方が少数派であるなら、[43] 注意則による事実認定の適正化には極めて困難を伴うことになる。

五　注意則研究の理論・学説への影響

注意則の研究により導かれる客観的・分析的判断方法は正しい方向性をもつ。だが、注意則をただ裁判官の自由心証に委ねるならば、「事実認定の適正化」には限界がある。三人の研究も捜査の可視化を含め様々な提案を行っている。このような認識から、事実認定をブラックボックスのなかで主観的で直感的なものとし、コントロールを不可能にしている自由心証主義（の抑制）からではなく、むしろ証拠による事実認定を判断者に義務づけた証拠裁判主義から、事実認定を捉える枠組みが提案されている。すなわち、白取祐司は「適正な事実認定」との概念を提唱し、それは「疑わしきは被告人の利益に」の原則を基本とし、適正な証拠能力ある証拠のみに基づき、証拠評価を、注意則・経験則に従って客観的・分析的に行う認定方法である、とする。[44] 同様の観点から、川崎英明は、「事実認定の適正化」を実現するために、再審において発展をみた証拠構造論を通常手続における事実認定に活用することを提案し、被告人側の防禦活動は、検察官が明示した訴因事実を支える証拠構造を崩壊ないし動揺させることである、[45] と主張する。ここには、証拠能力をめぐる手続の適正化を前提に、注意則を用いて事実認定過程を客観化・可視化し、事実認定を事後的に審査可能とするだけではなく、事実認定過程の手続をも客観化・可視化し、裁判官に委ねるのではなく、訴訟の担い手としての弁護側から統制可能とすることにより、事実認定を適正化しようとの意図がうかがえる。[46] ここに注意則研究が理論・学説に与えた影響を看取することができる。もっとも、注意則を用いることの理論的枠組みを推進するにしても、注意則が精密でない限り有用性をもたないし、先に指摘したように様々な限界のあることも忘れてはならない。今後の注意則研究の方向性として、実務における事実認定の適正化が停滞し、精密な注意則の抽出が望めないなら、心理学などの隣接諸科学との連携し、裁判官だけではなく当事者を名宛人とする研究が必要との指摘[47]があることも銘記すべきであろう[48]。

（1）木谷明元判事は、これまでの執筆論文を所収した『刑事裁判の心〔新版〕――事実認定適正化の方策』を公刊されたが、これに対して、石井一正元判事はそのブック・レビュー（判例タイムズ一一四四号〔二〇〇四年〕四二頁以下）のなかで疑問を呈し、批判した。これを承けて、木谷元判事は反論を著された（判例タイムズ一一五一号〔二〇〇四年〕一八頁以下）、さらに木谷明『事実認定の適正化――続・刑事裁判の心』（法律文化社、二〇〇五年）三頁以下）。この詳細については後述する。

（2）守屋は、「真実性」の言葉を、被告人と犯人の同一性に対する信用性の尺度という意味で、「信用性」よりもやや狭い意味をもたせる（守屋克彦『自白の分析と評価』二四四頁）。

（3）各表題はそれぞれの著書の目次の中に示されたものである。

（4）座談会「刑事裁判は甦るか――最近の無罪判決の意味するもの」法学セミナー四四一号（一九九一年）二四頁以下。さらに、無罪率の上昇を含め、この特集の概観・総括をする「無罪事例の意義とこれからの課題」を所収した川崎英明『刑事再審と証拠構造論の展開』（日本評論社、二〇〇三年）一八八頁、二〇五頁参照。

（5）川崎『前掲書』一九〇頁。この「事実認定の適正化」には、自白の信用性評価だけではなく、自白の任意性、共犯者の自白の信用性、犯人識別供述の信用性、情況証拠による認定もかかわっている。

（6）木谷明『刑事裁判の心〔新版〕――事実認定適正化の方策』一九二頁。この詳細については、木谷『前掲書』一八四頁以下参照。鹿児島夫婦殺し事件最高裁判決（最一小判昭和五七・一・二八刑集三六巻一号六七頁）がその後の実務に重大な影響を及ぼした（木谷『前掲書』一九三頁）。

（7）守屋は、現行刑訴法施行以来公刊された判例集に登載され、自白調書の真実性に疑いが挟まれた各審級の裁判例を研究対象とする。木谷は、犯行と被告人の結びつきについて詳細な職権判断を示した最高裁判所判例を対象とし、自白の信用性の判断方法については、自白調書を問題としている。渡部は、自白の信用性につき、多数の裁判例・上告趣意・弁論集さらには内外の事実認定研究書も参考にしている。

（8）前掲 座談会「刑事裁判は甦るか」二八頁上田国広発言。

(9) 川崎『前掲書』一八八頁、二〇六頁。
(10) この詳細については、川崎『前掲書』二〇三頁以下参照。
(11) 川崎『前掲書』二〇七頁、二一〇頁以下。「手続の適正化」を、たとえば川崎は、「実体判断としての事実認定の内容的適正化を担保できるような手続的統制のあり方」としている（川崎『前掲書』二一八頁）。
(12) 以下では、現実の捜査・裁判慣行との関係で、とりわけ自白調書に焦点を当てて論述を行っている守屋、木谷を中心に見ていきたい。渡部も捜査・調書の問題について言及している（たとえば、渡部保夫『無罪の発見』一八頁、二九頁など）。
(13) 守屋克彦『自白の分析と評価』二四頁。
(14) 守屋克彦『前掲書』一四九頁、木谷『前掲書』六二頁。
(15) 木谷は、この取調べ受忍義務を明確に肯定する（木谷『刑事裁判の心［新版］』一九頁）。守屋の任意性と取調べ受忍義務との関係をめぐっては、後藤昭・守屋克彦「守屋克彦『取調べに関する事実認定と自白の任意性』」（現代刑事法学の視点）法律時報六〇巻一二号（一九八八年）一三四頁以下参照。
(16) 守屋『前掲書』一三〇頁以下。木谷『前掲書』七二頁、二二六頁以下。
(17) 守屋『前掲書』一四頁
(18) 守屋『前掲書』三三三頁。
(19) 守屋『前掲書』三七頁。
(20) 守屋『前掲書』一五二頁、三四二頁以下。後藤・守屋「前掲」参照。
(21) 木谷『前掲書』四九頁、五九頁。渡部も、取調べの可視化について、被疑者尋問の際のテープ録音制度の導入を提案している（渡部『前掲書』三五七頁以下）。
(22) 木谷『前掲書』二一頁。木谷は、「手続的に実務から大きく離れないで、それより少しだけ先を行く」と述べる（木谷『前掲書』二〇頁）。
(23) 守屋『前掲書』三三二頁。
(24) 川崎『前掲書』二一六頁は、注意則に基づく分析的客観的判断方法に立脚する裁判例を、一面では、事実認定の「緻密化」あるいは「精密化」の動きとして捉えることができる、とする。
(25) たとえば、荒木伸治「自白調書の信用性」光藤景皎編『事実誤認と救済』（成文堂、一九九七年）三七頁以下参照。ここにも、証拠開示などの改善による、手続適正化の必要性が示されている。

(26)　この点について、吉永祐介「検察の当面の課題について」研修五五六号（一九九四年）一一頁は、「自白は公判では取り消される可能性がある。そのことを常に念頭に置いて、取り消された場合でも、自白に任意性や信用性がある事を裁判官に納得して貰えるにたる証拠を十分に収集しておくことが捜査の鉄則である」と述べている。守屋も「一人裁判官の心証の取り方の基準を提供するだけでなく、そのような心証の取り方を予測して、攻撃防御の方法を講じようとする当事者の立証活動の目標を与えることにもなる筈である」とする（守屋『前掲書』三三四頁）。

(27)　座談会「刑事訴訟法の現実とその問題点」ジュリスト一一四八号（一九九九年）一三八頁。同様な指摘として、川崎『前掲書』二〇六頁参照。

(28)　前掲座談会「刑事訴訟法の現実とその問題点」一三八頁以下。木谷も、判例を通観して、「自白内容の不自然・不合理」という基準による自白の信用性判断も、近時次第に厳格なものになりつつある、と指摘する（木谷『前掲書』二二一頁）。

(29)　木谷『前掲書』一四六頁。

(30)　守屋『前掲書』二三九頁。もっとも、守屋の研究は、「秘密の暴露」は別として、実践的意義から、どのような自白調書が信用できないかという「消極的基準」を意識的に追求している点に特徴がある。渡部は、それぞれの信用性の判断基準に関して、信用性は「低いであろう」、「高いであろう」というように信用性判断の一事由として基準を用いる（たとえば、渡部『前掲書』一一三頁以下）。

(31)　前掲座談会「刑事裁判は甦るか」二八頁以下神山啓史発言。

(32)　中川孝博「自白調書の信用性評価に関する試論」村井敏邦編『刑事司法と心理学――法と心理学の新たな地平線を求めて』（日本評論社、二〇〇五年）一五一頁（中川孝博『刑事裁判・少年審判における事実認定』（現代人文社、二〇〇八年）に所収）。中川は、精密な注意則が呈示されず、注意則研究は停滞しているとし、その原因の一つとして、従来の研究がその対象を事実認定適正化の動きが停滞している実務（裁判例）に求めているからと指摘する（中川「前掲」一五二頁）。

(33)　木谷『前掲書』一四六頁以下。

(34)　石井一正「ブック・レビュー　木谷明著『刑事裁判の心――事実認定適正化の方策』」判例タイムズ一一四四号（二〇〇四年）四四頁。

(35)　木谷『事実認定の適正化』一一頁。

(36) 木谷『刑事裁判の心』はしがきV頁以下。

(37) 事実観に関する最近の研究として、豊崎七絵「刑事訴訟における事実観（一）（二）」法学六四号五号、六号をはじめとする一連の研究がある。とりわけ、以下の論述との関係では、法学六四巻五号六〇頁以下参照（豊崎七絵『刑事訴訟における事実観』〔日本評論社、二〇〇六年〕に所収）。

(38) 石井一正「わが国刑事司法の特色とその功罪」司法研修所論集創立四〇周年記念特集号（一九八七年）三一八頁。

(39) 石井「ブック・レビュー　木谷明著『刑事裁判の心』」判例タイムズ一一四四号四四頁。木谷『事実認定の適正化』一八頁。しかし、石井も認めるように、「疑いの合理性」は、「事実認定者の素質・能力、歩んできた歴史・経験等によって結論が異なりうる」（石井「前掲」四四頁）という現実を前提にする必要がある。「合理的疑い」に関する最近の研究として、中川孝博『合理的疑いを超えた証明――刑事裁判における証明基準の機能』（現代人文社、二〇〇三年）がある。そのなかで、中川は「合理的疑い」とは「証拠を適正に検討した結果残る個人的疑い」（二七九頁）としている。

(40) 石井一正「刑事裁判における事実認定について」判例タイムズ一〇八九号（二〇〇二年）三六頁。

(41) 石井「前掲」三三頁。

(42) 髙野隆「BOOK REVIEW『木谷明著　刑事裁判の心〔新版〕――事実認定適正化の方策』」自由と正義五五巻一一号（二〇〇四年）九七頁も、このような考え方が直感や実務感覚を大切にする、と指摘する。

(43) 木谷『事実認定の適正化』四頁以下。

(44) 白取祐司「自由心証主義の反省――適正な事実認定のための試論」光藤景皎編『事実誤認と救済』二一頁（白取祐司『刑事訴訟法の理論と実務』〔日本評論社、二〇一二年〕に所収）。

(45) 川崎『前掲書』二一八頁、二二二頁以下。

(46) 川崎『前掲書』二二四頁。

(47) 中川「前掲」一五四頁以下。

(48) もっとも、注意則についての理解が裁判所になお稀薄であるとするなら、弁護人側からの説得もいまだ有効であろう（川崎『前掲書』二一二頁）。

第四節　冤罪からみた刑事手続の問題点——事実認定のあるべき姿——

一　はじめに

従来から誤判原因として、自白偏重、被疑者・参考人の取調べ、鑑定、鑑定を含む客観的証拠と自白との関係（寄りかかり証拠）の問題や被疑者・被告人に対する捜査官・裁判官の予断・偏見が指摘されてきた。[1] これらの誤判原因との関係で、以下では「事実認定のあるべき姿」について、最終的な証拠評価に至る事実認定過程を可能な限り手続に乗せ可視化する、すなわちブラックボックスにしない方策を検討し、さらには「合理的な疑い」について若干の考察を行うこととする。

二　長坂町放火事件最高裁判決（最一判昭和四八年一二月一三日）

いわゆる長坂町放火事件最高裁判決[2]は、「刑事裁判において『犯罪の証明がある』ということは『高度の蓋然性』が認められる場合をいうものと解される。しかし、『蓋然性』は、反対事実の存在の可能性を否定するものではないのであるから、思考上の単なる蓋然性に安住するならば、思わぬ誤判におちいる危険のあることに戒心しなければならない。したがって、右にいう『高度の蓋然性』とは、反対事実の存在の可能性を許さないほどの確実性を志向したうえでの『犯罪の証明は十分』であるという確信的な判断に基づくものでなければならない」と判示する。

ここには、誤判を回避するために事実認定をめぐって、ブラックボックス化を回避し、心証形成過程を可能な限り適正化・可視化するためのあるべきプロセスが示されているといえる。すなわち、最終的な有罪事実の認定をめぐり、「反対事実の存在の可能性を許さないほどの確実性を志向したうえでの『犯罪の証明は十分』」との判示は、蓋然性という限り反対事実存在の可能性（解釈）は残るとしても、それを安易に切り捨てるのではなく、無罪方向の反対事実の可能性はないのか、そのような可能性を払拭できるのかと、確実性を志向し、確信的判断（確信）へと至る事実認定の手続、すなわち心証形成のプロセスが必要であることを意味する。この証拠評価・心証形成のプロセスを欠く場合、それは合理性を欠くことになる。この判例は、誤判回避・事実認定のためにこの心証形成手続を要求しているといえよう。また、このプロセスを最終的な有罪事実の認定（総合評価）についてだけではなく、以下のように個々の間接事実の認定にも要求している。

これに続けて、本判決は、被告人の犯人性に関わる間接事実をめぐり、いかなる場合に、無罪方向の反対事実（消極的間接事実）の可能性（いわゆる「合理的疑い」）が認められるかを具体的に示している。たとえば、被告人と犯行の結びつきに関連して、放火犯が内部犯行であることの間接事実としての密室性＝戸締まりがすべてなされていたことについて、検察側がこれを立証していることを前提に、本判決は、「一本引き戸は、開閉するとがたがた音がし、……同所から侵入することは容易ではないとはいえ、『全く』その可能性がないわけではない」とか、ガラス戸戸締まり用の心張り棒について、「それは強固なものではなく、……外部から戸を開けようとして力を入れると外れ落ちる可能性があることを考慮にいれるときは……外部の者が『絶対に』侵入できないと断定することは出来ない」（強調『　』は筆者）とし、間接事実には反対解釈・事実の可能性があると判示した。ここには、最高裁が反対事実の存在の可能性を否定することに関して極めて厳格であることが示されている。

さらに、「この理は、本件の場合のように、もっぱら情況証拠による間接事実から推論して、犯罪事実を認定する場合においては、より一層強調されなければならない」としており、直接証拠による事実認定と情況証拠による事実認定は同様であることが前提になっている（後述の最決平成一九・一〇・一六と同旨）。

これは、主要事実を直接立証する直接証拠、たとえば自白の証拠評価についても、長坂町放火事件で問題となった間接事実による立証と同様に、すなわち自白の信用性が問題となる場合も、同様な証拠評価のプロセスが必要であることを意味しよう。たとえ、自白に信用できる高度の蓋然性があったとしても、その主要事実（被告人の犯人性）に無罪方向での反対事実の可能性がないのか、それを払拭できるのか検討し、確実性を志向し、確信的判断（確信）へと至る事実認定のプロセスが必要となる。

三　刑事裁判における事実認定のあり方

この関係で、登場するものの一つとして、自白の信用性を客観的・可視的に判断する際のいわゆる注意則がある。[3]自白やその他の供述を評価する場合の間接事実は、経験に基づいて抽出された注意則の中で指摘された検討すべき事実である。この注意則の内容として「自白が客観的証拠と整合性を持っているかどうか」（あるいは変遷）を検討すべきとすれば、先の最高裁判例が指摘するように、この点をめぐって、注意則を用いて、無罪方向（信用性否定）の反対事実の可能性すなわち自白内容と不整合な（消極的間接）事実の存在、その可能性はないのか、そのような可能性を払拭できるのかについて、確実性を志向する手続が必要となる。

事実認定において無罪方向の反対事実の可能性を探るプロセスの契機について、長坂町放火事件で、裁判官が反対事実の可能性（疑問）が存在すると判断した、「一本引き戸は、開閉するとがたがた音がし」とか「ガラス戸戸締まり用の心張り棒について、それは強固なものではない」といった事実について、あるいは個別の注意則から問題とされる具体的事実を呈示しての「疑い」について、当事者主義の観点からは、まず弁護側が問題提起する必要があろう。ただ、この最高裁が指摘した事実認定におけるプロセスは裁判所・裁判官（判断者）に向けられたものであり、裁判官は当事者の主張を超えて、反対事実の存在の可能性を許さないほどの確実性を志向しなければならない。また、有罪認定が、最終的に「被告人が犯人に間違いない（犯罪の証明は十分）」との確信的判断（確信）であるとするならば、判断者が反対事実の存在（解釈）の可能性があると考えたすべての点について、このプロセスを経る必要があろう。また、裁判員制度の下においても、評議の中でその手続としてこれら（反対事実の可能性）を当然に検討する必要があり、この手続を担保し可視化するためには、有罪認定について、この手続を経ていること・その内容をその理由中で具体的に示す必要がある。

長坂町放火事件では、原判決が行った諸々の間接事実（前出家屋の戸締まり、放火の場所、材料、方法、その他の動機、犯人と疑うべき事情など）からの総合的な証明（評価）について、それは「（被告人が争わない間接事実をそのままうけいれるとしても、）証明力が薄いかまたは十分でない情況証拠を量的に積み重ねるだけであって、それによって証明力が質的に増大するものではないのであるから、……推断の過程には合理性を欠く」と最高裁はのべ、各間接事実について「疑問点を解明することなく、前記各事実を総合して、……（被告人を放火犯にとした）原審の判断は支持しがたい」としている。ここには、そもそも存在自体に疑いの残るあるいはたとえ存在自体は肯定できても証明力（推認力）の弱い、すなわち反対事実の存在（解釈）の可能性がある間接事実を総合評価に加えてはならないという手続、もう一つのプロセスが要求されている。事実認定過程をブラックボックスに入れて「有罪認定に都合のよい一面を選りだして、消極的可能性（解釈）を持つ他の一面を切り捨て、有罪認定とは矛盾する可能性の高い情況証拠を正当に評価するという視点が不充分になり[4]」、「あわせて一本」という直感的・印象的判断を可能とする、いわゆる「心証のなだれ現象[5]」を回避するために不可欠な手続として、このプロセスは位置付けられねばならない。

たとえば誤判・冤罪事件にみられる自白とDNA鑑定やその他の客観的証拠による事実認定にはこのプロセスが厳格に要求されるべきであった。足利事件[6]が、自白とDNA鑑定とが安易な相互寄りかかりによった有罪認定であったとするなら、それぞれ誤っているあるいは不充分な問題のある両証拠を総合評価して事実認定をしたところにその原因を求めることができる。この事実認定においては、個々の自白や鑑定について、それぞれ独立して、まずその信用性と証明力（推認力）を検討し、最終的にはこの二つを総合評価に参加させるべきではなかったことになろう。たとえば、DNA鑑定について、たとえ自然的関連性は認めるにしても、具体的な鑑定の実施方法やその推認力（射程）は慎重に検討する必要があったと思われる。

四　「合理的疑い」の判断

いかなる場合に、無罪方向の反対事実（消極的間接事実、解釈）の可能性、すなわち「合理的疑い」が認められるかについて、最終的には判断者（裁判官・裁判員）が自由心証により確信的判断に至るか否かによらざるを得ない。この点をめぐって、最一決平成一九・一〇・一六[7]は、「合理的な疑いを差し挟む余地がないというのは、反対事実が存在する疑いを全く残さない場合をいうものではなく、抽象的な可能性としては反対事実が存在するとの疑いをいれる余地があっても、健全な社会常識に照らして、その疑いに合理性がないと一般的に判断される場合には有罪認定を可能とする趣旨である」と判示した。長坂町放火事件最高裁判決との関係において、いずれも有罪認定に「抽象的な可能性としては反対事実が存在するとの疑いをいれる余地がある」とする点では同様で、先に示した認定プロセスの重要性について言及していないが、この限りで両者は矛盾するものではない。ただ、一九年決定は、「抽象的疑い」か「合理的疑い」かの判断について、「健全な社会常識に照らして」これを判断するとした点に新規性がある。この点、裁判員制度が導入され、その意義が「裁判内容に国民の健全な社会常識を一層反映させるため」であるとするなら、この決定でいう「健全な社会常識」を個々の裁判官・裁判員が裁判・事実認定の主体として当然に持ち合わせている・発揮できることを前提とすべきである。事実審理・評議のなかで前述の事実認定・心証形成のプロセスを経た上で、最終的に判断者に個人的に疑いが残り、確信的判断に至らないならば、その「疑い」を「合理的な疑い」と考えるべきである(8)。

もっとも、最終的に「合理的な疑い」の有無を判断する主体の「健全な社会常識」といっても幅のある概念であり、心証形成プロセスへの態度・対応もそれぞれの判断者によって相違する。あらゆる階層から選ばれた裁判員は、たとえ明確に意識していようがいまいが、訴訟観、事実観、刑罰観などはそれぞれ異なるといえよう。国民の「健全な社会常識」は「疑わしきは被告人の利益に」、「無罪推定原則」、「無辜の不処罰理念」についての理解の相違からも生じる。しかし、この問題をめぐって裁判官の間でも対立・論争は生じている(9)（木谷・石井論争参照）。たとえば、長坂町放火事件最高裁判決の同じ判示のなかにさえこの対立を読み取ることができる。すなわち、「疑わしきは被告人の利益に」の原則について、一方では、この「原則は、刑事裁判における鉄則であることはいうまでもないが、事実認定の困難な問題の解決について、決断力を欠き安易な懐疑に逃避するようなことがあれば、それは、この原則の濫用であるといわなければならない。……けだし、情況証拠によって要証事実を推断する場合に、いささか疑惑が残るとして犯罪の証明がないとするならば、情況証拠による犯罪事実の認定は、およそ、不可能といわなければならないからである」と判示している。この言辞と先に示した、思考上の単なる蓋然性に安住することなく慎重に反対事実の可能性を検討するといったプロセスの必要性の指摘は厳密に言えば矛盾するものではないかもしれない。しかし、ここには「疑わしきは被告人の利益に」の原則をめぐる裁判官の法意識の違いが端的に現れている。すなわち、木谷元判事が指摘するように、社会秩序維持に軸足を置き、（直感を働かせででも）常に真犯人（真実）を発見し判別できることを前提に、犯人を処罰するために「合理的な疑い」をできるだけ狭く採ろうとし「強気の認定」をする立場と、常に必ず真犯人を判別できるわけではない（曖昧な部分が残る）とし、無辜の不処罰の立場から「合理的な疑い」を慎重に検討し、それをやや広めに採るいわゆる「弱気の（慎重な）認定」をする立場との対立である。[10]前者は、予断と偏見を持って直感的に結論を先取りし、犯人必罰、有罪の推定へとつながるもので、決して認めるべきではない。[11]現行法は、憲法を中心に被疑者・被告人の人権を厚く保障し、人権侵害の最たる冤罪の防止を目論んでいる。この点からも長坂町放火事件最高裁判決が指摘した分析的な事実認定のプロセスの先例性を認め、これを手続問題として捉え、適正な事実認定・誤判回避を目指すべきである。このプロセスを導入した審理・評議の中で、訴訟観、事実観、刑罰観をめぐる裁判員の「健全な社会常識」も認識・形成されてゆくべきであろう。もっとも木谷元判事が指摘するように、刑事裁判官の中で無辜の不処罰にたつ裁判官が現在、少数派であるとするならば、[12]ロースクールでの教育においてこの立場にたつ法曹を育てることも緊急の課題となる。

（1）　誤判原因についての網羅的な研究として、さしあたり、日本弁護士連合会人権擁護委員会編『誤判原因の実証的研究』（現代人文社、一九九八年）を参照。

（2）　最一小判昭和四八・一二・一三判例時報七二五号一〇四頁。

（3）　注意則をめぐっては、渡部保夫『無罪の発見――証拠の分析と判断基準』（勁草書房、一九九二年）、守屋克彦『自白の分析と評価――自白調書の信用性の研究』（勁草書房、一九八八年）、木谷明『刑事裁判の心［新版］――事実認定適正化の方策』（法律文化社、二〇〇四年）等がある。これらの注意則研究について論じるものとして、平田元「事実認定の理論と裁判実務――自白の注意則研究を中心に」法律時報七七巻一一号二四頁（二〇〇五年）［本書第三章第三節］、古賀康紀・舟木誠一郎「刑事弁護と事実認定」法律時報七七巻一一号三〇頁（二〇〇五年）、中川孝博『刑事裁判・少年審判における事実認定――証拠評価をめぐるコミュニケーションの適正化』（現代人文社、二〇〇八年）等がある。

（4）東京高判平成一〇・七・一判例時報一六五五号三頁参照。いわゆるロス疑惑・銃撃事件控訴審判決である。そこでは、たとえば犯人性といった中核となる要証事実を認定するためには、とりわけ質の高い一義性を有する情況証拠による立証が不可欠であると判示している。この点、最三小判平成二二・四・二七刑集六四巻三号二三三頁の「情況証拠によって認められる間接事実中に、被告人が犯人でないとしたならば合理的に説明できない（あるいは、少なくとも説明が極めて困難である事実関係が含まれていることを要する」との判示につながるものといえよう。この最高裁二二年判決について、たとえば、豊崎七絵「最高裁判例に観る情況証拠論――情況証拠による刑事事実認定論（三）」法政研究七八巻三号（二〇一一年）七〇九頁、同「媒介事実の発見とその証明準則――情況証拠による刑事事実認定論（四）」美奈川成章先生・上田國廣先生古稀祝賀記念論文集『刑事弁護の原理と実践』（現代人文社、二〇一六年）二六六頁参照。

（5）「心証のなだれ現象」について、秋山賢三「『なだれ現象』と証拠構造論」庭山英雄先生古稀祝賀記念論文集『民衆司法と刑事法学』（現代人文社、一九九九年）三一三頁参照。

（6）足利事件について、再審開始決定については東京高決平成二一・六・二三判例タイムズ一三〇三号（二〇〇九年）九〇頁、再審公判無罪判決については宇都宮地判平成二二・三・二六判例時報二〇八四号一五七頁を参照。

（7）最一小決平成一九・一〇・一六刑集六一巻七号六七七頁。

（8）村井敏邦「刑事裁判における証明基準の憲法的基礎」杉原泰雄教授退官記念論文集『主権と自由の現代的課題』（勁草書房、一九九四年）三一四頁は、「起訴事実に対して提示された疑いが払拭されて、もはや反対事実の存在の可能性がないと確信する程度に心証が達した場合に、はじめて『合理的疑いを越えた』有罪証明がなされたということになる。『合理的な』という語に、特別な意味を付与すべきではない」とする。

（9）木谷・石井論争について、木谷明『刑事裁判の心〔新版〕――事実認定適正化の方策』（法律文化社、二〇〇四年）、石井一正「ブック・レビュー木谷明著『刑事裁判の心――事実認定適正化の方策』」判例タイムズ一一四四号（二〇〇四年）四四頁参照。さらにこの論争を契機とする、前出註（3）法律時報七七巻一一号「特集・変革期の刑事裁判と事実認定」掲載の諸論考を参照。

（10）木谷『前掲書』はしがきvi頁。

（11）平田「前掲」二七頁〔本書一九四頁〕参照。

（12）木谷明『事実認定の適正化――続・刑事裁判の心』（法律文化社、二〇〇五年）四頁以下。

第五節　ドイツにおける目撃証人の取り扱い

世界最初の本格的総合的な誤判研究を生んだドイツにおいても、誤判原因としての目撃証言の問題性は、繰り返し指摘されてきた。そこで本稿では、まず誤判研究に現れた目撃証言の問題を振り返り、つぎに目撃証言をめぐる法的問題ならびにその裁判実務の現状を紹介し、この問題がそれぞれどのように取り扱われ、どのように供述心理学とかかわってきたのかを、探る。さらに、ドイツにおける目撃供述をめぐる供述心理学研究の状況についても検討を加えていきたい(1)。

一　誤判研究に現れた目撃証言

ドイツにおける最初の総合的誤判研究の試みと評しうるゼロの『刑事司法の過誤とその原因』（M. Sello, Die Irrtümer der Strafjustiz und ihre Ursachen Bd. 1, 1911）においてすでに誤った目撃証言が誤判原因として指摘されている(2)。そこには、一例として、一八九九年に起きた殺人事件について、観察者が犯人を六七六メートル離れた距離から目撃した供述を信用したことが主たる誤判原因としてあげられている（ヒルスナー［Hilsner］事件(3)）。このようにドイツにおいて二〇世紀の早い時期から目撃証言の問題性が誤判研究の中に現れている。ゼロはこの研究の第一巻では事件の叙述のみを行い、体系的かつ詳細に誤判原因を分析することを第二巻で予定していたが(4)、彼の死により不可能となった。

とりわけ、目撃証言との関係で、無意識的な誤判原因を中心に追究した研究として一九一四年に公刊された、へルヴィッヒの「司法過誤」（A. Hellwig, Justizirrtümer, 1914）がある。彼は、当時隆盛となった供述心理学によりつつ[5]、供述には知覚、記憶について供述者の能力が必要で、犯行に関する証言にはほとんど例外なくそこここに誤りがあることを指摘し[6]、裁判官の供述心理学への精通の必要性を説いている。この点において、ヘルヴィッヒの研究を目撃証言の危険性について早くもこの時期に提起した画期的な研究と位置づけることができよう[7]。

その後、誤判原因としての目撃証言の問題をもふくむ、ゼロのなし得なかった総合的誤判研究は一九六〇年にヒルシュベルクによって成し遂げられた。それは『刑事訴訟における誤判――判決の病理学のために』（M. Hirschberg, Das Fehlurteil im Strafprozeß–Zur Pathologie der Rechtsprechung, 1960）[8]である。この中で、ヒルシュベルクは最重要誤判原因の一つとして、間違いの犯人識別をあげている[9]。そして、誤った犯人識別に基づく誤判を回避するために、次のような要求をしている。① 犯人識別供述がたとえ多くの証人によってなされても、ただその供述のみで完全な有罪証拠とみないこと。② 裁判官はこのような事例のすべてにおいて、証人の見解の基礎となる個々の詳細な事実の供述を求めること。③ 被告人に彼の前歴、性格、事件の状況からして、当該犯行に充分な疑いがあるかどうか調査すること。④ 証人の視力、観察距離、照明度、観察時間を正確に検証すること[10]。

ヒルシュベルクの研究は、意識的な嘘ばかりではなく善意ではあるが間違っている供述もともに最も重要な誤判原因の一つであることを指摘し、総合的に誤判研究を進めた点、ヘルヴィッヒらに比べ、前進した点である。また、間違った犯人識別供述について、誤判回避手段として上述のような注意項目をあげ、証人が真実を述べようとしているかだけではなく、証人が真実を述べることができるかについて、検討する必要性を指摘した点[11]、誤判研究への供述心理学、犯罪心理学のよりいっそうの影響がうかがえる[12]。

ヒルシュベルクの研究に刺激をうけ、「調査分析対象の範囲について、場所的・時期的に特定範囲に限定した上で、まずもってその対象についての資料を最大限収集[13]」し、誤判研究に実証的アプローチをするものとして、ペータースの『刑事訴訟における誤判源——ドイツ連邦共和国における再審の研究——第一巻（事実編）、第二巻（理論編）、第三巻（法律編）』（K. Peters, Fehlerquellen im Strafprozeß : Eine Untersuchung der Wiederaufnahmeverfahren in den Bundesrepublik Deutschland 1. Bd., 1970, 2. Bd., 1972, 3. Bd., 1974）が刊行された。研究対象とされた一一〇〇件を超える事件のうち、誤判原因としての間違った犯人識別事件は、四〇件以上あった[14]。そのほかに、たとえば人証に関して、ペータースは誤判原因として意識的な虚偽証言のほか、児童・少年の証言の信用性評価の問題等についても、言及している。

ペータースは間違った犯人識別に関して、供述の四段階、知覚、記憶、想起、再現それぞれに誤りの入り込みうることを指摘した。たとえば、暗示の影響、証人のコンディション、混同、転移、抑圧等の問題を提起し、知覚状況・観察能力審査ならびに尋問方法の重要性、証人グループ（生物学的タイプ、職業的タイプ、倫理的タイプ）の構築によるグループごとの危険の回避模索の必要性等を説く[15]。また、面通しにおける警察による暗示の危険性についても言及し、さらに、不快な行為をうけた被害者の識別供述の確実性は高いが、しかしこのことは強姦被害者にはあてはまらないこと、等々指摘している[16][17]。ペータースの研究における間違った目撃証言の取り扱いは、これまでの誤判研究をさらに受け継ぐかたちで行われた。しかも、ペータースの研究では、供述心理学上の知識・用語が従来の研究以上に誤判原因の分析・探求に用いられており、供述心理学の誤判研究への影響が存在する。他方でまた、ペータースは、たとえば、前出の証人グループごとの特徴を捉え、尋問、供述評価に役立てる必要性を提起しており、誤判研究が供述心理学に対し一定の研究を促している。ここに両者の相互的な影響を看て取ることができる。

以上、ドイツの誤判研究の歴史における、目撃証言の問題性、（意識的な虚偽証言と並んで）とりわけ無意識的な間違い証言のそれが、供述心理学の影響をもうけて、明らかとなり、主要な誤判原因とみなされるに至った過程を振返った。本稿のテーマであるドイツにおける目撃証言の取り扱いの現状を検討するには、次に供述心理学において どのような研究がなされているかを示す必要があろう。だが、その前に以下では、ドイツにおいて目撃証言・識別が刑事訴訟法・裁判実務上どのように取り扱われているのか示す。これは、供述心理学がこれまで裁判実務にどのような影響を与えているかを探り、さらに供述心理学の成果を今後活かすにしても、目撃証言・識別が法的にどのように取り扱われているか、扱われるべきかを、まず踏まえる必要があるからである。

二　目撃証言・識別の法的問題

目撃（識別）証人の出頭・供述義務も証人の一般的規定にしたがう。証人にとって証言さらには他の証人又は被疑者との対質（面通し）は尋問の構成要素である（ドイツ刑事訴訟法第五八条一・二項、以下、「刑訴法」と略す）[18]。すなわち、証人には、裁判所・検察への出頭義務、真実義務、被疑者との対質義務があるが、それ以上の協力義務はない[19]、ことになる。

これに対して、被疑者にとってその意思に反する対質（面通し）には法的根拠が必要である。この点について前出の刑訴法五八条二項の事前手続での「他の証人又は被疑者との対質」がこれを許容していると表面的には考えられる。しかし、この対質とは相対立する両者のやりとりの形での尋問を意味する。したがって、法的根拠として、刑訴法八一条a（身体検査、血液検査）あるいは八一条b（写真および指紋）が持ち出される[20]。だが、この主張も、両規定はただ間接的にのみ適用しうるとの見解にとどまる。それは、これらの処置は面通し（対質）と類似するが異なったものと考えられるからである。そこで、たとえばグリュンバルト（Grünwald）は、基本法（Grundgesetz）二条二項との関係で、被疑者の意思に反した面通しのための充分な法的根拠が存在しない、と主張している。[21] しかし、判例、多数説はこの面通しを自明のものとしている。たとえば、BGH, Urt. v. 20.07.1970 1 StR 653/70 は刑訴法五八条二項を、クラッツシュ（Kratzsch）、オーデンタール（Odenthal）、NStZ 85, 434 は刑訴法八一条aを、シュリュヒター（Schlüchter）は刑訴法八一条bをそれぞれあげるが、BVerGE 47, 239 とか LG Hamburg, MDR 1985, 72 は八一条aと八一条b両者を同列に並べている。[22] ドイツにおいて、多数説は八一条aによるといわれてもいるが、[23] 以上のように、判例、学説によってもこの面通しの法的根拠は必ずしも自明ではない。[24]

この被疑者の意思に反する強制処分としての面通しの準備のために、嫌疑の程度や犯罪の重大性を考慮したうえで、被疑者の身なりを整え、かつらや眼鏡を付けたり外させることができる。しかし、また、犯行時の証人供述内容と同じ格好を被疑者にさせることは識別を教唆することになろう。判決は、面通しの準備のため、被疑者の髭や髪を剃ることによって容姿を変えることを認めている（BverfGE 47, 239）。しかし、これは被疑者の自由意思を犯し、しかもその外観の変更は単に一時的なものにとどまらず、この許容は比例性の原則から重大な犯罪事実の解明のために裁判官が無条件に必要と考えた場合にのみ限定されるべきとの見解がある。[25] また、ベルリン上級地方裁判所は、苦痛附加によって、しかめ面した被疑者を「普通の」顔をさせるために猿ぐつわを着用することを認めた（KG, NJW 1979, 1668）。これに対しては、面通しの準備、実行において被疑者は尊厳を失わせるような態様で決して取り扱われるべきではないし、自らの有罪方向で積極的に協力することはない、[26] との見解も成り立とう。

刑事訴訟法は事前手続での裁判官・検察官の被疑者尋問には弁護人の立会権を認めている（刑訴法一六八条c一項、一六三条a三項）。[27] これに対し、事前手続での警察官・検察官による被疑者の面通しに関しては、いずれの法的根拠によるとしても、弁護人の立会権は規定されていない。また、実際に先のベルリン上級地方裁判所は、これを否定した。[28] しかし理論的にいえば、刑訴法は一般的に、捜査段階での不充分さを、公判での是正（補完）を前提に認めるものである。この意味において、ひとたび行われたなら公判において繰り返すことが不可能な識別の性格からして、面通しに弁護人の立会権を認めることが刑事訴訟法上論理一貫している、[29] とオーデンタールは主張する。

面通しを公判で決して繰り返すことが出来ないとすれば、識別の証拠価値を裁判所が判断するために、面通しの重要なすべての状況が詳細に調書化されねばならない。これには、面通しに関与したすべての者の氏名、目撃証人が面通しの前さらに最中に語った可能な限りの逐語的な供述内容、面通しの進行が含まれる。検察官、警察官に対するこれらの調書化の義務は刑事手続準則（Nr. 18 Abs 2 RiStBV）や警察官職務規定（PDV 100）にあるが、これらの規定は行政機関の内部的な指示で、この侵害に対して直接的に訴訟上の効果をもちえない。[30] また、これらの記録の補完として、ラインアップに並んだ人たち（グループ）を写した写真を提出することができ（OLG Karlsruhe, NStZ 1983, 378 : OLG Köln, StrVert 1984, 9）、さらに面通しをビデオ録画し、後に法廷で再現することが認められている（BVerfG, NStZ 1983, 84）。

いわゆるマジックミラーを通しての遮蔽面通しが、被疑者と目撃証人との関係（たとえば証人の保護）あるいは捜査戦術等を理由として行われる。とりわけ、単独の遮蔽面通しは、被疑者の了解なしに行われることに問題がないわけではないが、[31] 刑訴法八一条aが許容する、とされる。しかし、当然のこととして、この単独面通しは被疑者が単独あるいはたまたまその場に居合せた者の中で行われ、決して複数面通しにはならない。証人の目は自ずから被疑者に集中することになる。また、整然としたその調書作成も保証されない。したがって、この識別はただ捜査の端緒として利用されるべきである。[32]

面割写真の呈示は警察での捜査において犯人割り出しのために重要な位置を占めている。しかし、写真による識別は面通しによるそれよりも信用性が低く、さらにひとたび行われた写真による面割の証拠価値は面通しによって補強されることはない。写真で識別された者を面通しで再び識別したとしても、それは証人がその者を以前（写真で）見たことを意味するにすぎない（BGH, 1961, 16, 34）。面割写真は、未だ分らない犯人手配のためのきっかけを獲得する場合のほか、被疑者が逃亡したり、犯行後長時間が経過し被疑者の容姿が変った場合等に、例外的に認められるべきである。[33]

識別の証拠価値について、「繰り返される識別は証拠価値をもたない」との命題を審査可能な経験則と上告審はみなしている。[34] したがって、事実審が識別の信用性に対する異議を公判における証人による当該識別追認の印象を理由に拒絶することは、この経験則に違反する。これに関連し、公判での識別に関する詳細な質問も意味をなさない。識別は意識的な虚偽供述ではなく証人の錯誤が問題であり、証人の主観的確実性の程度は客観的な正しさを意味しない。この意味で、裁判所が判決の中で識別を肯定する際、「証人は被告人を『疑いなく（zweifelfrei）』（BGH, StrVert 1981, 55）あるいは『申し分なく（einwandfrei）』（BGHSt 28, 310）あるいは『確実に（mit Sicherheit）』（BGHSt 16, 204）識別した」ことを理由に持ち出すことは不相当である。[35] また目撃証人の犯人叙述と被疑者の容姿との矛盾を裁判所は、調査しなければならないし（BGH, StrVert 1981, 114；1981, 165；1982, 343）、供述内容の変遷を批判的に吟味する必要があり、繰り返しなされたりそれ自身矛盾する識別の証明力は、大幅に減じられる（BGH, StrVert 1981, 55；1981, 114；1987, 49；1987, 50）。[36]

成人の（目撃）証人の信用性評価は裁判所の専権であり、目撃証人の識別に関する鑑定人の召喚は単にそれのみを理由としては認められない。すなわち、この鑑定人の申請に対し、成人の証人の信用性判断に役立つ必要な専門知識を裁判所自らがもつと考えるとき、これを却下できる（刑訴法二四四条四項）。したがって、鑑定人は、信用性判断に関し、証人の証言能力が問題となり、証人の人格や面通しの構成といった識別に影響を及ぼす諸要素をめぐって認められる。この点について、オーデンタールは、この識別の証明力を経験的に審査できる新しい方法を身につけ、鑑定人にふさわしいのは、関連英語文献に習熟し、当該経験的・統計的方法に精通した者のみである、と述べる。[37]

以上の考察から、目撃証言をめぐり、その手続内容の問題が、単に基本法・刑訴法との関係のみならず、この目撃証言の固有な性格によっても、規定されることが判明する。また、判例・学説によって主張される目撃証言の証拠価値に関する識別方法による区別・判断方法も目撃供述をめぐる供述心理学上の研究に多くを依存している。すなわち、供述心理学により、事実認定（目撃証言の信用性評価）の際に検討・注意すべき事項（注意則）さらには事実認定に適用すべき経験則が明らかにされてゆく。

最後に、以下では、この目撃証言をめぐる供述心理学研究の状況が、ドイツにおいてどのようなものかを示すことが課題である。

三　目撃証言の心理学的研究

ドイツにおける目撃証言をめぐる研究[38]に関連して、たとえば、ウンドイッチ（Undeutsch）は一九八四年つぎのように述べた。「証言証拠の評価に携わる心理学的研究はドイツと英語圏諸国とにおいては非常に相違する方途がとられている。ドイツの研究は、第二次世界大戦終結以降、現実性基準の発展、とりわけ叙述の誠実性に向けられてきた。これに対し、英語圏の研究は、真実を述べる強い意思があるにもかかわらず、供述の客観的な内容に誤りのある諸条件にもっぱらかかわってきた。このような観点から経験心理学の手法をともなう研究は人の識別における誤りにも向けられてきた。とりわけこの十年の間にきわめて精力的に行われてきたこの研究の成果は広範囲にわたってドイツでは未だ知られていない」[39]。

本稿冒頭でみた、目撃証言の問題性を論じ誤判研究が参照した心理学研究、二〇世紀前半の、とりわけ証人の被暗示性・再現の可能性をめぐってはじまった供述心理学について、きわめて簡略に示すとき、「全体として刑事司法の現実関係からひどく遊離し、証人供述の全く一面的（否定的）評価に固執するに至った」[40]、とウンドィッチは総括する。このようななか戦後ドイツの供述心理学研究は、より「新しくて信用でき」、「積極的な供述の判断基準」の構築へと向った[41]。

この方向での研究の第一人者はウンドィッチである[42]。彼は供述の信用性判断にとって重要な分析対象として、供述誠実性、動機態、供述の歴史、供述態度、供述内容をあげる。そして、「供述自体は、過去の表現様式と対照されるべき現在の表現様式として決定的な素材をなしている」[43]とし、供述の内容的な分析に圧倒的な重要性をおく。こうして、「供述を、他の認識根拠に頼ることなく、ただ供述内容から、しかも諸基準の助けを借りて、評価する」供述分析の研究がはじまり、この供述心理学の手法がドイツにおいては主流となる。ウンドィッチ以降のドイツにおける供述分析（判断基準）の研究として次のものがある。アーンチェン『証人供述の心理学』（F. Arntzen, Psychologie der Zeugenaussagen, 1. Aufl., 1970, 2. Aufl., 1983）、ベンダー／ナック『裁判所における事実認定』（R. Bender, S. Röder, A. Nack, Tatsachenfeststellung vor Gericht Bd. 1, 1981）、プリューファー『刑事事件における供述評価』（H. Prüfer, Aussagebewertung in Strafsachen, 1986）、ベンダー「供述における基準結合」（Hans-Udo Bender, Merkmalskombinationen in Aussagen, 1987）がこれある[44]。たとえば、ウンドィッチは、供述の信用性を判断する現実性基準として、写実性・現実親近性、具体性・具象性・個性透写、首尾一貫性、心理的な諸事情の叙述、不変性等々をあげている。

この研究方法は、証人が「良心に誓って」真実を供述しようと誠実に努力しているか、虚偽の証言をしようとしていないか、を問題とする。この意味で、間違った証言ではなく意識的な虚偽証言が現実性基準での審査の対象となる。したがって、とりわけベンダー／ナックが強調し指摘したように、この現実性基準の充足は客観的真実を無条件に支持するものではなく、証人の考えている主観的真実と証言内容との一致を保証するもので、錯誤の可能性、証言能力の問題が絶えず残っている。(45)

こうした供述分析研究がドイツにおいて進められた。ドイツで一九六〇年以降とりわけ識別の問題を扱った裁判例が公刊されるようになった。(46) これは、英語圏での研究とともに、むしろ誤判研究、なかでもヒルシュベルクの研究による問題提起の影響が大きいと思われる。このように、誤判研究、誤判研究において問題性が早くから指摘され、研究の必要性も示されていた間違いの犯人識別についての研究は、第二次世界大戦以降たち遅れた、といってよい。以上ドイツの研究状況は**三**の冒頭でのウンドィッチの言葉に象徴的に示されている。また、この目撃証言は内容が通常とぼしく、供述内容の分析には適さない。(47) この意味においても、目撃証言をめぐり、証人が真実を述べる意思がある場合において、誤りうる（それを回避する）状況・要素についての心理学的研究が必要かつ重要である。

ドイツでは一九八〇年代中盤からケーンケン（Köhnken）やシュポーラー（Sporer）が精力的にこの分野の研究に携わっている。(48) 一九九〇年この二人が編者となって『目撃証人による犯人識別』（Identifizierung von Tatverdächtigen durch Augenzeugen）が公刊された。これまでのドイツにおける目撃証言研究の総括ともいえる著書では、「識別に影響を及ぼす諸要素」、「人物叙述」、「顔情報の記憶システム」、「声の識別」、「記憶改善のための技術」、「面通し手続での誤り」、「児童による識別」といったテーマを扱っている。ここでの著者はドイツの研究者のみならず、アメリカ、イギリス、イタリア、カナダの研究者が含まれている。本著の目的は、編者がいうように、国際的に認められた専門家によって犯人識別に関する心理学的研究の現状をドイツの当該研究領域に呈示することであった。(49) この事実さらには二での鑑定人の資格についての指摘が示すように、アメリカ、イギリスの英語圏を中心にとりわけこの十年有余の間に進展したこの研究分野は、ドイツにおいて未だその紹介の段階にあるといえよう。

ドイツにおける目撃証言をめぐる供述心理学研究の課題は、諸外国の研究成果をふまえ、より現実に近い諸状況での実験結果を得ることにより、犯人識別の際、心理学上より重要な諸要素、条件を明らかにし、[50]犯人識別実務、目撃証言の信用性判断において検討・注意すべき事項（注意則）、適用すべき経験則を呈示することである。[51]

（1）これまで、ドイツにおける目撃証言の取り扱いについて紹介した論稿として、たとえば、牧野幹男「ヴェルナー・ネルデケ『面通及び写真による容疑者の同一性確認について』」警察研究五五巻二号（一九八四年）九五頁以下がある。

（2）ゼロを始めとするドイツでの誤判研究の歴史について、平田元「ドイツ誤判研究史」九大法学四七号（一九八四年）一二五頁以下参照。

（3）Sello, Die Irrtümer der Strafjustiz und ihre Ursachen Bd. 1, S. 239f. そのほかに目撃証言が誤判原因となった事例として、ゼロはたとえばフランスで発生したルジュルク［Lesurques］事件（Sello, a.a.O., S. 325）をあげている。なお、ゼロは問題性を強調するために事件を死刑・無期刑の言い渡された事例に限定している。

（4）Sello, a.a.O., S. 8.

（5）ヘルヴィッヒは、当時の供述心理学を概観する文献として、Boden, Die Psychologie der Aussage, Monatsschrift für Kriminalpsychologie, Jhg. IX, S. 668f. をあげている。

（6）Hellwig, Justizirrtümer, S. 39f..

（7）もっとも、ヘルヴィッヒの誤判研究が、意識的な誤判原因、たとえば偽証といったものを、それは比較的稀にしか誤判原因にならないとして、研究の対象から安易に除外している点において、研究それ自体としては問題がある（平田「前掲」一五五頁以下）。

（8）本書には、ヒルシュベルク（安西温訳）『誤判』（日本評論新社、一九六一年）がある。

（9）Hirschberg, Das Fehlurteil im Strafprozeß, a.a.O., S. 16f.. ヒルシュベルク（安西温訳）『前掲書』一八頁以下。そのほかの誤判

原因として、①自白の無批判な尊重、②共同被告人による有罪証言の無批判な尊重、③証人供述の無批判な尊重、④有罪証拠としての嘘、⑤鑑定人の鑑定結果の無批判な尊重、等をあげる。

(10) Hirschberg, a.a.O., S. 36 u. S. 45f. ヒルシュベルク（安西温訳）『前掲書』四八頁、六三頁以下。

(11) Hirschberg, a.a.O., S. 34. ヒルシュベルク（安西温訳）『前掲書』四六頁。

(12) ヒルシュベルクは、間違いの犯人識別の危険性を指摘する供述心理学文献として、たとえば、Groß-Seelig, Handbuch der Kriminalistik, 8. Aufl., 1942; Seelig, Lehrbuch der Kriminologie, 2. Aufl., 1951; Graßberger, Zur Psychologie des Strafverfahrens, 1950 等を示している。

(13) ペータース著（能勢弘之・吉田敏雄編訳）『誤判の研究』（北海道大学図書刊行会、一九八一年）三五九頁。この書は本文で示すペータースの研究第一巻、第二巻を翻訳、編集し直したものである。

(14) Peters, Fehlerquellen im Strafprozeß, 2. Bd., S. 91.

(15) Peters, a.a.O., 2. Bd., S. 85f. ペータース著（能勢・吉田編訳）『前掲書』一四〇頁以下参照。

(16) Peters, a.a.O., 2. Bd., S. 93f. ペータースがこの研究で参照する供述心理学の文献として、たとえば、Groß-Seelig, Handbuch der Kriminalistik, 8. Aufl., 1942; E. Altavilla, Forensische Psychologie, 1. Bd., 1955; E. Seelig, Ergebnisse und Problemstellung der Aussageforschung in Schuld/Lüge/Sexualität, 1955; Undeutsch, Beurteilung der Glaubhaftigkeit von Aussagen. In Hdb. d. Psychol. Bd. 11, 1967, 等々がある。Vgl. Peters, a.a.O., 2. Bd., S. 91.

(17) ペータースの研究資料をもとに、捜査における誤判原因をとりわけを研究したものとして、R. Lange, Fehlerquellen im Ermittlungsverfahren, 1980 がある。そこでは、間違った供述の問題、不十分な犯人識別等が扱われている。

(18) 刑訴法第五八条は「一項：証人は、格別に、かつ、後に尋問される証人不在のもとに、尋問されなければならない。二項：他の証人又は被疑者との対質は、爾後の手続にとって必要と認められるときは、事前手続においてすることができる」と規定する（法務省司法法制調査部『ドイツ刑事訴訟法典』一九八一年）。

ついでながら、ドイツ普通法における糺問主義の基礎となったカロリナ法典（一五三二年）では、法定証拠主義が採用され、被告人を有罪とするためには、自白か二人の信頼しうる目撃証人（Tatzeuge）が必要であった。この信用性判断に際して、未知（Unbekannt）の証人・報酬を受けた（belont）証人は非難されるべきこと、伝聞証人は尊重されるべきでないことなど、を規定する（カロリナ法典六三条ないし六五条。カロリナ法典については塙浩「カルル五世刑事裁判令（カロリナ）」神戸法学雑誌一八巻二号〔一九六八年〕参照）。証人の人格についても「充全なる証人」とは不評ではなく、法的に非難されないものとし（六六条）、さらに供述内容について供述の根拠が語られねばならないこと（六五条）、ならびに詳細な証人尋問の方式（七〇条以下、たとえば、供述の変遷の状況・供述態度の記録化）を規定している。Vgl. Hans-Udo Bender, Merkmalskombinationen in Aussagen, 1987, S. 32.

（19）Vgl. T. Kleinknecht, K. Meyer, Strafprozeßordnung, 1991, §58 Rdnr. 9. なお、「目撃証言・識別の法的問題」の項は主として、H. Odenthal, Rechtsprobleme des Wiedererkennens. In G. Köhnken, S.L. Sporer（Hrsg.）, Identifizierung von Tatverdächtigen durch Augenzeugen, 1990, S. 9f. によった。なお、この書には、GA 1998, S. 564 に書評がある。

（20）刑訴法八一条 a「一項：被疑者の身体検査は、手続上重要である事実の確定のため、命ずることができる。この目的を遂げるため、医師によって検査目的で医術の原則にしたがい行われる血液の採取その他の身体的侵害が、被疑者の健康にとって不利益となるおそれがないときは、その者の承諾なしに、許される。二項：前項に定める命令を発する権限は、裁判官に属し、遅滞すれば検査結果が失われるおそれがあるときは、検事局及びその補助官（裁判所構成法第一五二条）にも属する」。八一条 b「刑事手続遂行の目的又は鑑識事務の目的のために必要である限り、被疑者の意思に反しても、写真を撮影し、指紋を採取し、身体測定その他これに類する処分をすることができる」（法務省司法法制調査部『ドイツ刑事訴訟法典』）。

（21）G. Grünwald, Probleme der Gegenüberstellung zum Zwecke der Wiedererkennung, JZ 36, 1981, S. 423f..

（22）Vgl. Odenthal, a.a.O., S. 10 u. Kleinknecht, Meyer, a.a.O., §58, Rdnr. 9. なお、オーデンタールは本文で示したように、被疑者の意思に反した面通しの根拠として八一条 a をあげ、それは証人に識別供述を可能とするための被疑者の身体的外見の審査（身体検査）であり、この条項を根拠としてはじめて遅滞を目的とした検察官、警察官による面通しが可能となる、とする（Odenthal, a.a.O., S. 11）。

（23）C. Roxin, Strafverfahrensrecht, 20. Aufl., 1987, S. 212.

（24）いずれの根拠によるとしても、捜査機関自らによる強制処分として、事前手続において、面通しを行うことが可能となる。

（25）Odenthal, a.a.O., S. 12.

（26）したがって、声の検査に参加したり特定の動作をしたりする義務はなく、ただ受動的に面通しをうければよい（Odenthal, a.a.O., S. 12.）。

（27）ドイツにおける被疑者取調の詳細については、高田昭正「西ドイツにおける被疑者取調べ」井戸田侃編『総合研究＝被疑者

取調べ』（日本評論社、一九九一年）二三七頁以下参照。

（28）　Roxin, a.a.O., S. 212.

（29）　Odenthal, a.a.O., S. 13. また、オーデンタールは、実務において面通しに弁護人が立会う事例は稀であるが、その場合、弁護人は面通しの実施・結果に共同責任をとらされるおそれがあり、この回避のためには、観察者にまったく徹するか、一貫して誤った識別から被疑者を守るために必要な措置が講じられるようエネルギッシュに行動するかいずれかである、と主張している。

（30）　しかし、また、これらの規則では、被疑者に似た者を並べての複数面通しを実施すべきことを規定している。そして、複数面通しが通常実際に行われるとされ（Kleinknecht, Meyer, a.a.O., §58, Rdnr. 12）、単独面通しの証拠価値もほとんどない（Schleswig SchlHa 71, 216 [E/J]）。さらに、裁判所は捜査機関に面通しの記録提出を要求でき、証拠評価の基礎とすべきで、それができない場合、識別の信用性を認めるべきではない、との見解もある（Odenthal, a.a.O., S14）。

（31）　同様に、捜査機関による被疑者の監視、観察が法一六三条の一般的な捜査活動として許されるのか、プライバシーを侵害しないのか、との問題がある（vgl. R. Riegel, Probleme der polizeilichen Beobachtung und Observation, JZ 35, 1980, S. 224f.）。

（32）　Odenthal, a.a.O., S. 15f.

（33）　Odenthal, a.a.O., S. 16.

（34）　Vgl. BGHSt. 16, 204 ; BGH StrVert 1987, 50 ; BGH NStZ 1987, 288.

（35）　Odenthal, a.a.O., S. 21.

（36）　Odenthal, a.a.O., S. 23.

（37）　Odenthal, a.a.O., S. 24.

（38）　ドイツにおける供述心理学の歴史について、春日偉知郎「ドイツにおける証言心理学研究の歴史」現代のエスプリ三五〇号（一九九六年）一四三頁以下がある。

（39）　U. Undeutsch, Die Wiedererkennung von Personen. In K. Wasserburg, W. Haddenhorst（Hrsg.）, Wahrheit und Gerechtigkeit im Strafverfahren, 1984, S. 462f.. Vgl. H. Wegener, Vorwort. In Köhnken, Sporer（Hrsg.）, Identifizierung von Tatverdächtigen durch Augenzeugen, S. V.

（40）　この詳細について、Undeutsch, Beurteilung der Glaubhaftigkeit von Aussagen. In Hdb. d. Psychol. Bd. 11, 1967, S. 26f. 参照。本著には植村秀三訳『証言の心理』（東京大学出版会、一九七三年）がある。

(41) Undeutsch, a.a.O., S. 47. この点について、平田元「刑事事件における供述分析について（一）」三重大学法経論叢六巻一号（一九八八年）一五頁以下参照。

(42) ウンドィッチとともにこの供述の内容分析を押し進めた心理学者として、スウェーデンのトランケルがいる。その成果として、A. Trankell, Der Realitätsgehalt von Zeugenaussagen, 1971 がある。この翻訳としてトランケル（植村秀三訳）『証言のなかの真実』（金剛出版、一九七六年）。

(43) Undeutsch, a.a.O., S. 125. ウンドィッチ（植村訳）『証言の心理』一九六頁。

(44) これらの研究の詳細については、平田元「前掲（一）」、「前掲（二）」三重大学法経論叢九巻一号（一九九一年）参照。

(45) Bender/Nack, a.a.O., S. 91, S. 95. もっともプリューファーに至ると、証人の知覚の際の「誤認」、再現における「思い違い」等の疑いを強めたり弱めたりする、たとえば「意味付けの誤り基準」、「不定性／不変性基準」等の諸基準を呈示している。平田「前掲(2)」五八頁以下参照。ここに目撃証言をめぐる供述心理学研究の影響をみることができよう。

(46) Vgl. Odenthal, a.a.O., S. 9.

(47) Vgl. Sporer, Köhnken, Identifizierung durch Augen- und Ohrenzeugen. Eine Einführung. In Köhnken, Sporer (Hrsg.), Identifizierung von Tatverdächtigen durch Augenzeugen, S. 6.

(48) たとえば、ケーンケンには、Zum Beweiswert von Identifizierungen durch Augenzeugen: Eine methodologische Analyse. Forensia 5, 1984; Nachträgliche Informationen und die Erinnerung komplexer Sachverhalte-Empirische Befunde und theoretische Kontroversen. Psychologische Rundschau 38, 1987 等が、シュポーラーには、Kernprobleme der Psychologie der Personenidentifizierung, 1983 や Alternative Modelle forensisch-psychologischer Sachverständigentätigkeit in den USA. In H. Kury (Hrsg.), Forensisch-psychologische Gutachtertätigkeit, 1987 等がある。この詳細については、Köhnken, Sporer (Hrsg.), Identifizierung von Tatverdächtigen durch Augenzeugen, S. 216 以下参照。

(49) Sporer, Köhnken, Identifizierung durch Augen- und Ohrenzeugen : Schlußbemerkungen und Ausblick, S. 213.

(50) Sporer, Köhnken, a.a.O., S. 215.

(51) なお、目撃証言を含む証言一般の信用性評価ためには、従来から研究の進められてきた供述の内容分析も、有用な一つの手段として、本文で必要性の説かれた心理学的研究とともに、用いられるべきである。

第四章　控訴審・上告審論の展望

第一節　控訴審・上告審論の展望

本節では、主として事実誤認とその救済の観点から、控訴審・上告審を論じる。当然、両者には、審級制度、法規定に由来する相違もあるが、控訴審での論点および帰結は基本的に上告審でのそれと重なるものがある。そこで、以下ではまず構造論をはじめとし控訴審をめぐる諸論点について論じ、続いてとりわけ上告審に関わる問題について検討することにしたい。

一　控訴の目的・機能

実体的真実主義と適正手続との相克・調和は、控訴審論においても主要な論点であり続けたといえよう。控訴の目的・機能は何か。それは、第一審でのとりわけ事実認定の不充分さを補う、積極的真実発見を目指すものか、それとも被告人の救済を目指すのか。前者は被告人の不利益にも当然に作用するものであるのに対し、後者は被告人の救済のため片面的な控訴審の構成を試みる。(1) もっとも、両者の間には様々な主張が存在する。端的に控訴審を被告人の救済制度と捉え、二重の危険をより厳格に捉えるなら、検察官上訴を否定することになろう。[2] しかしこれを許容する限りで、積極的真実主義を控訴審における目的・機能として一定程度認めていることになる。これを前提とした上でたとえば事実の取調べ、破棄の方法等で被告人救済の片面的構成を試みる学説もある。[3] だが、理論の一方に控訴審の現実・実務をおくとき、これらの前提・限定が有効な絞りとなっているのかが問われよう。第一審での口頭主義・直接主義採用のもと、第二審控訴審は政策的な産物であるとしても、ただ目的論的、政策論的に、これらの主義等とは全く無関係に控訴審を構成、解釈運用することが妥当なのかも問題となる。ここに存在論的本質的な論拠が必要ではないのかとの疑問もわく。以上のような問題意識から、本稿を進めていきたいと考えるが、まず最初に控訴審の構造、控訴審での審査の性格について、検討する。

二　控訴審の構造

1　控訴審構造と事実誤認の性格

これまで理念型として控訴審の構造と考えられたものには、覆審、続審、事後審（審査審）の三種類がある。第一審の審理とは関係なく、新たな口頭審理に基づき控訴審裁判官自らが事実認定（心証形成）を行うものである。続審は、覆審の変形とでもいうべきもので、第一審の審理手続を引継ぎ、控訴審に提出された新たな証拠をも併せて心証形成を行う。これに対して事後審は、原判決時を基準とし原審の証拠資料をもとにして原判決の当否を判断する。事後審では、控訴審裁判官自らが心証を形成するものではないといわれている。

現行刑事訴訟法は、事後審を原則として採用しているとされる。これによると控訴審での新証拠の許容性は制限されることとなる。これにより、口頭主義・直接主義に基づく第一審に事実審理を充実・集中させ、第一審の軽視を回避することを意図する。だが、この構造では、被告人救済のために控訴審を構成することが不可能となるばかりか、さらに、事実認定（事実誤認）当否の審査は心証を形成することなく可能かとの、問題が近年提起されることになった。[4] そこで、事後審論の立場からの事実誤認の性格、審査方法について、ひとまず列挙し検討してみよう。

(1) 経験則違反説　これは、第一審の事実の認定方法（証拠の取捨選択）が論理法則・経験法則に積極的に反し不合理な場合を事実誤認とする。[5] この説を主張される団藤博士は、積極的不合理を必要とする理由として、「心証の形成は直接審理にあたった裁判官によってはじめて充分に行われるのであり、上訴審が書面によって獲得する心証は価値においてこれに劣るものといわなければならない[6]」とされる。

(2) 基準区別説(I)　第一審有罪事実認定には、合理的疑いを超える証明プラス全人格的、理性的直感による有罪の心証が必要である。控訴裁判所では有罪心証が形成されないというだけの理由で、原審事実認定に「合理的疑い」をさしはさむ余地がないのに、原審有罪判決を破棄することはできない。その判断はある程度客観的な「合理的疑いを超える証明」の部分のみ可能である。これに対し（合理的疑を超える証明はあるのに、有罪心証が形成できなかったとする）原審無罪判決に関して、合理的疑を超える証明があれば、破棄することができる。[7]

(3) 基準区別説(II)　刑事手続において第一審が採用する自由心証主義・口頭主義・公開主義・「疑わしきは被告人の利益に」の原則からして、有罪認定のためには、客観的蓋然性とそれに基づく主観的確信が必要である。このうち主観的確信は第一審の口頭・公開審理においてのみよりよく保障されるものであり、書面審理が原則である控訴審においてはこの審査をすることはできない。控訴審での審査が可能なのは口頭主義・公開主義の採用と関わらない、有罪の事実認定理由に記載可能な客観的蓋然性についてのみである。したがって、最終的に裁判官の主観的確信獲得を検察官が目指す第一審における「（証明なし）無罪」判決はこの確信が究極的に形成されなかったことを意味し、不充分な書面審理の中で主観的確信の形成を目指すこととなるこの無罪判決（事実認定理由も記載の必要がない）に対する控訴は認められない。[8]

(4)　判断方法区別説　　事実認定の方法には大別して二つあり、帰納的・総合的・直観的な方法と演繹的・分析的・論理的方法である。前者は第一審が後者は控訴審の採る方法である。控訴審は第一審のようにみずから事実を認定するのではなく、原判決の事実認定の当否を分析的・論理的思考方式という別の方法により、批判することになる。[9]

(5)　控訴審心証形成説　　この説は、従来からの控訴審の構造の区分からすると、事後審ではなく、控訴審みずからが心証を形成するもので続審・覆審に分類されることとなる。ここで事実誤認とは、控訴審の心証と第一審の心証が一致しないことで、控訴審の心証を第一審の心証に優先させたものである。[10]

2　事実誤認をめぐる諸説の検討

諸説に対して、とりわけ控訴審心証形成説の論者からそれぞれに批判が加えられている。[11]まず、(1)説に対しては、それは「法令違反」であり、法が「事実誤認」を控訴理由とした独自の意義が失われ、また、破棄は例外的な場合に限定されることとなり、実体的真実の発見、被告人の利益が害されることになる、との批判がある。(4)説に対しては、二つの審級に指摘されるような傾向の違いはあろうが、第一審でもその結論が論理的な批判に耐え得るかの検証が必要で、この点で両者は異ならない、と。(2)説へは、第一審無罪判決の破棄を、「合理的疑いを超える証明」があれば可能とすることは、第一審で内的確信が形成されなかった以上正当であった無罪判決と矛盾し、不合理である、との批判がある。この批判を回避するためには、第一審・控訴審とも一元的に主観的確信とは関係なく「合理的疑いを超える証明」基準を用いるか、あるいは無罪判決に対する控訴を否認するしかないであろう。[12]また、①「合理的疑いを超える証明の有無」という基準は、立証責任に関する基準であり、裁判官が確信を持てない場合の最後の拠所とする指針である。しかるに第一審で「合理的疑いを超える証明」があることを確認しても、なお内的確信の有無によって判断せよといわれるなら、誠実な裁判官は判断停止に陥る場合も避けられない、と批判する。(3)説に対しても、この批判がまた向けられるが、さらに② 客観的蓋然性がないとの理由による無罪なら、これを覆すことが可能、また③ 主観的確信について控訴審で審査できないのであれば、主観的確信は認められないという理由で有罪を破棄することも不可能で、結局主観的確信の判断に対する上訴ができないことを意味するに過ぎない、との批判が加わる。

これらの批判に対して、(3)説の立場からは、次のような反論が考えられる。まず、②について、第一審は「生きとした口頭主義・直接主義は二度目に繰り返すときは、死んだものとなってしまう」との考察から、二度と繰り返すことができない事実審理の中でとりわけ検察官は客観的蓋然性とそれに基礎をおくべき裁判官の主観的確信の獲得を目指して活動する（「事実認定［心証形成］一回性の原則」とでも呼ぶことができよう）。したがって、客観的蓋然性がないとの判断は最終的に主観的確信も得られなかったことを意味する。③については、その言辞のみを捉えれば、そのとおりであるが、主観的確信の判断に対する上訴のみができないわけではなく、②への反論も併せると、客観的蓋然性がない場合ももはや上訴できない。また、いずれを理由とする無罪かを（法が予定し、要求する）無罪判決の理由から判断することは極めて困難であろう。①についても、「合理的疑いを超える証明」という場合、客観的には一定程度の蓋然性、主観的には確信の両者が備わることを意味し、いずれかが欠けるときには、「合理的疑いを超えた」証明とはいえず、無罪である。[14][15]

3　小括

以上、控訴審の構造、とりわけ事実誤認の性格をめぐって議論が展開し、最近では控訴審を事後審ではなく、続審あるいは覆審的に捉え、控訴審で新たに心証を形成するとの説が、有力になりつつある。この説は、後にみるように、まず新証拠の全面的許容を措定し、二重の危険禁止の趣旨などから被告人に不利益な方向ではそれを限定していこうとする。しかし、事実審理のやり直しと控訴審を捉えるとき、心証形成とは有罪方向へのそれを意味し、やはり検察側の新証拠許容への有効な絞りとはならず、控訴審を被告人救済制度と捉えることを危殆化させるのではとの危惧がある。本稿は上述の基準区別説(II)に立つ。すなわち、控訴審を有罪事実認定の客観的蓋然性・証拠構造をもっぱら弾劾する事後審と捉える。ここでは、繰り返し不可能な第一審集中・充実の観点から、新たな（有罪）心証形成につながる訴因・証拠構造の変更はもはや控訴審では認められない。差戻審も同様である。また、この「証明なし無罪」への控訴が認められないことによりはじめて、積極的実体的真実主義から決別し、控訴審を被告人救済のための制度に純化することになり、この目的にそった新証拠の許容も可能となろう。以下では、これらの点に考慮しつつ、控訴審における、審判の対象、訴因変更の限界、事実の取調べの範囲などをめぐる議論を検討する。

三　控訴審における審判の対象、いわゆる攻防対象論

審判の対象をめぐりまず現れた議論は控訴審での審判対象は原判決か申立理由かというものであった。この争いは主文での判示方法に現れ、それは控訴審を当事者主義的に捉えるかあるいは職権主義的に積極的な実体的真実発見を目的として捉えるかに関わり、誰のための控訴審かというその存在意義とも関係する問題である。(16)ただ本稿では、この論点とも深く関わり、その後華々しく議論されることとなった審判対象論としてのいわゆる攻防対象論についてのみ言及することとする。

1　新島ミサイル事件

いわゆる新島ミサイル事件最高裁決定[17]での争点は控訴審における職権調査の限界をめぐる、その前提としての審判対象（攻防対象）の範囲であった。本件第一審は、被告人を住居侵入、暴力行為等処罰に関する法律違反の一部（脅迫）で有罪とし、この脅迫と包括一罪の関係にある同法律違反の一部（暴行、器物損壊）ならびに住居侵入と牽連犯の関係にある傷害罪については理由中で犯罪の証明なしとして無罪とした[18]。この有罪判決に対し被告人のみ控訴をしたが、控訴審は理由なしとし控訴棄却し、職権調査を行い、原判決には事実誤認があるとし、起訴された事実全部を有罪として、破棄自判した。これに対し、被告人が職権調査は違法とし上告した。この上告に対して、最高裁は、原判決の職権調査は違法であるとした。この要旨は概略次のとおりである。

牽連犯ないし包括一罪として起訴された事実の一部が無罪とされた場合、控訴提起の効力は、被告人のみの控訴であっても、公訴事実の全部に及び、無罪部分を含めすべてが控訴審に移審係属すると解すべきである。しかし、当事者主義を基本原則とする現行刑訴法では、控訴審は第一審と同じ立場で事件そのものを審理するのではなく、当事者の訴訟活動を基礎として形成された第一審判決を対象として、これに事後的審査を加えるもので、事後審査も当事者の申立てた控訴趣意書を中心に行うのが建前であり、職権調査はあくまで補充的である。有罪部分と無罪部分とが牽連犯ないし包括一罪を構成しても、その各部分がそれぞれ一個の犯罪構成要件を充足しうるなら、訴因としても独立しうるものである。そして無罪部分は被告人から不服を申立てる利益がなく、検察官からの控訴申立もないなら、当事者間において攻防対象から外されたとみることができる。理論上は控訴審に移審係属しているからといって、事後審たる控訴審が職権調査を加え有罪の自判をすることは、被告人に対して不意打ちを与えることで、現行刑事訴訟の基本構造、ことに現行控訴審の性格に鑑みるとき、職権の発動として許される限度をこえ違法である。

2　攻防対象論をめぐる議論

この最高裁決定をめぐり賛成・反対、さらには異なる理論構成など様々の見解が表明された。ここには、従来から存在した一部上訴をめぐる考え方が存在する。すなわち、刑訴法三五七条は、一部上訴をみとめ「上訴は、裁判の一部に対してこれをすることができる」とする。通説・判例[19]によれば、この一部とは、主文が数個ある場合をいい、裁判の他の部分と可分なものを指す。科刑上一罪さらには併合罪でも一個の刑が言い渡されたときは不可分とされる。したがって、科刑上一罪の一部について上訴のあった場合、全体が移審係属することとなる。

(ア)　反対説は、まさにこの全体が移審係属するといいながら、審判すると違法というのは矛盾である、との理由を最大の論拠とする。さらに裁判所の後見的任務が不当に後退を強いられ、当事者主義といっても民訴と刑訴とでは内容的に異なるのにその差異を無視していること、控訴審の訴訟物が原判決の当否とすると控訴されていない部分をも審理するのが控訴審の職務である、等々があげられる[20]。これらは本決定での裁判官下村三郎、同村上朝一がその意見で述べた「実体的真実を究明し適正な裁判の実現をはかるべきことは、刑事裁判の生命ともいうべきものであるから……裁判所の職権主義的な権能は、たとえそれが当事者主義の補充的なものと考えられるとしても、必要に応じて適切に運用されるべき」との指摘に通じるものである。

(イ)　この対極にある考え方は、決定に対し、無罪部分は第一審で（事実上）確定し移審せず、それ故に控訴審での審判対象とはなりえず、審理・職権調査はできないとする。まさに攻防対象論の問題ではなく、審判対象論、一部上訴論となる。ここには科刑上一罪・包括一罪は起訴時のすなわち第一審での全部有罪の場合の取扱いを定めたもので、その一部が無罪となれば、もはやこれを不可分（科刑上一罪・包括一罪）とみる必要はない、との考え方がある。[21] また、審査審では当事者のイニシアティブを尊重すべきで、すでに訴因について裁判所の判断を経たあとにおいては、何を審判対象もしくは攻防対象とするかについては、当事者の積極的行為にゆだねるべきで、裁判所も被告人の後見人としての役割を担うべきとの、実質的当事者主義の考え方がある。[22]

(ウ)　(イ)説には、無罪部分に対し検察官のみ上訴した場合、可分性をもち移審しないことになる有罪部分を破棄できない、またこの確定力から生じる一事不再理効の範囲は無罪の訴因にのみ限定されることとなり、これは刑事訴訟の基本原則に反する、との批判がある。[23] ここから、無罪部分は相対的に一部確定し（拘束力が生じ）、この部分は移審するがもはや変更できず、職権調査もできなくなる、と主張される。[24] これに対し、判決宣告手続が無効であったり、裁判所構成に違法があり判決を破棄すべき場合にまで無罪判断に拘束力を認めることになるばかりか、決定で根拠とされた当事者主義との関連性が十分に説明されない、との批判が生じた。[25]

(エ)　確定力とか移審の否定によってではなく、移審を認めた上で当事者主義に基づく攻防対象論によって職権調査の範囲を画そうとの考えがある。[26] 前記最高裁決定多数意見にもっとも近いものである。この趣旨は、訴因制度は審判対象設定について検察官の処分権主義を認めたもので、この主義は控訴提起にも当てはまり、検察官に処罰意思がない部分まで裁判所の職権調査を許すことは検察官の権限を侵す、[27] ことである。この説にあっても、異なる諸見解がある。職権調査の禁止は、法令解釈のみの変更で有罪とする場合や両立しない事実に認定を変更して有罪とする場合には及ばないとする説、[28] 控訴審における当事者主義は被告人の利益保護、救済を重視すべきであり、少なくとも被告人の利益のために職権発動は片面的に許容されるとする説、[29] 当事者主義および控訴審における表現としての事後審性がこの判例理論の実質的な基礎にあるとし、可分不可分かよりも検察官が訴訟追行を放棄したと見做し得るかどうかが問題となるとの説、[30] などがこれである。

3　審判対象論の展望

新島ミサイル事件を端緒として、審判対象、攻防対象をめぐり様々な議論が展開された。上告審での職権調査の範囲につき、最判昭和四七・三・九刑集二六巻二号一〇二頁（大信実業事件）は、新島ミサイル事件決定を引用し、観念的競合関係にある各事実が法令適用をめぐり無罪とされ、ただ控訴審が各事実は他の犯罪を構成する余地があるとして破棄差戻したことに対し、被告人のみが上告した場合にも、攻防対象論が適用され、すでに無罪とされた犯罪の成否について、職権調査を加え有罪をとすべきものとし破棄差戻したり、破棄自判有罪とすることはできないとした。[31]これに対して、予備的訴因有罪に対し被告人のみの控訴により差し戻された事件の第二次第一審が第一次第一審で否定された本位的訴因につき裁判したことについて、東京高判昭和六〇・一・二一高刑集三八巻一号一頁は、[32]攻防対象から外れるのは少なくとも当該部分が当該事件の審判においてその余の部分と異なる取扱いを受けるに足る可分性を有することが当然の前提で、本位的訴因と予備的訴因とは、その背後にある実体的真実は、唯一にして非両立・不可分の存在であり、その唯一不可分の事実の訴訟追行面への投影である以上、表裏一体をなす不可分のものとして取り扱われるべきとし、第二次第一審においても本位的訴因は攻防対象からはずれないとした。この高裁判決を、最決平成元・五・一刑集四三巻五号三二三頁は、[33]両訴因とも同一の被害者に対する同一の交通事故に係るもので、過失の態様についての証拠関係上両訴因が構成されたとして、追認している。

このように、新島ミサイル事件によって展開をみた攻防対象論はその射程がその後の判例によって蓄積されている。これら判例をどう見るかは、先に示した学説によって異なることになろう。判例・学説を通底するものは当事者（処分）主義である。これと実体的真実主義との調和をどのようにはかるかで説は区分される。当事者主義を強調するとしても(イ)説(エ)説に分れうるし、検察官の訴追意思をめぐっても学説は分れている。これは、多義的な諸概念の相関関係のなか必ずしも一般化されない基準により結論が分かれることを示す。このなかで、とりわけ(イ)説の確定力の考え方は、被告人の防禦権を能う限り強化するため[34]、よりリジッドで画一的な解決方法を目指し、方向として正しいと考える。ただ、なぜこの効力が生じるのか、それが単に当事者主義によるとすれば、それは必然的な結果とはいえないであろう。防禦権保障の観点からミサイル事件決定意見にもあるように弁論機会を与え不意打ちにさえならねばよいと矮小化されることにもなる。なぜ、無罪部分に確定力が発生しそれが移審係属しないのか、当事者主義も含め事実認定というより本質的な点からの解明が必要と思われる。

先に述べた、控訴審の構造論、とりわけ「証明なし無罪」に対する控訴を認めない基準区別説(Ⅱ)からは、次のように考えられよう。すなわち、まず第一に当事者主義のもとでの起訴とりわけ訴因は検察官の主張であり、第一審ではこれをめぐり口頭主義・公開主義のもとで二度と繰り返すことのできない事実審理が行われる。「証明なし無罪」への控訴不可能性からは、訴因変更すれば審理可能であった公訴事実が同一である範囲を最大限とし、そのうち第一審で認定された事実以外の範囲には、言渡しと同時に部分的確定力が発生したと考えるべきである[35]。これは、密接に関連する（通常に公訴事実を同一とする）範囲において諸事実・証拠を全体的関連性の中で一括的に同時処理・評価する必要から、認定されなかった事実部分は、もはや再び審理、心証（主観的確信）形成することができない、ことによる[36]。この意味において、控訴審では第一審で認定された有罪事実を弾劾することのみが、事後審査審としての役割となる。この検察官の主張が判断され認められないということは、単純一罪において縮小認定された場合も同様であり、この意味での一部上訴も許される。したがって控訴審に移審係属する審判対象はこの有罪部分のみで、無罪部分の有罪方向での職権調査はできない。このように理論構成してはじめて、控訴審・職権調査を被告人の利益のために構成することが結果として可能となろう。これが「証明なし無罪」に対する控訴不可能性からの必然的結果である。以上は、事実認定の観点から控訴審での審判対象についての理論構成を試みたものである。事実の認定に関係しない純粋な法解釈をめぐる無罪については及ばない。この点については、広く検察官上訴を含め、当事者主義・二重の危険の禁止などを根拠とするさらなる論究も必要であろう。

四　控訴審における訴因変更の限界

1　判例・学説の概観

この問題も控訴審の構造をどのように考えるかと密接に関わっている。法的にいうならば、刑訴法四〇四条、すなわち刑訴法三一二条が控訴審においてどのように適用されるかの問題である。

この点につき、最高裁判例には次のものがある。① 控訴審が事実の取調を進めるにつれ、検察官から訴因変更の申出がある場合、取調べた証拠により、原判決を破棄し自判しても被告人の実質的利益を害しないと認められるようなときは、訴因変更を許すべきである（最判昭和三〇・一二・二六刑集九巻一四号三〇一一頁、また最判昭和二九・九・三〇刑集八巻九号一五六五頁参照）。② 第一審当時の訴因罰条からみて第一審判決になんら誤りが見い出されないのに、新たに追加された訴因罰条が認められることを理由に控訴裁判所が第一審判決を破棄することは許されない（最判昭和四二・五・二五刑集二一巻四号七〇五頁）。ここに窺えることは、控訴審においても訴因変更が「被告人の実質的利益」[37]を害しない限り認められるが、ただ控訴審が事後審査審であることからして、第一審に誤りがあり破棄されることを前提（一種の停止条件）としてのみ、訴因変更が許されることである。

この問題をめぐって学説には、① 新訴因につき原判決の当否を審査することになる訴因変更は、控訴審の事後審的性格から許されない[38]、② 控訴審の手続が書類による事後審査の段階から「事実の取調べ」に入って、部分的継続審の性質を持ってくると訴因または罰条の変更は全面的に許される、[39] ③ 事後審査のための証拠だけで、破棄後新しい事実を認定しうる見込みが強いとき、続審となることを見越して、訴因を変更しておくことは、必ずしも事後審の構造に反しない、[40] などがある。このうち、③説が通説で、判例もこれに従っているといえよう。この③説への①説からの批判の一つに、破棄前の手続は、未だ事後審の構造下にあるので、続審化のための訴訟行為は許されるべき筋合いではない、との主張がある。[41] この批判を回避するために、変更を認めるとしても、事後審としての構造と矛盾しないようにこれと調和をはかるべきで、交替的変更を認めるべきではなく、もとの訴因を残す形での追加的変更方法（予備的又は択一的訴因の追加、科刑上一罪・包括一罪などの関係にある訴因の追加）のみを認めるべき、との見解がある。[42] これに対して、交替的変更の形で訴因変更がなされても、即時に旧訴因が審判の対象から除外されるものではなく、破棄された段階で新旧訴因の交替変更の効力が生ずるなどとの反論がある。[43] ここにも事後審査、真実発見に対する理解の相違が現れている。

2　判例による訴因変更の時期的限界論の展開

前述「訴因変更と被告人の実質的利益」の考察の中から、最高裁反対意見ではあるが、次のようなものが現れた。起訴から九年二ヶ月を経た第一審第五四回公判期日に至り、検察官から予備的訴因の追加が請求され、次回判決公判において、予備的訴因について有罪とした事例に対し、突如として予備的訴因を追加させ、被告人らの実質的に充分な防禦をする権利に不意打ちの打撃を与えたものである、[44] と。これを契機として、刑訴法三一二条の訴因変更には時期的限界があるか否かについての検討が促された。また、控訴審における訴因変更（予備的訴因の追加）について、最決昭和五八・二・二四判例時報一〇七〇・五で、団藤補足意見は、実体形成が進んだ手続段階において、弁護側の防禦活動の結果を逆手にとるような訴因変更を認めることは、公正な攻撃防禦を主眼とする当事者主義の理念にもとるとし、また谷口意見は、控訴審において、被告人が第一審以来検察官の提起した訴因事実に対してしてきた防禦を実質上徒労に帰せしめるような訴因変更を認めることは、刑事裁判における審理手続の正義、公平の観点からしても許されない、と述べた(45)。下級審の判例には、第一審での訴因変更について、被告人の防禦に実質的な不利益を生ずるおそれが著しく、ひいては当事者主義の基本原理であり、裁判の生命ともいうべき公平を損なうおそれが顕著な場合には、裁判所は検察官の訴因変更請求そのものを許さないことが認められるとし、この実質的な不利益の中に、迅速な裁判違反、不意打ち、不誠実な訴訟上の権利行使があげるものがある(46)。

3　小括

訴因変更の時期的限界に関して、真正面から最高裁がこれを取り上げたものは未だない。この点につき学説の多くはこれを支持し、その根拠は様々に主張されている(47)。ここでのテーマ「控訴審における訴因変更の限界」との関係では、第一審においてすら訴因変更が認められない場合があるとするなら、「そもそも控訴審での訴因変更は、時機に後れ、被告人の審級の利益を奪うもので許されないのではないか(48)」と考えられる。最高裁は「実質的利益」を害しない場合には変更を認めるが、第一審で検察官呈示の訴因に対して防禦を行い一定の判決を受けたこと自体、審級の利益である。また、控訴審での事実認定は、たとえ第一審で充分に弁論の機会が与えられたとしても、その心証形成は大部分不十分な書面に基づき、口頭主義・直接主義による審理は部分的で、決してよりよい事実認定を保証しない。このように被告人の人権保障としての審級の利益の背後には、事実認定問題が横たわっている。本稿での立場からすれば、訴因さらには証拠構造の変更も第一審でのみ許容される範囲で行うべきで、控訴審ではもはや許されない。それは、第一審訴因に対して認定された事実・証拠構造のみが控訴審で審判、弾劾の対象になり、少なくとの公訴事実を同一にする範囲で認定されない部分には（部分的）確定力が発生するからである。これによってはじめて第一審を充実させ、控訴審を被告人のための制度とする可能性が拓けよう。

五　控訴審における不意打ち認定

最高裁はよど号ハイジャック事件において、控訴審における謀議の認定手続には不意打ちの違法があるとした。[49]すなわち、第一審での釈明・冒頭陳述において検察官が特定した謀議の日時（三月一二・一三・一四日）に関し、とりわけ具体的な第一次協議を第一審は一三日と認定し、被告人は有罪となった。被告人のみから控訴があり、第一審同様一三日のアリバイを主張し争った。控訴審はこのアリバイ主張を認めたが、第一審から全く争点となっていなかった一二日の第一次協議を認定し、第一審の共謀共同正犯を維持した。被告人の上告に対し、最高裁は、原審で検察官が特段の主張・立証を行わず、被告人側もなんら防禦活動を行っていない状況について、少なくとも一二日謀議の存否の点を控訴審での争点として顕在化し充分な審理を遂げる必要があり、これを違法とした。

不意打ち認定は、当事者主義、訴因制度を採用する現行刑訴法において当然のこととして許されない。刑訴法二五六条、二九七条、二九九条、三〇八条、三三八条四号、三七八条三号などから導かれる。[50]それは、訴訟当事者の防禦権を侵害し、ひいては実体的真実発見を阻害し、円滑な訴訟進行を阻害し、審理の長期化を招くことになる。[51]本判決は、新島ミサイル事件とは異なり、正当に設定された審判対象をめぐり、不意打ち禁止の法理を判例法上はじめて一般的に認めたものと評価されている。[52]防禦権の保障、不意打ち防止の上訴審への適用は正しい方向をもつ。だが、本稿が呈示する事実認定論・事後審論からすれば控訴審での審判・弾劾の対象は、第一審で主張された訴因をもとに認定された一三日の第一次協議事実であり、新たに心証形成をして、一二日協議事実を認定することはできない。第一審訴因の中で認定されなかった一二日謀議の部分には確定力が発生し、それは控訴審に移審係属していないと考えるべきである。この意味で、本件と新島ミサイル事件は同種の事例と捉えることができよう。なお、本件ハイジャック事件において最高裁は、「原判示第一次協議の存否及びこれに対する被告人の出席の有無にかかわりなく、……被告人の謀議への関与を肯定できる」とし、原判決を破棄しなかった。この点、最高裁の認定方法自体が不意打ち認定ではないか。[53] 訴因による被告人の防御権保障機能は日時が特定されてはじめて意味をもつ。これは謀議に関し、主要事実をただ単に「謀議」とするのではなく、日時に規定された具体的「謀議」を訴因事実とすべきことを示している。

六　事実取調べの限界

1　学説・判例の概観

刑訴法三九三条一項の事実の取調べとは、刑訴法三九二条の破棄理由の調査において、原審訴訟記録や証拠物以外の資料を取り調べることをいう。とりわけこの資料をどの範囲において取り調べることができるかが問題となる。[54] 基本的に「事実」は、刑訴法三九三条二項との関係から、原判決以前に存在したものでなければならないことになる。この資料（証拠）の範囲をめぐり、控訴審の性格、実体的真実の発見などを考慮し以下の様々な見解が主張されている。[55] (1) 刑訴法で定められている例外、すなわち、刑訴法三八三条、三九三条一項但書、同二項を除き、原審取調べ証拠のみ取り調べることができる。さらに刑訴法三九三条一項但書との対比から、原審で請求したが却下された証拠も可能とする。(2) (1)説の証拠に加え、審理の経過に照らし職権で取り調べるべきであった、あるいは職権取調べを相当とした証拠、すなわち原判決の基礎となしえた証拠も取り調べうる。(3) (1)説の証拠に加え、原審で直接取り調べられていなくても、原審記録あるいは証拠にその存在が現れている資料も取り調べうる。(4) 当事者の請求による場合は(1)説ないし(3)説の制限があるが、職権による場合には無制限に新しい証拠を取調べできる。(5)請求によると職権によるとを問わず、自由に新証拠取調べができる。(6) 被告人に有利な証拠については(5)説、不利な証拠については、(1)説によるとする。

この点、実務に影響を与えている判例は、最決昭和五九・九・二〇刑集三八巻九号二八一〇頁である。最高裁は、刑訴法三九三条一項本文は、第一審判決以前に存在した事実に関する限り、第一審で取調べないし取調べ請求されていない新証拠につき同項但書の要件（「やむを得ない事由」の疎明）を欠く場合も、控訴裁判所が第一審判決の当否の判断に必要と認めるとき、裁量により取調べができることを定めている、と判示した。(56) これは最高裁が通説の(1)説を採用せず、(4)説あるいは(5)説に立つものといえる。以下これらの説がどのような立場からの主張であるか概略してみたい。

(1)説は、事後審をもっとも厳格に捉え、原判決の基礎となった資料のみで（判断過程も含む）その当否を原裁判所の立場に立ち原判決時を基準とする。(2)説は、却下された証拠と同様、原判決の基礎となしえた証拠は原審訴訟記録及び原審で取調べた証拠に現れた事実の調査によりその存在をうかがい得ることができ（刑訴法三八二条などの文言にも沿い）、新証拠には当たらないとする。(57) これに対し、(3)説は、これも刑訴法三八二条などの文言から主張され、また、(2)説に比べ、より具体的で明確であることを理由にする。(58) これらの説は、控訴審を事後審とし、第一審集中主義を念頭に置き、その差異は刑訴法の文言「訴訟記録及び原裁判所において取り調べた証拠に現れている事実」の解釈をめぐるものといえよう。これに対し、(4)説は、第一審集中主義・控訴申立理由の制限は当事者への要請であり、裁判官の職権による場合には、実体的真実の発見、具体的妥当性の要請を優先させようとする。(59) これに対し(5)説の根拠には、部分的接木続審説、あるいは事後審とは真実に合致するか否の点から原判決の当否を審査するとの考え方がある。[60] この説を論理一貫させるなら、原判決後の事実も考慮して新たに心証形成を行うことになる。しかし現在(5)説はここまで主張するものではなく、その根拠は(4)説に比べより強い具体的妥当性・実体的真実の要請であろう。[61] また、刑訴法三九三条に関し、但書が義務的取調べ規定であるのに対し、本文は裁量的規定との根拠も加わる。[62] (6)説は、事後審査審的構造は曖昧・多義的で被告人救済に役立たず、上訴審の手続的構造は被告人の救済目的からこれを論ずべきで、この目的、（実質的）当事者対等原則から職権調査、職権証拠調べの運用は主として被告人の利益保障の側面で運用すべきで、第一審判決後の「事実」についても広く事実の取調べができる、あるいは二重の危険の法理、「疑わしきは被告人の利益に」の法理、公正・迅速な裁判をうける被告人の権利などの諸ファクターを考慮し、刑訴法三九三条一項「必要があるとき」もこの趣旨から片面的に解釈すべきとする。[63]

2　事実取調べ論の展望

本稿のよって立つ事実認定論は口頭主義下での第一審の充実・集中を目指し、「証明なし無罪」に対する控訴を認めず、控訴審での審査は第一審有罪認定事実（客観的蓋然性）をもっぱら弾劾するというものである。したがって、控訴審での実体的真実の発見・具体的妥当性の要請は結果として被告人の救済方向にしか働かない。こうして控訴審を確固とした事実認定論により、被告人の救済制度として、位置づけることが可能となる。これにしたがって事実取調べも運用されねばならない。[64] ここから、控訴審での第一審結果の蓋然性審査において、新事実・新証拠が許容され、被告人のための続審化が可能となる。この意味で、(5)説は、最終的には「必要があるとき」をめぐる裁量規定である刑訴法三九三条一項本文の裁量に枠と方向が自ずから定まることにより、(6)説に至る。[65] また、控訴審でもっぱら弾劾を行う被告人の活動は弾劾対象である第一審認定の「主要事実」及び「間接事実」に関わり、すべて「第一審判決以前に存在した事実」に関するものといえよう。いずれにせよ、控訴審での被告人救済の観点からの事実取調べ要求の背後に、上述した事実認定論を据える必要があり、この観点から取調べがいかなる場合に必要的あるいは義務的となるか明確にする必要があろう。

七　不利益変更禁止の原則

1　不利益変更禁止の原則の根拠

この原則に関して、刑訴法四〇二条に規定があり、「被告人が控訴をし、又は被告人のため控訴をした事件については、原判決の刑より重い刑を言い渡すことはできない」とする（上告・再審について、それぞれ四一四条、四五二条）。この原則の根拠については次のような考え方がある。[66] (1) 上訴制度の目的は、上訴者の救済であり、不利益変更を許すことは、この目的に反する。(2) 上訴審では当事者の不服申立ての限度で審理を行うべきもので、被告人のみの申立てがあった場合には、その利益にのみ原判決を変更しうる。(3) 検察官の上訴がない場合、被告人からも不服のない被告人に利益な部分は相対的確定力が生じ、この部分を変更できない。(4) 被告人が不利益な結果をおそれ正当な権利である上訴権行使の差し控えを防止するため、政策的にこの原則は認められる。このうち(4)説が通説であり、判例も「被告人側の上訴権の行使を躊躇せしめるおそれのあることを慮って採用されている」（最大判昭和二七・一二・二四刑集六巻一一号一三六三頁）とする。また、刑事裁判、上訴制度の目的を職権主義よる実体的真実の発見と捉えてのこの原則への反対論、廃止論がある。さらに政策説に立ち、濫上訴防止という政策的理由からの廃止論もある。[67] だが、先にみた新島ミサイル事件最高裁判決にも現れているように、控訴審でも当事者主義が支配し、控訴審での審判対象は当事者の主張、すなわち控訴理由であるとするなら、通説のみではこれを説明できないであろう。現行法が当事者主義・事後審査審を採用し、上訴が原則として被告人救済のための制度となり、その審理が、原則として不服申立ての範囲に限られることとなった当然の結果とみるべき、[68]との主張は正当である。さらに、新島ミサイル事件での職権調査の制約は「事実上の結果として、不利益変更禁止が事実認定面にも及ぶことになる[69]」。また、不利益変更の問題は「重き刑」のみでは到底解決することはできない、[70]との指摘もある。ここにうかがえるのは、当事者主義原理などをこの原則の根拠として事実認定の不利益変更禁止を導きうることである。この原理・理念が数量的に明瞭に判断できる「刑」について現れることとなる。[71]ただ、当事者主義概念は絶えず職権主義との相対的な関係の中で位置づけられ不安定なものである。本稿を貫く基本的立場からは、検察官の主張により開始される口頭主義・直接主義・「疑わしきは被告人の利益に」の原則下での弁論によって認定された事実に、上述**三**で示した根拠・範囲で部分的な確定力が形式的確定とは関係なく発生し、その結果不利益変更は不可能となる。[72]不利益変更禁止原則は当事者主義と相まって事実認定の構造に確固たる基盤をもつ人権と捉えることができる。

2　原則の具体的適用

この原則の根拠との関係で具体的な問題に若干触れておこう。[73]最判昭和五二・七・七刑集三一巻五号一〇一一頁は、検察官が控訴した事件はその申立理由が被告人に利益な場合でも、「被告人のため控訴した事件に当たらない」とした。(4)説からは当然の帰結であろうが、本稿の立場からは被告人に不利益な事実を認定し刑を重くすることは不可能である。また、双方控訴において検察側の控訴が棄却された場合も適用がある。差戻し・移送後にも適用される（前出最大判昭和二七・一二・二四）。「重い刑」の意義につき、判例は刑名などの形式のみによらず、「具体的な両者の刑の比較の総体的考察において」（最大判昭和二六・八・一刑集五巻九号一七一五頁）判断すべきとした。これによれば懲役一年の実刑判決を懲役一年六月執行猶予三年に変更することは重い刑に当たらない（最決昭和五五・一二・四刑集三四巻七号四九九頁）。これに対し、裁判官の個々の具体的裁量に任せ、判断結果の一般化に困難・曖昧さが伴うこの具体的総合的考察方法の回避をもくろみ、まず判断基準の一般化・明確化を試みる一般的部分的考察方法には正しいものがある。これによれば、たとえ執行猶予がついても刑の部分が重くなれば、不利益変更となる（最判昭和二五・三・三刑集四巻三号三〇五頁）。

また、この禁止を規定しない少年法での少年審判手続とこの原則との関係について、最判平成九・九・一八刑集五一巻八号五七一頁は、家庭裁判所の保護処分決定に対する抗告により、その決定が取り消された場合に、当該事件を少年法二〇条により検察官送致することは許されないとした。(74) その根拠として、少年法の趣旨・目的・構造などから、刑事処分が少年にとり保護処分など少年法の処遇より一般的類型的に不利益な点、法が少年側にのみ抗告権を認め、抗告審がもっぱら少年の権利保護を目的とすることをあげる。この「不利益」に関する明確な一般的な基準の呈示は評価できよう。また、ここでの不利益変更（検察官送致）禁止は、刑事訴訟における通説的な政策上のそれのみでは説明できず、むしろ少年法に内在し片面的に作用する前述の根拠・抗告審の目的から導かれるものといえよう。片面的に少年側にのみ抗告が認められ、抗告審での審判対象も保護処分決定の当否におのずから限定され、不利益変更は当然に禁止される。(75) この論理は、本稿の「証明なし無罪」への控訴不可能性から控訴・控訴審の目的を被告人の救済、有罪事実認定の弾劾と片面的に捉えることに通じるもので、刑事訴訟における不利益変更禁止の原則の根拠などにも及ぼされねばならない。

八　控訴審における事実誤認救済機能活性化の展望

とりわけ事実認定をめぐる控訴審の覆審化あるいは続審化は、控訴審を被告人救済制度として構成しようとの意図をもつが、他方で検察側の活動も同じく許す結果となり、被告人に過酷を強いることとなる。そこで控訴審を被告人の救済制度として片面的に捉えるためどのように理論構成するかが問題となる。被告人の「第一審での防御から上訴審での攻撃[76]」、主体的防御が上訴審の目的で、当事者の不服申立てを上訴審の審判対象とし、これを上訴審の当事者主義構造から導こうとする。あるいは覆審化、争われた範囲での心証形成の新たなやり直しと捉え、二重の危険禁止の趣旨などから片面的構成を試みる。冒頭でも指摘したこれらの方向性は基本的には正しいし、新島ミサイル事件最高裁判決もこの方向にあるといえよう。だが、本稿を通してみてきたように、当該判例をめぐる解釈は、当事者主義と実体的真実主義あるいは事後審論との相関関係の中で、実際に一様ではない。また、二重の危険に関し、たとえば検察官上訴禁止から継続的危険論に至るまでその内容は様々である。少なくとも「証明なし無罪」に対する検察官上訴を否定しない限り上訴審での実体的真実主義の主張を理論的に肯定することになる。この意味で上訴審は純粋に被告人救済の制度とはならないのではないか[77]。ここに一般化されない相対的で様々な政策的判断・解釈が働く余地が残されている。もとよりこのような手法を全く否定するものではないが、上訴審での目的は依然並存し、両者の限界は曖昧なものとなろう。戦後のデュー・プロセス論は憲法上の人権すら相対的政策的なものとする[78]。これに対し、本稿は人権の背後により本質的なものを求め、確固とした事実認定の片面的性格から「証明なし無罪」への控訴を認めず、ここから控訴審を被告人の救済制度と捉えることを試みた。

より控訴審を被告人の主体的防禦の場とするためには、第一審の充実を前提とし、とりわけ証拠開示は不可欠である。また、当事者弁論主義を徹底し、検察官による事実の主張（間接事実から主要事実へと至る証拠構造）にも主張責任・拘束力を認めねばならない。これにより、裁判官の証拠構造組み替えによる不意打ち防止が可能となる。とりわけ控訴審では、第一審認定事実を支えた証拠構造の有機的連関（客観的蓋然性）の固定・可視化により、その弾劾対象・部分の明確化が可能となり、控訴審での被告人防禦活動活性化の途が拓けるであろう。このためには主要事実・間接事実をめぐる事実認定の研究が、従来の民事訴訟における研究をも比較参照しつつ、さらに必要であろう[79]。いずれにしても、本稿で論じた諸論点は密接な関連性を有しており、新島ミサイル事件最高裁判決を梃子に、控訴審を純粋に被告人救済制度と位置づける理論・手続的保障のより一層の深化が必要である。

九　上告理由と事実誤認および検察官上告の問題点

本稿の最後に、とりわけ上告審における事実誤認救済活性化はどのようにして図るべきかを概観してみたい。そこで以下では、まず上告審の役割を、上告理由・職権破棄規定との関係から、戦後の実務にふれつつ考察し、あわせて検察官上告の問題にも言及する。次に被告人救済機能を活性化するためにどのような手続を上告審においてとるべきかを田宮博士の主張[80]を中心に検討し、そこで示された帰結をより強固で普遍的なものとして支えるための論拠を探りたい。

1　上告審の機能、事実誤認の救済

最高裁の役割には、法令解釈の統一と当事者の具体的救済という二つがあり、そのいずれに重点をおくかが一つの問題となる。すなわち、最高裁判所には違憲立法審査権が与えられ、法令解釈の統一という国家的利益を図る役割があり、これは現行刑訴法上、上告理由としての刑訴法四〇五条に現れている。他方で、最高裁の構成などからして、あまりにも負担がかかる事実誤認、量刑不当といった当事者の個人的具体的利益の救済は、控訴審までで図るべきで、上告審の原則的役割ではない、といわれる。これは刑訴法四一一条において、刑の量定が甚だしく不当、重大な事実誤認などがあり、かつそれが著しく正義に反するときにのみ職権で破棄ができる、との規定からもうかがえ、これはあくまでも例外といわれる[81]。

このような理解のもと、戦後の犯罪激増、刑事裁判機構の改革、新刑訴法の施行などの条件が重なり、最高裁に上告事件、未済事件が山積し、刑訴法四一一条職権破棄規定は当初極めて限定的に運用されることとなった。[82] さらに、この限定の背後には、とりわけ同条三号の「重大な事実の誤認」に関し、「法律審である上告審が自由心証の認められた事実審の事実認定、証拠判断に立ち入るのは誤り」[83] であるとの認識もある。

しかし、この運用は、第一審の事実審理、事実認定、さらには控訴審での事後審査の充実を前提にしていた。[84] これに反する事態に直面し、最高裁は、二俣事件において「事実誤認の疑い」を破棄事由とし、幸浦事件判決、八海事件第一次上告審判決を経て、松川事件第一次上告審判決[85]では、いわゆる「諏訪メモ」の公判廷への顕出を認め、上告審での事実取調べの道を拓き、当事者の具体的救済へと踏み出した。[86] この事態に対して、従来の立場からは批判があろう。しかし、最高裁は、事実問題を扱うには、その組織・構成が不充分との批判に対し、具体的救済の必要性から、その役割を果たすこととなった。刑訴法四一一条の各号は職権事項であり、たとえその数はわずかとしても、最高裁がこれを行ってきた事実は、それだけ具体的救済の必要性が差し迫ったものであったことを物語っていよう。刑訴法四一一条の規定の存在自体、個人的利益を具体的に救済する必要性が最後まで残らざるをえないことを意味し、法がそれを期待していることを物語る。（消極的）実体的真実の発見による被告人の救済・人権保障（職権破棄）は、刑訴法上の上告理由ではないが、上告審として不可避の役割である。[87]

しかし、他方で、最高裁は検察官の上告を受け、職権で被告人に不利益な方向に重大な事実誤認などを理由に職権破棄した事例もある。[88] 最近でもいわゆる星野事件において、控訴審での証明なし無罪判決に対し、検察官上告があり、最高裁は原判決の事実認定に対し重大な事実誤認の疑いが顕著として職権により破棄差戻しを命じた。[89] これは検察官上訴一般の問題でもあるが、憲法三九条（二重の危険の法理）さらに上告理由（上告審の構造）を根拠に、少なくとも刑訴法四一一条をめぐる検察官上告は違憲であり、憲法が求めた再審とその理念における片面性からして、被告人に不利益な職権破棄は刑訴法四一一条「著しく正義に反するとき」（著反正義）に該当せず、最高裁の任務でもない、との主張がある。[90]さきに示した、上告審の役割、その根拠からしてもこの結論は正当であろう。

ところで、田宮博士は八海事件第三次上告審判決[91]をめぐって、具体的救済機能は、最高裁の処理能力、下級審手続きの充実の度合いなどを考慮した、高度の司法運用政策によってもたらされるとし、[92]最高裁のこの被告人救済の方向性を肯定的に評価された。[93]この点に関連し、最高裁による職権破棄の数は、憲法判断、判例判断が一段落し、上告事件が減少し、さらに控訴審の続審化に伴なって、増加したとの言及もある。[94]これはまた、さきの「著反正義」の解釈にも関係する。すなわち、この概念が、その時々の最高裁を取り巻く諸状況によって、その都度きわめて実践的政策的に変更・決定されてよいのか、という問題である。[95]この問題をめぐり、具体的事件の救済に上告審の機能が移行している現実の中、また無批判に実務が続く限りますます刑訴法四一一条の要件や著反正義の概念は拡張される運命にあるとの指摘がある。[96]ここには、先の問題、最高裁の変化に対し、否定的な見解が含意されている。これまでに本稿で示した立場も、相対的政策的に一定の概念が変化すべきではないという意味で、これと同様である。ただ、著反正義の概念・最高裁の役割が本来あるべきそれに比し、現在のところ、拡張されすぎていると見るのか、それに近い、近づいているとみるかに違いがある。本稿は、これまで指摘した諸理由、とりわけ無辜の不処罰、消極的真実主義、被告人の人権保障・救済の立場から、後者にたつ。[97]

2　上告審における事実誤認救済機能活性化の方途

以上の立場から、上告審において事実認定に対する審査はどのようになされるべきであろう。これをめぐり、最高裁が事実点にどの程度介入できるか、破棄自判か差戻しかなどについて、八海事件第三次上告審判決を契機に、最高裁の結論を、肯定的に論じ、理論づけされた田宮博士の論述を中心に検討していきたい[98]。

先にも示したように、事実審が厳格な証明によって認定した事実を上級審が記録だけで批判・破棄するのは問題である、とするのがこれまでの認識であった。この点について、事実誤認には① 経験則違反と② 単に原審認定が不合理なものがあることを前提に、法令違反を本質とする①は記録だけで誤認判断できるが、②について、無罪判決を記録だけで破棄できないが、有罪判決については破棄できる、と田宮博士は論じた。それは有罪を認定するためには、被告人に充分な告知と聴聞の保障が憲法上要求され（憲法三一条・三七条）、厳格な証明が必要だからである[99]。犯罪の不存在の立証にも厳格な証明が訴訟法上必要とされるが、これは憲法上の要求ではないことを意味する。ここから、事実の取調べ不可能な上告審において、①については有罪も無罪も記録だけで破棄できるが、②は有罪判決だけ破棄可能となる。この背景には、刑訴法三二八条、弾劾証拠をめぐり主張された被告人のための証拠能力に関する片面的構成もある[100]。以上の論理は、最高裁での事実調べの方式について、松川事件第一次上告審判決が認めた資料の「公判廷顕出」を許容することになる[101]。こうして、田宮博士は最高裁による事実問題への介入の正当性を認められた。また、事実誤認を理由に上告審が原判決を被告人の不利益に破棄自判できないこと、さらには二重の危険の原則を根拠に、検察官は無罪判決に対して上告できないこと（事実点に関する上告禁止）を主張される[102]。

加えて、破棄自判無罪・破棄差戻しをめぐり、田宮博士は、上訴審で有罪判決を破棄するとき自判が原則と結論する。事実誤認とは、検察官の主張が認められないことであり、原審認定が合理的でないなら、それは無罪の判断に熟している。すなわち、事後審における事実誤認は認定された事実に対する批判で足り、最高裁のいう「事実誤認の疑い[103]」そのものが完全な「事実誤認」ということになる。さらに、誤って無辜を処罰すること自体「重大な」事実誤認であり、「著反正義」といえる。また、審理不尽として、原審の有罪立証の不充分さを救済することは強度の職権主義であり、現行法の理念に沿わず、差戻しは検察官のやり直しの是認となり、刑訴法三八二条や三八二条の二の制限を被告人に不利益な方向でかいくぐることになる、[104]という。

3　事実誤認救済機能活性化のための理論的基礎

上告審における被告人救済とその活性化のため、以上の帰結を支持することが出来よう。ただ、本稿での「証明なし無罪」に対する上訴を否定するこれまでの立場からは、その論拠について検討がさらに必要であろう。田宮博士は検察官上訴一般ではなく検察官上告のみを否定する。この点について、当初いわゆる「継続的危険論」を支持されていた田宮博士は、二重の危険は時代思潮や手続的な考慮によって柔軟な性質をもつとし、危険は事実審の終結たる控訴判決によって発生し、上告は二重の危険禁止にふれると変更された。[105]この憲法三九条の人権、一事不再理・二重の危険の内容は政策的に変わりうる、相対的なものなのか。ここに、この戦後刑訴法学のよってたつ柔らかなデュー・プロセス論の限界が現れている。[106]もとより憲法上の個々の人権規定そのものが重要であることはむろんであるが、それに加え、その背後にあるより普遍的で本質的な根拠を追求していく必要がある。この点につき、検察官上告禁止の論拠を、田宮博士は、被告人に対する告知と聴聞の機会（厳格な証明）の保障（憲法三一条・三七条）による片面的構成からも導かれた。しかし他方で、この片面的構成をめぐり、実定法上の根拠にきめ手を欠くという弱みがあり、なお解釈論上の工夫を要しようとされる。[107]憲法を論拠にしつつ、なお実定法上問題があるとするなら、解釈論上の工夫を、先に述べたように、より普遍的な論拠に求めるしかないであろう。

ここでもまず参照すべきは、刑訴における片面的構成を視野に入れられていた田宮博士である。[108]すなわち、「犯罪事実を積極的に、『合理的な疑いをこえる』まで立証する任務は、検察官にある。……被告人は、いつも受動的に、『合理的疑いをこえる』心証をきりくずすという、消極的作業をやっていればよい[109]」。無罪の場合は有罪の場合と異なり事実を積極的に認定するものではない。したがって、無罪方向における証拠判断については、有罪の場合の事実認定とは異なり、厳格な証明を要しない[110]。無罪の推定、「疑わしきは被告人の利益に」の原則を基礎に据えた、より普遍的・本質的なものとしてのこの「事実認定の片面性」こそ、検察官上告の禁止をふくむ上告審における事実誤認救済機能活性化のための主張を論拠づけるだけではなく、刑訴全般における被告人のための片面的構成を可能とする。本稿冒頭において「証明なし無罪」に対する控訴を否定した事実認定論も「事実認定の片面性」を示している。すなわち、「疑わしきは被告人の利益に」の原則・口頭主義のもと、最終的に主観的なものとならざるをえず、繰り返すことの決して出来ない事実認定であればこそ、有罪認定には、客観的蓋然性とそれに基礎をおく「主観的確信」が要求される。これは、たとえ客観的蓋然性があっても判断者が主観的確信を最終的に抱き心証形成[111]（事実認定）がなされない限り無罪であることを意味する。ここに、「事実認定の片面性」が現れている[112]。

本稿での基調であるこの「事実認定の片面性」からの帰結は、上告審にのみに適用されるものではない。証拠能力の片面性をはじめとして、第一・二審の事実認定においてもあてはまり[113]、「証明なし無罪」判決に対する控訴はもとより禁止されることになる。これにより被告人救済のための制度として純化される控訴審では有罪事実認定の客観的蓋然性・証拠構造を、新証拠許容のもと、もっぱら弾劾し、それに疑いを生じさせることが、自判に相当する事実誤認であり、審理の繰り返しとなる差戻しは許されない。これらは上告審でも変わらない[114]。この立場から控訴審での諸問題をさきに論じたが、それは基本的に上告審にも適用されねばならない。

上告審をめぐり、死刑有罪事件に限り事実誤認を上告理由とすべきとの主張がかつてあったし[115]、最近でも検察官上訴の制限をめぐって制度的見直しも必要との見解もある[116]。もっぱら、本稿では、上告審における事実誤認救済機能活性化の方途を探るなかで、現行刑訴法・職権破棄（四一一条）を前提にしても、事実認定の片面性から、それが充分に可能であることを示してきた。もちろん現実・実務の中で上告に関する立法論的さらには解釈論的な検討も重要であり必要である。しかし他方で、あるいはそのためにも、上告審だけではなく控訴審をも含み、さらには再審とのかかわりで、憲法だけではなく国際人権規約をも視野に入れつつ、事実認定の問題のみならず、広く上訴審全体が基礎に置くより本質的、普遍的な原理・原則、理論を追求し、深化させる必要があろう。

最後に、平成二一年から実施されることとなった裁判員制度のもとで、上訴審、とりわけ控訴審をどう位置づけるかは一つの検討課題として残されているともいえよう。ただ、本稿を論じるに当たってその基礎においた口頭主義・直接主義の徹底による第一審の充実・重視（第一審中心主義）、さらには「事実認定（心証形成）一回性の原則」、控訴審の事後審性などのコンセプトは、裁判員制度に対してより整合性をもつもので、ましてや矛盾するものでは決してない。また、より普遍的・本質的なものとして捉えるべき「事実認定の片面性」は、裁判員制度のもとにおいても何らの変更も加えられるべきものではなく、以上の論述は、裁判員制度導入下での上訴審に関しても、妥当すると考える。(117)

（1）　たとえば、井戸田侃『刑事手続構造論の展開』（有斐閣、一九八二年）二二七頁。
（2）　検察官上訴をめぐる包括的な最近の論稿として、白取祐司「名張事件――審無罪・二審死刑の不条理」法学セミナー（一九九七年）一二頁（白取祐司『刑事訴訟法の理論と実務』（日本評論社、二〇一二年）に所収）。なお、検察官上訴（「証明なし無罪」に対する上訴）の弊害について、平田元「控訴審における破棄自判・有罪の問題」光藤景皎編著『事実誤認と救済』（成文堂、一九九七年）一三一頁以下参照［本書第一章第三節］。
（3）　小田中聰樹『刑事訴訟と人権の理論』（成文堂、一九七八年）三八七頁。
（4）　後藤昭『刑事控訴立法史の研究』（成文堂、一九八七年）三〇六頁、田宮裕『刑事訴訟法［新版］』（有斐閣、一九九六年）四

八六頁、光藤景皎「事実誤認と控訴審」光藤景皎編『事実誤認と救済』（成文堂、一九九七年）一一一頁（光藤景皎『刑事証拠法の新展開』（成文堂、二〇〇一年）に所収）。さらに、香城敏麿「控訴審における事実誤認の審査」『松尾浩也先生古稀祝賀論文集下巻』（有斐閣、一九九八年）六二三頁参照（香城敏麿『刑事訴訟法の構造』（信山社、二〇〇五年）に所収）。

（5）　団藤重光「自由心証主義」『刑事法講座六巻』（有斐閣、一九五三年）一二二七頁。

（6）　団藤「前掲」。

（7）　長島敦「自由心証主義と挙証責任」『法律実務講座刑事編九巻』（有斐閣、一九五六年）二一〇八頁（長島敦『刑事司法をめぐる学理と実務』（成文堂、一九九〇年）に所収）。

（8）　平田元「上訴審による自由心証主義のコントロール」九大法学五二号（一九八六年）八八頁［本書四九頁］以下。

（9）　中野次雄「刑事控訴審における若干の問題」岩田誠先生傘寿祝賀『刑事裁判の諸問題』（判例タイムズ社、一九八二年）三三六頁（中野次雄『刑事法と裁判の諸問題』（成文堂、一九八七年）に所収）、佐藤文哉「上訴審の機能」『刑罰法大系六巻』（日本評論社、一九八三年）二三九頁。

（10）　斎藤朔郎『事実認定論』（有斐閣、一九五二年）八八頁（斎藤朔郎『刑事訴訟論集』（有斐閣、一九六五年）に所収）、田宮裕「上訴の理由」『刑事訴訟法講座三巻』（有斐閣、一九六四年）一〇六頁（田宮裕『刑事訴訟とデュー・プロセス』（有斐閣、一九七二年）に所収）、後藤『前掲書』三一一頁、石松竹雄「控訴審における事実判断」小野慶二退官祝賀論文集『刑事裁判の現代的展開』（勁草書房、一九八八年）二〇九頁、光藤「前掲」、香城「前掲」等。

（11）　後藤『前掲書』三〇六頁以下、田宮裕『刑事訴訟法［新版］』（有斐閣、一九九六年）四八七頁以下、光藤「前掲」一一二頁以下、さらに、後藤昭「自由心証主義・直接主義と刑事控訴――平田元氏の論文を契機として」千葉大学法学論集二巻二号（一九八八年）二一一頁以下がある。

（12）　後藤「前掲」二八頁。

（13）　平野龍一「控訴審の構造」『刑事法講座六巻』（有斐閣、一九五三年）一二四七頁（平野龍一『裁判と上訴』（有斐閣、一九八二年）に所収）。

（14）　村井教授は、「合理的な疑い」とは特別に理性的な疑いではなく、「分別あるものとして選ばれた陪審員の抱く何らかの疑い」であるとし、「合理的な」という語に、特別な意味を付与すべきではない、とされる。村井敏邦「刑事裁判における証明基準の憲法的基礎」杉原泰雄教授退官記念論文集『主権と自由の現代的課題』（勁草書房、一九九四年）三一二頁、三一四頁。後藤教授は職業裁判官の事実認定と陪審によるそれとの異同について、異なるとしつつ留保をつけられているが（『前掲書』三三二頁）、私は本質的に両者は同じと考える。

(15) 光藤教授は、ドイツさらには我国での論稿を参照しつつ、「合理的疑いを超える証明の存否」という一元的基準、控訴審心証形成説を支持された（光藤「前掲」一二三頁以下）。「合理的疑いを超える証明」と「確信」が同一レベルでなければならない、との趣旨はよく理解できるが、二つの要素を認め、ドイツの学説にも現れたように「客観的蓋然性」と「主観的確信」との分離という現実（可能性）があるなら、これをふまえた理論の構築が必要と考える。なお、野間禮二「犯罪の証明――確信と合理的疑いを超える証明」判例タイムズ八八八号（一九九五年）四頁参照。また、たとえば、きわめて単純化すれば、血液鑑定で被告人が犯人である客観的蓋然性（確率）九八・四％とされたとき、一〇〇〇人中一六人の無実のものが存在しうるのであり、客観的蓋然性のみでは足らず、そのほかに有罪には裁判官の主観的確信が必要となろう。

(16) この問題の詳細について、真野英一「控訴審の審判対象」刑事訴訟法判例百選［第一版］（一九六五年）一五四頁（真野英一『刑事上訴審の研究』〔一粒社、一九七〇年〕に所収）、庭山英雄「控訴審における審判対象（いわゆる一部上訴を含む）」『公判法大系Ⅳ』（日本評論社、一九七五年）一一七頁、横井大三『刑事裁判例ノート㈤』（有斐閣、一九七二年）一五五頁、松尾浩也編『刑事訴訟法Ⅱ』（有斐閣、一九九二年）四九一頁（本吉邦夫）など参照。

(17) 最大決昭和四六・三・二四刑集二五巻二号二九三頁。

(18) 前記暴力行為等処罰に関する法律違反の一部（暴行、器物損壊）はまた住居侵入と牽連関係にもある。

(19) たとえば、学説として、岩田誠「総説」『法律実務講座刑事編一〇巻』（有斐閣、一九五六年）二一九三頁、団藤重光『新刑事訴訟法綱要七訂版』（創文社、一九六七年）五一一頁、判例として、名古屋高判昭和三二・一二・二五高刑集一〇巻八〇九頁およびこれを維持した最決昭和三六・一二・二六裁判集刑事一四〇号七〇五頁などがある。

(20) 青柳文雄・判例評論一五一号（判例時報六三七号、一九七一年）一三八頁、横井大三『刑事裁判例ノート㈥』（有斐閣、一九七三年）二七九頁など。また、反対説、さらには賛成説などの詳細については、たとえば、千葉裕「職権調査の限界」刑事訴訟法の争点［旧版］（一九七九年）二六〇頁、香城敏麿「審判の対象」刑訴法判例百選［第五版］（一九八六年）二三二頁、宮城啓子「職権調査の限界」刑事訴訟法の争点［新版］二四四頁、など参照。

(21) 千葉裕「最高裁判例解説刑事篇昭和四六年度一二事件」（一九七二年）九七頁、庭山「前掲」一一六頁。

(22) 庭山英雄「新島ミサイル事件」法学教室［第二期］六号（一九七四年）二〇八頁。

(23) 横井『前掲書(六)』二六四頁、田口守一『刑事裁判の拘束力』(成文堂、一九八〇年)三二二頁、小林充「刑事判例研究二八四」警察研究四四巻六号(一九七三年)一一八頁、香城「審判の対象」二三二頁。この点をめぐり、鈴木茂嗣教授は、検察官の訴追意思の放棄により、実質的には黙示的な訴因の縮小変更が行われたとみるべきで、移審係属する公訴犯罪事実も縮小された訴因に対応する部分に限定されるとみるべきであり、他方無罪部分について検察官が上訴した場合には、有罪部分の訴追意思はなお継続しているとみられるから、その全部が移審すると解すべきとされる(鈴木茂嗣『刑事訴訟法〔改訂版〕』〔青林書院、一九九〇年〕二五四頁)。

(24) 田口『前掲書』三二三頁。さらに、佐々木史郎「控訴審における審判の対象」刑訴法判例百選〔第三版〕(一九七六年)二二六頁、朝岡智幸「職権調査の範囲と義務」判例タイムズ三四八号(一九七七年)四三頁参照。なお、一部確定力との用語をさけ、事実認定の一種の拘束力と捉えるものとして、小野慶二「控訴審の審判における当事者主義」団藤重光博士古稀祝賀論文集四巻(有斐閣、一九八五年)二七〇頁。

(25) 香城「前掲」二三二頁。

(26) たとえば真野英一「新判例評釈」判例タイムズ二六四号(一九七一年)四六頁、小林「前掲」一二二頁。

(27) 香城「前掲」二三三頁、さらに中野次雄「上訴の利益」『総合判例研究叢書刑事訴訟法(一七)』(有斐閣、一九六五年)二四頁参照。

(28) 香城「前掲」二三三頁。

(29) 小野「前掲」二七〇頁

(30) 後藤昭「本位的・予備的訴因のある場合の攻防対象論の適用と破棄判決の拘束力」昭和六〇年度重要判例解説(一九八六年)一八九頁、光藤景皎「審判の対象」刑事訴訟法判例百選〔第六版〕(一九九二年)二〇〇頁。

(31) この最高裁判例上にある下級審判例として、仙台高判昭和五七・五・二五高刑集三五巻一号六六頁は、第一審で包括一罪および観念的競合関係に立つ一部が無罪とされ、検察官、被告人双方から控訴があっても、無罪部分に事実誤認の主張がない場合、それは攻防対象から外されるとした。大阪高判昭和五八・一二・二二刑月一五巻一一・一二号一二一〇頁は、原判決に事実誤認が判明しても、被告人のみ控訴あり、検察官から不服申立てがない場合、原判示認定範囲を超え、原判決よりも被告人に不利益な事実を職権調査により判断し、事実誤認として破棄できないとした。

(32) 本判例評釈として、田口守一・ジュリスト八四九号(一九八五年)六〇頁、能勢弘之・判例評論三二四号(判例時報一一七

三号、一九八六年）二二二頁、後藤「前掲」一八九頁など。

(33) 本判例評釈として、白取祐司・法学セミナー四一九号（一九八九年）一二九頁、河上和雄・判例タイムズ七〇五号（一九八九年）六二頁、宮城啓子「攻防対象論と訴因」平成元年度重要判例解説（一九九〇年）一九一頁、など。

(34) 庭山「控訴審における審判対象（いわゆる一部上訴を含む）」『公判法大系Ⅳ』（日本評論社、一九七五年）一二六頁

(35) 平田「前掲」九三頁、一一九頁［本書五四頁、八四頁］参照。したがって、この確定力は認定されなかった範囲でのみ言渡しと同時に生じるものであり、即座に一事不再理が全体に生じるわけではない。

(36) 平田元「一事不再理と二重の危険」庭山英雄・岡部泰昌編『刑事訴訟法［第三版］』（青林書院、一九九六年）二九七頁。また、最大限の範囲は、本文のような趣旨から公訴事実の同一性の範囲を超えることもあり得よう。田宮裕「既判力・再論」法学四七巻五号（一九八四年）二〇八頁参照（田宮裕『日本の刑事訴追』〔有斐閣、一九九八年〕に所収）。

(37) 「実質的利益」とは、被告人の審級の利益であり、もはや控訴審で弁論の機会を与えなくてもすむような場合、すなわち新訴因についても第一審で十分に弁論が尽くされていた場合（中武靖夫他著『注解刑事訴訟法(下)［全訂新版］』〔青林書院新社、一九八三年〕一八二頁）、さらには少なくとも控訴審での事実取調べおよび弁論をあわせると被告人の防禦が十分である場合を意味する（小野慶二「訴因・罰条の追加変更」刑事訴訟法判例百選［第四版］〔一九八一年〕二一九頁）とされる。

(38) 平場安治『改訂刑事訴訟法講義』（有斐閣、一九五四年）五八四頁、石川才顯『刑事訴訟法講義』（日本評論社、一九七四年）三四八頁。

(39) 小野清一郎「新刑訴における控訴審の構造」刑法雑誌一巻三・四号（一九五〇年）四〇二頁。

(40) 平野龍一「控訴審の構造」一二六〇頁。その他に、団藤重光『新刑事訴訟法綱要七訂版』（創文社、一九六七年）五一二頁、高田卓爾『刑事訴訟法［二訂版］』（青林書院新社、一九八四年）五四〇頁など。

(41) 石川『前掲書』三四八頁。

(42) 井上正治「控訴審の構造」『刑事訴訟法基本問題四六講』（一粒社、一九六五年）四二六頁、萩原太郎「控訴審における訴因罰条の追加」刑事訴訟法判例百選［第三版］（一九七六年）二二九頁。この根拠として、控訴審の事後審査は原判決の基礎をなした訴因について行われるべき、あるいは交替的変更は第一審後の公訴の取消を禁じた刑訴法二五七条に反する、訴因と原判決の認定との間での食い違いの発生などがあげられる（平良木登規男『刑事控訴審』（成文堂、一九九〇年）二一六頁参照）。

(43) 吉田治正「控訴審における訴因の変更」判例タイムズ三四九号（一九七七年）七八頁。

(44) 最決昭和四七・七・二五刑集二六巻六号三六六頁での田中二郎反対意見。

(45) なお、松尾浩也「刑事判例研究三〇一」警察研究四五巻一一号（一九七四年）九八頁参照。

(46) 福岡高那覇支判昭和五一・四・五判例タイムズ三四五号三二一頁。

(47) この詳細につき、上口裕「訴因変更の時期的限界」刑訴法判例百選［第六版］（一九九二年）九五頁参照。さらに、土本武司「訴因変更の時期的限界」刑事訴訟法の争点［新版］（一九九一年）一四四頁、島倉隆「訴因変更の時機」刑事訴訟法判例百選［第七版］（一九九八年）一〇六頁参照。

(48) 小田中聰樹『ゼミナール刑事訴訟法(下)』（有斐閣、一九八八年）二二七頁。さらに、大出良知「控訴審における訴因変更」庭山英雄・森井暲『刑事訴訟法一〇〇講』（学陽書房、一九八六年）二四一頁。

(49) 最判昭和五八・一二・一三刑集三七巻一〇号一五八一頁。

(50) 木谷明「控訴審の謀議の認定手続に不意打ちの違法があるとされた事例」ジュリスト八〇九号（一九八四年）五八頁、田口守一「控訴審における審理と被告人に対する不意打ち」昭和五八年度重要判例解説（一九八四年）一八三頁など。また、庭山教授は、不意打ち禁止の法理は当事者主義・職権主義を超えた「公平な裁判所」に由来するとされる（庭山英雄「不意打ち認定」刑事訴訟法判例百選［第六版］（一九九二年）二〇三頁）。

(51) 木谷「前掲」五九頁、木谷明「控訴審における謀議の認定手続に不意打ちの違法があるとされた事例」法曹時報三七巻一〇号（一九八五年）三七三頁

(52) 田口「前掲」一八三頁。さらに、庭山「前掲」二〇三頁参照。

(53) 庭山「前掲」二〇三頁参照。

(54) 事実の取調べについて、どのような証拠・取調べで、第一審無罪判決を破棄できるかという問題もあるが、ここではふれない。この点について、田宮裕「上訴の理由」一〇六頁。後藤昭「控訴審における破棄と事実の取調べ」石松竹雄判事退官記念『刑事裁判の復興』（勁草書房、一九九〇年）三八九頁。

(55) この学説の分類・詳細について、たとえば、安廣文夫「最高裁判例解説刑事篇昭和五九年度二六事件」（一九八八年）三九九頁、野間禮二「控訴審における事実の取調」松山商大論集三九巻四号（一九八八年）八頁（野間禮二『刑事訴訟における現代的課題』（判例タイムズ社、一九九四年）に所収）、平良木『前掲書』一〇四頁、小林充「刑事控訴審における事実の取調べ」『松尾浩也先生古稀祝賀論文集下巻』五九八頁など参照。

(56) 本決定の評釈として、たとえば、石川才顕・判例評論三二七号（判例時報一一五一号、一九八五年）二三二頁、土本武司「新たな証拠の取調べ」刑事訴訟法判例百選〔第五版〕（一九八六年）二四〇頁、後藤昭・警察研究五九巻三号（一九八八年）三二頁、高木俊夫「新たな証拠の取調べ」刑事訴訟法判例百選〔第六版〕（一九九二年）二〇六頁など参照。

(57) 岸盛一『刑事訴訟法要義〔第四版〕』（廣文堂書店、一九六九年）三二六頁、小林充「控訴審における事実の取調べ」ジュリスト五〇〇号（一九七二年）四六〇頁。

(58) 田中政義「控訴審における事実の取調について」判例タイムズ七号（一九五〇年）一七頁、野間「前掲」三二頁。

(59) 田中「前掲」一八頁、谷口正孝「刑事控訴審の問題点」判例タイムズ二〇一号（一九六七年）二八一頁、野間「前掲」七、三一頁、平良木『前掲書』一一六頁、小林「刑事控訴審における事実の取調べ」六〇八頁。

(60) 前者につき小野「前掲」三九七頁、後者は平場『前掲書』五六八頁。両説の批判につき、小林「前掲」六〇〇頁参照。

(61) 斎藤朔郎『刑事訴訟論集』一一一頁、小林「前掲」六〇〇頁。

(62) 安廣「前掲」四〇七頁。

(63) 井戸田侃『刑事手続構造論の展開』二五四頁、小田中『刑事訴訟と人権の理論』三九〇頁。鈴木『前掲書』二八〇頁、後藤昭「刑事判例研究四六一」警察研究五九巻三号（一九八八年）四〇頁参照。

(64) 平田「上訴審による自由心証主義のコントロール」九八頁、一一九頁〔本書六〇頁、八四頁〕。

(65) 後藤「前掲」四〇頁。井戸田教授は、被告人の利益保障を中心として考慮すべきことは一定の場合裁判所の義務となる、とされる（井戸田『前掲書』二五四頁）。

(66) 小野清一郎「審級制度と上訴の限界」『法学評論㊤』（弘文堂書房、一九三八年）三二〇頁、高田卓爾「不利益変更禁止の研究」刑法雑誌三巻一号（一九五二年）四六頁、竹内正「不利益変更禁止の原則」『刑事訴訟法講座三巻』一一八頁、横山晃一郎「不利益変更の禁止」『公判法大系Ⅳ』八八頁など参照。

(67) 田中耕太郎「上訴権の濫用とその対策」法曹時報六巻一号（一九五四年）三九頁。

(68) 横山「前掲」九〇頁、高田昭正『刑事訴訟の構造と救済』（成文堂、一九九四年）五五頁。また、この原則は新たに心証形成をする覆審よりも事後審に親近性をもつものであろう（小野慶二「不利益変更の禁止」法律時報二七巻六号〔一九五五年〕六四頁）。

(69) 千葉裕「最高裁判例解説刑事篇昭和四六年度一二事件」（一九七二年）一〇〇頁。

(70) 不破武夫『刑事法の諸問題』(弘文堂、一九五〇年) 七九頁。
(71) 田宮『刑事訴訟法［新版］』四六九頁。
(72) ここでの部分的確定力は、この原則の根拠(3)であげた、相対的確定力とは異なる。後者はドイツ糺問裁判官の無制約な職権調査権限をその理論の前提とするとされるが(高田『前掲書』六五頁)、前者は当事者主義などを基礎にもつ事実認定の性格による。
(73) これらの詳細について、高田卓爾「不利益変更の原則」『総合判例研究叢書刑事訴訟法(一七)』二六〇頁、竹内「前掲」一二四頁、横山「前掲」九一頁参照。
(74) 本判決の評釈、この問題に関する文献につき、猪瀬慎一郎「少年審判手続と不利益変更禁止の原則」平成九年度重要判例解説(一九九八年)一九五頁、鈴木茂嗣「少年保護事件と不利益変更の禁止」少年法判例百選(一九九八年)一七四頁参照。
(75) 高田昭正「保護処分決定に対する抗告と抗告審決定の効力」法律時報六七巻七号(一九九五年)三一頁参照。
(76) 高田昭正「裁判への不服申立」横山晃一郎編『現代刑事訴訟法入門』(法律文化社、一九八三年)二三一頁。
(77) 田宮博士は、英米での上訴との関係で、検察官上訴の不存在により初めて上訴審が当事者の具体的救済の理念に徹しきれる、と正当に主張する(田宮「上訴の理由」一〇四頁)。
(78) この点につき、平田元「刑事訴訟における片面的構成の理論的基礎」横山晃一郎追悼論文集『市民社会と刑事法の交錯』(成文堂、一九九七年)一九七頁［本書第一章第二節］参照。
(79) この点について、たとえば、光藤景皎教授による「『間接証拠論』事始め」『中山研一先生古稀祝賀論文集五巻』(成文堂、一九九七年)一一五頁、「間接証拠論・その一」『松尾浩也先生古稀祝賀論文集下巻』四三九頁、「アリバイ立証の不成功とその影響」竹澤哲夫先生古稀祝賀記念論文集『誤判の防止と救済』(現代人文社、一九九八年)二八一頁などの一連の研究がある(前二者の論文は、光藤景皎『刑事証拠法の新展開』(成文堂、二〇〇一年)に所収)。さらに、刑法雑誌三九巻三号(二〇〇〇年)特集「事実認定の今日的課題」の諸論文参照。
(80) 田宮博士の主張を中心に据えるのは、以下に見るように博士が片面的構成を追求され、その主張において被告人のための事実誤認救済制度として上告(上訴)審を構成することを目論んでいたと思われるからである。もっとも、裁判実務、判例という現実の中で、田宮博士が最後までこの主張を維持されていたかは疑問である。
(81) たとえば、平場安治「上告審の機能」『刑事法講座六巻』一三一〇頁、青柳文雄「上告審の手続及び裁判」『法律実務講座刑

事編一一巻』（有斐閣、一九五六年）二五九〇頁、平野龍一『刑事訴訟法』（有斐閣、一九五八年）三二五頁、など。

(82)　この点をめぐって、横山晃一郎『誤判の構造』（日本評論社、一九八五年）一三一頁以下、高木俊夫「上告審」『刑事手続(下)』（筑摩書房、一九八八年）九六七頁以下、など参照。

(83)　横山『前掲書』一三三頁。

(84)　佐伯千仭『刑事裁判と人権』（法律文化社、一九五七年）六一頁参照。

(85)　最大判昭和三四・八・一〇刑集一三巻九号一四一九頁。

(86)　松川事件におけるこの点につき、横山『前掲書』一四〇頁は、最高裁が、被告人の人権保障（無辜の不処罰）のために、有罪判決の事実認定当否の判断資料とすることを肯定し、最高裁を新たな刑事司法観（無辜の不処罰）、上告観（国家的利益重視から個人的利益重視へ）へとたたせる道を拓いたと、積極的に評価する。最近の最高裁の無罪破棄事例とその件数について、庭山英雄「再論・最高裁破棄無罪事例」光藤編『事実誤認と救済』一六一頁以下、野間禮二「刑訴法四一一条三号による控訴審判決の破棄」判例タイムズ七二六号（一九九〇年）四頁以下（野間『刑事訴訟における現代的課題』に所収）、中川孝博「刑事裁判における証明基準の研究(一)」大阪経済法科大学法学論集四七号（二〇〇〇年）一一九頁以下、参照。

(87)　ただ、最高裁が事実認定をめぐり証拠能力に立ち入ることをさけ、個別的な証明力のレベルでのみ対処していることには問題がある。この点について、田宮裕「最高裁と事実審査――八海事件をめぐって」ジュリスト四一二号（一九六八年）三八頁（田宮『刑事訴訟とデュー・プロセス』に所収）、「特集・刑事裁判は甦るか――最近の無罪判決の動き」法学セミナー四四一号（一九九一年）二四頁以下参照。

(88)　たとえば、最判昭和四三・一二・二四刑集二二巻一三号一五九五頁。横山教授も、最高裁の歩みが必ずしも個人的利益重視のそればかりでないことを指摘する（横山『前掲書』一四〇頁）。

(89)　星野事件について、鳥毛美範「星野事件」季刊刑事弁護三巻（一九九五年）七〇頁、「特集・事実認定と弁護活動の課題」季刊刑事弁護三巻八八頁、竹澤哲夫「検察官上告の違憲性について」庭山英雄先生古稀祝賀記念論文集『民衆司法と刑事法学』（現代人文社、一九九九年）二七五頁。

(90)　竹澤「前掲」二八五頁以下。

(91)　最判昭和四三・一〇・二五刑集二二巻一一号九六一頁。

(92)　田宮『刑事訴訟法［新版］』四九〇頁。下級審の充実に関して、田宮博士は、事実として充実強化されたことと、当事者がこれを信頼することは別とも指摘される（田宮「上訴の理由」一一四頁）。これをめぐり髙木「前掲」九七〇頁も、裁判に不服が残る以上、もっぱら刑訴法四一一条の発動を求めてなされる上告申立てを一概に非難できないと、正当に主張される。

(93) 田宮裕「最高裁と事実審査」三六頁以下。

(94) 青柳文雄・判例評論二九五号（判例時報一〇八二号、一九八三年）二一七頁、髙木「前掲」九七二頁、さらに髙木論文に対する河上和雄「コメント一」『刑事手続(下)』九七七頁参照。

(95) 髙木「前掲」九七一頁以下、河上「前掲」九七七頁参照。

(96) 河上「前掲」九七七頁以下。

(97) 上告理由の変革をめぐり、民事訴訟においては、一九九六年の新民事訴訟法制定により、上告理由受理制度（民訴三一八条）が設けられた。一方刑訴においては、かつて事実誤認と上告理由をめぐり問題となったが（たとえば、「特集──上告理由としての事実誤認」自由と正義一四巻七号（一九六三年）、田宮「上訴の理由」一一四頁以下）、現在進行中の司法制度改革審議会での、そしてそれをめぐる議論においては上告理由に関する言及はほとんどない（さらに、「特集──刑事訴訟法五〇年」ジュリスト一一四八号（一九九九年）、参照）。これは本文中で示したいわゆる「拡張された」実務が是認されているものともいえよう。

(98) 田宮「最高裁と事実審査」三六頁以下。従来の最高裁は法令解釈の統一がその本来の役割であるとの支配的見解に対し、田宮博士が新たな方向性を示したと、横山『前掲書』一四〇頁は高く評価する。さらに同様の方向性を示すものとして、熊本典道『刑事訴訟法論集』（信山社、一九八九年）五三六頁以下もある。

(99) 田宮「最高裁と事実審査」三八頁。

(100) 田宮裕「証明力を争う証拠の問題」ジュリスト二七二号（一九六三年）五八頁以下（田宮『刑事訴訟とデュー・プロセス』に所収）。松川事件第二次上告審判決（最判昭和三八・九・一二刑集一七巻七号六六一頁）は、犯罪事実または有罪に関する事実を積極的に認定する場合と無罪立証における場合とにおける証拠能力に関する適用を区別している。

(101) 田宮『刑事訴訟法［新版］』四九四頁。さらに理論上、人証を排斥する根拠も乏しいと正当に述べられる。さらに、鬼塚賢太郎「上告審における事実の取調」『公判法大系Ⅳ』三三一頁、河上「前掲」九七八頁参照。

(102) 田宮「最高裁と事実審査」三八頁以下。

(103) 最判昭和二八・一一・二七刑集七巻一一号二三〇三頁（二俣事件）を嚆矢とし、最判昭和三二・一〇・一五刑集一一巻一一号二七三一頁（八海事件第一次上告審判決）、前出松川事件第一次上告審判決などがある。田宮博士は、心証を形成しないで誤謬を批判するのが「事実誤認の疑い」であり、事後審では「事実誤認」は批判で足り、両者は同じものと正当に主張されている（田宮「上訴の理由」一一二頁以下）。同様に、平野博士も、八海事件第一次上告審判決をめぐり、最高裁が調書から心証を取ろうとすることは事実認定の審査の方法として正当ではないこと、無罪の自判をすべきと論じた（平野龍一『裁判と上訴』〔有斐閣、一九八二年〕一八六頁以下）。

(104)　田宮「最高裁と事実審査」三九頁以下、平野『裁判と上訴』一九二頁。もっとも後に、田宮博士は、差戻しを前提に、「疑い」で破棄してよいか、疑問を提起されている（田宮『刑事訴訟法〔新版〕』四九三頁）。さらに、岡部泰昌「上告審の構造と事実誤認の救済」光藤編『事実誤認と救済』一四三頁以下参照。

(105)　田宮「最高裁と事実審査」三九頁。もっとも、教科書では検察官上訴の当否はこれからの問題であると、言及されるにとどまっている（田宮『刑事訴訟法〔新版〕』四五二頁参照）。

(106)　平田「刑事訴訟における片面的構成の理論的基礎」一九七頁〔本書八七頁〕以下。

(107)　田宮『前掲書』四八一頁。

(108)　その片面的構成の内容として、被告人のための伝聞法則の制約解除、検察官上訴の禁止、量刑資料に関する証拠規制の検察官・被告人での別異の構成、挙証責任概念への差異の設定などを、田宮博士は挙げられる（田宮「証明力を争う証拠の問題」五九頁）。

(109)　田宮「前掲」六〇頁。

(110)　田宮「最高裁と事実審査」三七頁以下、千葉裕「最高裁判例解説刑事篇昭和四五年度一三事件」（一九七一年）一〇七頁。

(111)　平野博士は、「心証がとれるというならば、どんな記録からでも心証はとれるであろう」（平野龍一『裁判と上訴』一八九頁）と書面からの心証形成を、正当に批判される。ここでの「心証」が人間の認識・判断作用である限り、それはすべて「心証」であるといえようが、訴訟上の「心証」および「心証形成（事実認定）」の用語は、口頭主義下における有罪方向でのものに限定して用いるべきである（平田「刑事訴訟における片面的構成の理論的基礎」二一二頁〔本書九六頁〕）。

(112)　この点について、平田「前掲」二一一頁〔本書九六頁〕以下、平田「上訴審による自由心証主義のコントロール」一一七頁〔本書八一頁〕以下、参照。こうして、田宮博士は、犯罪の不存在には厳格な証明が不要との根拠を、それは憲法上の要求ではない点に求められたが、その背後には「疑わしきは被告人の利益に」・無罪の推定を基礎に置く「事実認定の片面性」が存在している。

(113)　鬼塚「前掲」二二三頁、さらに、河上「前掲」九七八頁参照。
(114)　庭山「再論・最高裁破棄無罪事例」一六二頁は、控訴理由の「事実誤認」(三八二条)と上告審「重大な事実誤認」(四一一条三号)には、実質的な差異はないとする。
(115)　田宮「上訴の理由」一一五頁。
(116)　松尾浩也『刑事訴訟法(下)〔新版補正版〕』(弘文堂、一九九七年)一八九頁以下。
(117)　この点をめぐって、後藤昭「裁判員制度に伴う上訴の構想」一橋法学二巻一号(二〇〇三年)三頁以下、加藤克佳「裁判員制度における判決と上訴の構想」刑法雑誌四三巻三号(二〇〇四年)四五一頁以下、中川孝博「裁判員制度のもとにおける控訴審のあり方」季刊刑事弁護四三号(二〇〇五年)六〇頁以下(中川孝博『刑事裁判・少年審判における事実認定』〔現代人文社、二〇〇八年に所収〕参照。

第二節　無罪推定を基調とした捜査・証拠評価を（板橋強制わいせつ事件／最判平成元年一〇月二六日）

一　事案の紹介

本件は、第一審無罪（東京地判昭和六一・一二・一一判例時報一二三二号一五一頁）、検察官控訴、破棄自判有罪、懲役一年二月（東京高判昭和六二・一二・一五判例時報一二六五号一五二頁）、弁護側上告、有罪判決破棄・控訴棄却（最一小判平成元・一〇・二六判例時報一三三一号一四五頁）、無罪確定という経過をたどった強制わいせつ事件である。

検察官主張の訴因によれば、被告人は、昭和六〇年七月一三日午後六時頃、東京都板橋区内の某マンション前通路において、帰宅途中の同マンションA号棟に住むA子（当時九歳）が一三歳未満であることを知りながら、わいせつ行為をしようとして、同マンションA号棟二階に通じる階段踊り場に連れ込み、わいせつ行為をなし、さらに、同女を同マンションB号棟に連行し、同日午後六時三〇分頃まで三階から七階にいたる各階段において、同女にわいせつ行為を行った、というものであった。

捜査経過の概要は次のとおりである。A子は、事件当日、被害を誰にも告げず、一五日学校で、本件マンションA号棟に住む友人のC子に、一見外国人（白人）風で日本語の流暢な犯人による事件を、初めて打ち明けた。その際、C子から、自らも同様な外国人に五階までついて来られたこと、その外国人がエレベーターの五階のボタンを押していたことをきき、A子は同人が本件犯人で、本件マンションに住んでいると考えた。一六日、この話をきいた教師が、A子の母親に、本件犯行、犯人が本件マンションの住人であることを告げた。この内容を、本件マンションの管理人Bに伝えたところ、該当者は（父がアメリカ人で母が日本人の）被告人以外にいない旨、Bは答えた。Bは、駆けつけた巡査に、犯行、犯人が被告人であることなどを伝えた。巡査は、帰宅した被告人を警察署に任意同行した。A子は、取調室で取調べを受ける被告人に対し透視鏡を通して面通しを行い、被告人を犯人と指摘した。また、Bも、警察署において、面通しを行っている。その際、Bは、七月一三日に被告人とA子をマンション内通路で目撃した旨、供述したが、この時点では、A号棟一、二階の間の踊り場でA子と一緒の被告人と言葉を交わしたことは、供述していない。この供述は、約一週間後に初めて検察官に対してなされた。被告人は、七月一六日の夜、面通しの後、緊急逮捕され、同月二六日司法警察員に、三一日検察官に自白をしている。

二　問題の所在

本件証拠評価に関して、被告人と犯人との同一性がもっぱら有罪・無罪の分水嶺をなし、この点をめぐり、㈠被害者であるA子の供述の信用性、㈡本件マンション管理人であるBの目撃供述の信用性、㈢被告人の捜査段階での自白の信用性、が主要な争点となった（自白の任意性をいずれの裁判所も肯定した。また、被告人のアリバイ供述の信用性が問題となったが、最高裁は言及しておらず、ここでは論じない）。

以下では、各争点ごとに、破棄の対象となった控訴審での事実認定における証拠の評価方法を確認し、これに対する最高裁判決の判断内容を示していきたい。

1　被害者供述の信用性

A子供述について、高裁は第一審同様、犯人の服装及び所持品に関し、詳細かつ具体的で、信用できるとする。だが、被告人と犯人との同一性については、評価が分かれた。高裁は、A子の原審での供述の際、被害時、すでに、犯人は初めて見る人物ではなく、犯人が本件マンションの住人かと思っていた旨供述し、当審でも同様の供述をしていること、原審での、C子との会話から犯人特定について影響を受けた旨のA子供述は、誘導的な問いに対するものであったことなどをあげ、信用性を肯定する。その他、高裁があげたA子供述を補強する主要な根拠として、本件マンションに住む中学二年の女性が、犯人の服装についてのA子の供述にそった、本件犯行があった昭和六〇年夏に被告人が胸に「ポパイ」という英字の入った服を着ているのを見た、との供述がある。

この高裁の証拠評価に対し、最高裁は、人物の同一性識別供述、とりわけ年少者の場合、被暗示性が強く、その信用性について慎重な吟味が必要との前提から出発する。そして、警察での面通しまでにかなり多くの人々が犯人特定に関与し、面通しは暗示性の強い単独面通しの方法が採られ、暗示を受けていた可能性を否定できないと述べる。また、第一審で、C子との会話により本件マンションの住人が犯人と初めて思うようになったとA子が供述し、C子らとの会話により、外国人がエレベーターの五階のボタンを押していたとの内容を、A子がきいた事実などから、C子らとの会話を通じて本件マンションに住んでいる被告人を犯人と特定するようになった疑いを否定できない、とする。さらに前述中学生の補強供述について、被告人を見かけた時期について、昭和六〇年の夏で、小学校が休みに入った七月下旬とか、昭和六一年にも見た（被告人勾留中）との供述には重大な疑問がある、と判示する。最後に、犯人の特徴に関するA子供述は、第一審よりも第二審の方が詳細、強固で、被告人をより犯人と断定する内容（第一審……背の高さは忘れた、第二審……背の高さからして被告人が犯人に間違いない）となっており、信用性に問題がある、と述べる。以上から、A子の同一性識別供述の信用性には、疑問を差し挟む余地があるとの結論を下した。

2　目撃供述の信用性

管理人Bの、本件マンションA号棟一、二階の間の踊り場に、被告人とA子が一緒にいたとの目撃供述が争点となった。この信用性をめぐり、Bが現場を通りかかった際、犯人と交わした会話とその対応が問題となる。すなわち、Bに犯人が「Dという人の家を知りませんか。英語を教えに来たんですけど」と尋ねたとき、Bが「そういう人はいない。ここは英語をやるところじゃない。無断でそのようなことをすると館内放送をする」と答えた事実である。第一審は、館内放送を、Bが犯人を部外者とその時みていたと考えることにより、合理的な説明がつくとする。

控訴審は、これに対し、七月一三日の夕刻、Bは、自治会役員会準備に追われ、外部の人間と早合点し、前記対応をし、一六日に犯人の人相、特徴などをきいて、初めて被告人と気づいたことは、管理人とはいえ、多数の住人の顔を逐一識別し、思い出せるとは到底考えられず、あながち不自然とはいえないとする。また、Bが目撃供述を一六日にしなかった点について、巡査との対話の主題がわいせつ被害の有無とか、BがA子や被告人を見たことの有無ではなく、問題の人物が本件マンションにいるかどうかで、当日この目撃供述をしなかったからといって、一六日の時点において被告人が犯人との確信がBになかったとはいえない、と判示する。以上から高裁判決は、B供述の信用性を肯定した。

最高裁は、高裁認定の記憶喚起の経緯はそれ自体不自然で、かつBは被告人を熟知し、犯行時被告人とすでに気づいていたと一貫して主張しており、疑問があり、加えて、この熟知の事実と「館内放送をする」などのBの犯人に対する言動は矛盾し、また熟知の事実は、Bの居室と被告人のそれが同じ棟で近接し、被告人が特徴的な容貌であることから認められる、と述べる。一六日の巡査との会話では、犯人特定がもっとも重要な課題であったとすると、目撃の事実に言及するのが自然で、Bが、警察への通報直後、被告人方へ電話をかけ、被告人の英語会話能力をきいている事実は、この言及がなかった事実と相俟って、被告人を犯人とすることに必ずしも充分な確信をもっていなかったとするのが自然である、とした。以上の理由から、最高裁はB供述の信用性を否定した。

3　被告人自白の信用性

被告人の自白について、高裁は、服装・所持品、A子やBとの会話内容などの不充分さ、両名の供述との不一致、秘密の暴露の不存在を認めるものの、犯行の経緯および状況に関する部分は極めて詳細かつ具体的で、A子やBの供述におおむね一致し、また一般的に被疑者が種々の思惑から必ずしも犯行の全容を余さず供述するとは限らず、信用できると判示する。

これに対し、最高裁は、被告人の自白とA子やBの供述を具体的に対比するとき、犯人の服装・所持品、A子やBとの会話の内容に、たやすく看過しがたい食い違いがあり、これら（たとえば、被告人の「ポパイ」のシャツ所持の有無）は捜査段階で容易に解明できたにもかかわらず、これを怠ったと指摘しつつ、被告人の犯行時の心理描写はあるものの、秘密の暴露もないとして信用性を否定した。

三　本件裁判の意義

本件最高裁破棄判決は、様々な諸基準・注意則を用いた供述評価（供述分析）を自らがすることにより、下級審での安易な信用性の肯定、事実認定を戒めている点に意義がある。

このいわゆる供述分析はドイツにおいて、本件のような年少者に対するわいせつ事件で、被害者供述以外には証拠がなく、その供述内容自身から信用性判断をせざるを得ない状況から研究され、成人供述の分析にも利用されるようになった。また、供述分析は、広い意味で、当該供述と他の証拠との比較も含む。わが国でも、この研究が最近はじまり、裁判所も供述の信用性評価の場面で、様々な基準・注意則を利用し始めている。

最高裁の判決は、本件でもっとも重要な位置をしめた、年少者の同一性識別供述について、たとえその供述がその他の点で詳細かつ具体的でも、被暗示性が強く、信用性は慎重に吟味する必要がある、すなわち基本的に疑ってかかるべきとした点に意味がある。しかも、判決は、供述者が実際に暗示を受けたか否かではなく、暗示の影響を示す状況の存在により、信用性に疑いが生じるとした。当然とはいえ、最高裁が「疑わしきは被告人の利益に」の原則に忠実にしたがっている点は評価できよう。また、知覚法則にしたがった事実認定の必要性を最高裁は説く。これらの基準は、年少者の目撃供述の信用性が問題となる、たとえば甲山事件（大阪高判平成二・三・二三判例時報一三五四号二六頁）などにも適用されねばならない。

この信用性判断に関連して、第二審は、第一審でのA子の「被害の時点で被告人に気づいていた」との供述と同旨の第二審での供述を信用性肯定の主要根拠とする。だが、第一審無罪は、この供述の否定的判断によっており、第二審で被害者を尋問したとはいえ、第二審判断は第一審の自由心証に安易に介入したものといえよう。しかも、前述のように、高裁のB供述信用性判断は強引・こじつけ、不自然以外の何ものでもない。この第二審判決全体にいえることは、第二審がよりよい事実認定に役立たず、むしろ第一審を悪化させた事実である。最高裁の結論はすでに第一審に示されており、本件には控訴審の役割・検察官上訴の問題点が象徴的に現れている。主要な争点となった一つにでも疑いがあれば無罪となるにもかかわらず、控訴審はすべてに疑いはないとした。ここには予断と偏見に基づく、結論を先取りした、いわゆる「心証のなだれ現象」を看取できよう。

自白（供述）の信用性判断について、最高裁は内容が極めて詳細かつ具体的でもそれだけで信用性は認められないとする。ここに一つの供述分析の基準が示されている。ここには、被害者などから知り得た情報をもとにした捜査官による被疑者取調べの現実がある。よかれあしかれ、自白が捜査官と被疑者とによるこのような共同創作作業とするなら、被害者などの供述と一致し、秘密の暴露があって当然で、不一致・欠落のある場合、信用性は減少する。供述評価の際には、捜査、取調べの現実を視野に充分いれる必要があろう。

最高裁判決のもつ意味は、諸基準の確認、本件高裁の事実認定（さらに、たとえば、自白調書記載の不充分さの、「一般的に、被疑者は種々の思惑から必ずしも犯行の全容を余さず供述するものとは限らない」、すなわち被疑者＝犯罪者を前提にした、安易な正当化）への批判だけではない。さらにまた、単独面通しの問題も含め、各供述間の食い違いなどについての裏づけ捜査の欠落、必要性の指摘にもある。このように、無罪判決において捜査の問題点を裁判所が指摘するケースが最近めだつ。たとえば、同じく強制わいせつ事件で、被害者と目撃証人の供述が問題になり、第一審有罪、第二審無罪となった、いわゆる星野事件（名古屋高金沢支判平成三・三・二六、判例タイムズ七八六号二六〇頁）がある。被害者供述について、原判決（金沢地判平成二・三・二七、未登載）が、その内容を具体的かつ詳細などとして、信用性を認めたのに対し、控訴審は、犯行場所や態様に関する供述内容自体の自然さ・合理性、関係証拠や客観的状況との整合性、変遷・齟齬・欠落やそれらの理由を検討し、信用性を否定した。その際、被害者が述べた被害状況（核心的部分）や被告人の弁解を無視した捜査方法・事件処理を、控訴審は、軽視できない矛盾、不手際、粗漏と指摘する。捜査の中心課題であった実況見分は信じがたいぐらい杜撰かつ的外れで、実況見分の目的がなんであったか尋ねたくなると嘆じ、痛烈に批判、これらは信用性に影響を及ぼすとする。ここに浮かび上がるのは、個性を喪失し、ルーティン・ワークとして定型化された犯罪捜査であり、裁判所の批判もここにある、といってよい。このような捜査状況は、これを容認してきた裁判所の従来の姿勢にも責任がある。だが、これを修正し、裁判所が捜査機関チェックという果たすべき役割へと歩を踏み出したと評価できる。捜査の適正化により、刑事手続から無辜の早期救済を図るべきである。だが、このような捜査批判・問題点指摘の徹底には、これを信用性という個別的評価に関係させるだけではなく、類型的な捜査手続問題として証拠能力のレベルにまで高める必要がある。たとえば、本件板橋強制わいせつ事件において、バセドウ氏病に罹患していた被告人がこれまで服用していた薬を逮捕後禁じられ、取調べ・自白させられた点、すなわち自白の任意性の問題に、裁判所の批判は向けられるべきであった。

以上、本件無罪判決の意義を探ってきた。ここには供述・自白を含めてその信用性判断の際、従うべき幾つかの諸基準が示されている。しかし、ただ一つの判決に示された判断基準は決して網羅的ではない。今後の課題は、現実とその変革を考慮にいれた、裁判例を通じての供述信用性評価のための諸基準集積・類型化であり、めざすは、無罪の推定を基調とした、捜査・証拠評価の適正化である。

・永山忠彦「ある日突然に！」大野正男・渡部保夫編『刑事裁判の光と陰』（有斐閣、一九八九年）、飯室勝彦『青年はなぜ逮捕されたか』（三一書房、一九九〇年）、渡部保夫「板橋強制わいせつ事件上告審判決」判例時報一三五五号（判例評論三八〇号）二三一頁（判例時報社、一九九〇年）（この評釈は渡部保夫『無罪の発見』〔勁草書房、一九九二年〕に所収されている。）

第三節　ある第一審無罪・控訴審破棄差戻し事件の考察

一　はじめに

本稿で取り扱うのは、三名の被告人（X、Y、Z）に係る爆発物取締罰則違反被告事件である。事件の概要は項を改めて以下で述べるが、事件の経緯は概略つぎのとおり。第一審は三名とも実行正犯との間で共謀したことについて合理的疑いをいれない程度の証明がないとして東京地方裁判所において平成一六年三月二五日に無罪判決が下された。これに対し検察官が控訴を申立て、第二審の東京高等裁判所が下した平成一八年五月一九日の判決は、第一審判決には取調べるべき証拠を取調べなかった審理不尽があるとして、東京地方裁判所に破棄差戻した。この判決に対する被告人らの上告申立てに対し平成一九年一〇月一六日に上告棄却決定（第一小法廷）が下された。差戻審である東京地方裁判所は、平成二二年六月二日、被告人三名に対して有罪を言渡している。[1]本稿は、最初の第一審での無罪判決（以下「第一審判決」という）と控訴審破棄差戻判決（以下「控訴審判決」という）を採り上げ、両者に現れた事実認定について、とりわけ間接事実による立証との関連で、考察を加えるものである。[2]

以下では、まず事件の概要として、公訴事実さらには事実認定をめぐる両判決それぞれの具体的な内容を示し、次に両者を比較対照しつつ、ここから浮かび上がる問題点を検討してみたい。

二　事件の概要

1　公訴事実の要旨

本件各公訴事実の要旨は、被告人三名が、ほか多数の者（検察官は、原審第一回公判期日において、「ほか多数の者」とは、Fほか氏名不詳の者である旨釈明した）と共謀の上、治安を妨げ、かつ、人の身体・財産を害する目的をもって、

(1)　昭和六一年四月一五日午後八時三八分ころ、東京都武蔵村山市残堀のR所有の敷地内において、同所に駐車中の小型貨物自動車後部荷台に設置した時限式発射装置五本に装てんした金属製砲弾五個を、東京都福生市大字福生二三七〇番地所在の在日米空軍横田基地方面に向けて順次発射し、そのころ、そのうち一個を同基地内に着弾爆発させ、

(2)　同年五月四日午後四時二〇分ころ、東京都新宿区矢来町のコーポM四〇一号室において、同室に設置した時限式発射装置五本に装てんした金属製砲弾五個を、東京都港区元赤坂二丁目一番一号所在の迎賓館方面に向けて順次発射し、そのころ、同区赤坂七丁目三番三八号先道路等五箇所に着弾爆発させ、もって、それぞれ爆発物を使用した、というものである（以下、(1)を「横田基地事件」、(2)を「迎賓館事件」、両事件を指して「本件両事件」という）。

2　検察官主張の証拠構造

各公訴事実に関し、検察官は、第一審第一回公判期日から一貫して、被告人三名に実行正犯としての罪責を問うものではなく、共謀共同正犯としての罪責を問うとした上、論告において、多数の共犯者間における共謀は、長期間にわたる複数回の、複数の場所における謀議から構成されているものと認められ、その個々の共謀の日時、場所、参加者、謀議の具体的内容等は不明ではあるものの、被告人三名は、本件両事件で使用された金属製砲弾の弾頭部に装着されていた信管の開発・製造及び弾胴部への炸薬の装てんという、本件両事件遂行にとって不可欠な役割を

分担することによって関与したものであり、実行為者との共謀の存在は優に認定できると主張した。その証拠構造については、被告人らの自白あるいは共犯者らの供述等公訴事実全体を直接証明する証拠は存在しないが、①本件両事件の各発射現場では各種の発射装置等が押収され、各着弾地点においては砲弾の破片等が押収され、これらが鑑定の資料や実況見分の対象物とされ、本件両事件の客観的事実関係がある程度明らかになっていること、②本件両事件後に岩手アジトで押収された多数の証拠物、及びこれらを資料あるいは対象物とする鑑定や実況見分によって得られた結果等を分析検討した結果、これらの証拠物が、本件両事件で使用された信管を製造した工具類と推定されるもの、本件両事件で使用された信管と同一規格の完成信管、本件両事件で使用された信管の製造残渣物と推定されるもの、さらには本件両事件に関する多数のメモ類や書籍類であることなどが判明していること、③本件両事件の犯行予告・犯行声明等が掲載されたいわゆる中核派の機関紙「前進」、岩手アジトで被告人三名らと同居していたHの検察官調書、被告人三名が岩手アジトにおいて敢行したいわゆる鍋爆弾事件の判決書、本件の前年である昭和六〇年に発生した四件の金属製砲弾発射事件に使用されたAⅡ型砲弾及びそれらの砲弾に装着されたAⅡ型信管に関する証拠、岩手アジト押収のメモ類と被告人三名らとの結びつきを立証する筆跡鑑定に関する証拠があること、などを挙げ、これらの証拠は、単体である間接事実を証明するにとどまらず、他の証拠と相互に関連して別個の間接事実を証明し、複数の間接事実が他の間接事実を証明し、これらの複合によって、本件各公訴事実が立証されるという構造となっていると主張した。

3　第一審東京地方裁判所平成一六年三月二五日無罪判決の理由

これに対し、本件東京地方裁判所平成一六年三月二五日判決（「第一審判決」）は、本件各爆発物使用事犯が発生したこと自体については、疑いを入れる余地なく認定できるとしたが、岩手アジト押収のメモ類は、いずれもそれぞれのメモの存在・形状、ないし岩手アジトにこれらのメモがあったこと及びその内容を立証事項とする非供述証拠として取調べられたものであるから、これらのメモ自体を、各メモに記載された事柄が実際に存在したという立証に直ちに用いることが許容されるとはいい難いうえ、仮に、このような内容のメモの存在自体によって、その記載者らの一定の行為が推認されるという根拠として、これらのメモを用いるとしても、被告人らが本件金属製砲弾の信管の開発・製造、炸薬の装てんを行ったという事実を認定するには、本件全証拠を総合してもなお合理的疑いを入れる余地があることは否定しがたく、結局、被告人ら三名が本件各爆発物使用事犯に関し、実行正犯との間で共謀したことについて合理的疑いを入れない程度の証明がないことに帰するとして、被告人三名に対し無罪を言渡した。

被告人三名が本件金属製砲弾の信管の開発・製造、炸薬の装てんを行ったという事実を認定するには、なお合理的疑いを入れる余地があるとの結論に至った論拠として掲げる主要なものは、① 岩手アジト押収物件は、昭和六一年八月の同アジト開設以前には、他の場所に保管されていたのであって、このことは、保管の場所のみならず、保管主体についても岩手アジトと異なっていた可能性を生じさせること、② 岩手アジト押収のメモ類が、AⅢ型砲弾の開発が行われていた時点で被告人らによって作成されたオリジナルなものないしはそれと同時に作成されたカーボンコピーに当たるとまで一概に断定することはできないこと、すなわち、岩手アジトが鍋爆弾製造のための場所であったことなどに照らすと、被告人らが同アジトに持ち込んだ資料等も、基本的にその目的のために必要なものであったことが推認できるというべきであるから、被告人らが、岩手アジト開設に際して、他の保管主体が所持していたメモ類等のうち、鍋爆弾製造のために参考となるものを書き写すなどして所持するに至ったという可能性を否定するまでの証拠はないこと、③ 岩手アジトで押収されたその他の物品についても、被告人らが、岩手アジトで鍋爆弾の製造等に取りかかるに当たり、中核派内で爆発物の製造等に関わっていた他の者から、爆発物の製造等に係る火薬類や各種の用具等とともに、これらの物品等の引継ぎも受けて保管管理するに至ったなどの可能性も決して否定することができないこと、などである。

4　控訴審東京高等裁判所平成一八年五月一九日無罪破棄差戻判決の理由

この第一審判決の判断に対して東京高等裁判所平成一八年五月一九日判決（「控訴審判決」）は、被告人三名が本件金属製砲弾の信管の開発・製造、炸薬の装てんを行ったという事実を認定するには、なお合理的疑いを入れる余地があるとの結論に至った原裁判所の判断は、取調べ済みの関係各証拠の評価・価値判断を誤り、これに、検察官が請求した証拠を却下して取調べなかったという審理不尽の誤りが重なり、その結果、事実を誤認したものであり、これが判決に影響を及ぼすことは明らかであるとして、原判決を破棄し、東京地方裁判所に差戻した。

控訴審判決のその理由とするところを以下のようにまとめることができる。

（1）第一審判決の証拠評価・価値判断の誤り

(1)　岩手アジト押収物に関する評価・価値判断の誤り

(一)　本件メモ類中の被告人ら作成のメモ類の書き写しの可能性について

「本件メモ類のうち筆跡鑑定により被告人三名のいずれかの筆跡によると認められるものは、いずれも、単に書き写されたものなどではなく、カーボン用紙を用いて複写したカーボンコピーの場合を含め、それぞれその作成者により、その報告、記録等をした当時、その報告、記録等のために、オリジナルに作成されたものと優に認めることができる。原判決が、被告人らが、岩手アジト開設に際して、他の保管主体が所持していたメモ類等のうち、鍋爆弾製造のために参考となるものを書き写すなどして所持するに至ったという可能性を否定するまでの証拠はないと説示しているところは、到底肯認することができない」とした。

(二)　本件メモ類を除く岩手アジト押収物の保管管理関係について

「原判決は、被告人ら作成のメモ類の書き写しやA段ボール箱及びその在中品の引継ぎの可能性なるものが、現実にあるかのように誤認し、被告人ら作成のメモ類並びにA段ボール箱及びその在中品の証拠としての価値を十分に評価せず、被告人三名が、本件両事件に関し、信管の開発・製造及び弾胴部への炸薬の装てんという行為を行ったとは認められないと即断したものであって、その証拠の評価・判断に誤りがある」とした。

(三)　F関係証拠［Fが本件両事件に関与したことを示す証拠］の評価・価値判断の誤りについて

「F関係証拠は、本件両事件に関し、被告人らとFらとの間に共謀関係があったことを推認させる重要な情況証拠であるのに（また、先に述べた、F作成のメモと被告人Y作成のメモとの内容的関連性等から、被告人ら作成のメモ類が他のメモを基に書き写されたものであるなどという可能性を否定し、被告人ら作成のメモ類の作成時期や作成目的を明らかにする証拠でもある。）、原判決は、F関係証拠から認められる事実関係は、被告人らの共謀関係の成否に関する結論を左右するものではないとの誤った判断の下、F関係証拠について判断を示す必要がないとして、それを事実認定の用に供しようとしなかったもので、その判断に誤りがあるといわざるを得ない」とした。

(2)　第一審判決のその他の証拠評価・価値判断の誤り

被告人三名が本件両事件当時一つの班を構成していたことについて

「遅くとも昭和六〇年秋ころ以降、被告人三名が、中核派革命軍において、被告人Xをキャップ（長）とする一つの班を構成していたことを認定することができ、これを認定しなかった原判決は、Hの検察官調書を始めとする上記各証拠の評価・判断を誤ったものといわざるを得ない」とした。

(3)　第一審判決に証拠評価・価値判断の誤りがあるとの結論

控訴審は次のように結論づけている。すなわち、「中核派の上層部への報告文書のカーボンコピーと認められるものは、その作成者である被告人Yが、そこに記載された内容の認識、意図、計画、決意を有していたことを立証するために、内心の状態を示す供述として、その内容を立証に用いることが許容されるし、あるいは、共謀者間の共謀の成立過程を示す供述としても、その内容を立証に用いることが許されるというべきであって、このような立証が伝聞法則の適用により排除されるものとはいえない。これに加えて、上記報告に関係する作業手順や実験の観察結果等を記載したメモ（被告人X、同Y及びFの筆跡であることが明らかとなっている。）あるいは参考図書・文献（その中には、被告人らの指紋が付着したものが存する。）、さらには以上の内容に沿う物品（完成信管等、作製過程で生じた残渣物、工具等）も、被告人らが岩手アジトにおいて保管していたことなどをも併せると、被告人らがそのメモに記載された内容の作業や実験を行ったこと、そしてその結果等を、共謀の一環として中核派の上層部へ報告したことなどを推認することができるというべきである。そうすると、最終的には、被告人らが本件金属製砲弾の信管の開発・製造及び弾胴部への炸薬の装てんに携わったこと、並びに被告人らが本件両事件につき、実行正犯らとの間で共謀を遂げたことを推認することができるのである」と。

(2)　審理不尽の誤り

控訴裁判所は、第一審判決の審理不尽の誤りを、① 金沢アジト関係証拠にかかる審理不尽と② 樫原アジト関係証拠及び関之沢林道関係証拠にかかる審理不尽に分けて論じている。二つの審理不尽の誤りの趣旨をまとめると、第一審裁判所が、検察官による金沢アジト関係証拠並びに樫原アジト関係証拠及び関之沢林道関係証拠の請求をすべて却下し、「検察官主張の被告人らが本件金属製砲弾の信管の開発・製造及び弾胴部への炸薬の装てんを行ったという事実を認定するには、本件全証拠を総合しても、なお合理的疑いを入れる余地があり、被告人ら三名が本件各爆発物使用事犯に関し、実行行為者との間で共謀したことについて合理的疑いを入れない程度の証明がないことに帰するとの結論を導き出した」点において、第一審判決には本件メモ類を含む岩手アジト押収物の証拠評価の誤りに加えて、審理不尽があるとした。

三　控訴審判決についての批判的検討

本稿の結論は、これを先取りして述べるならば、控訴審は破棄差戻しではなく、第一審無罪判決を維持すべきであった、ということである。そこで以下では、控訴審判決が第一審判決に誤りがあるとした項目にしたがって、第一審判決と控訴審判決の事実認定をめぐり個別具体的にその判断内容を比較検討し、両者からうかがえる問題点を浮かび上がらせ、この結論に至った理由を呈示してみたい。

1　第一審判決に証拠評価・価値判断の誤りがあるとの判示について

(1)　岩手アジト押収物に関する評価・価値判断の誤り

(一)　本件メモ類中の被告人ら作成のメモ類の書き写しの可能性について

このメモ類のオリジナル性は本件検察官の主張において中核となる間接事実である。控訴審判決は、とりわけ、水溶紙にカーボン用紙を用いて複写された、いわゆる「カーボンコピー」(「分類Ⅰ」)について、いずれも楷書体で丁寧に書かれていて、読みやすい字体でおおむね文書体で記載され、決意、進言、報告の趣旨を示す文が折り込まれている点などから、分類Ⅰのメモ類は、「原本の方を報告先に提出した控えとみるのが自然であり」、「その報告先は組織の上層部とみられる」とする。この点、いつ(AⅢ型砲弾の開発が行われていた時点に)これらの原本を上層部のどこの誰に提出したか証拠によって全く証明されておらず、「自然である」とか「みられる」とすることには、論理の飛躍、単なる推測に過ぎないとの非難が当てはまる。

第一審判決は、本件「メモ類自体が、まさにAⅢ型砲弾の開発が行われていた時点で作成されたオリジナルのものないしはそれと同時に作成されたカーボンコピーに当たるとまでいえるかについては、一概に断定することは出来ない」としていた。すなわち、この立証命題に対して合理的な疑い（反対事実の可能性）が残るとしている。判決理由中に掲げられたその根拠として、①各メモ類には、本件両事件自体に直接触れた記載が全く存在しないこと、②メモ類の作成時点が明らかではないこと、③鍋爆弾製造のために参考となるものを書き写すなどして所持するに至ったという可能性があること、④事後的に写しを取るときでも誤記を塗りつぶすこともあり得ること、事後的に複数の写しを取る必要があるときカーボン紙を用いることもあり得ること、などを挙げることができよう。

これに対して、控訴審判決は、たとえば③について、「決意表明や報告文言に至るまで全文を書き写すべき必要性があるとは考えられない」とする。しかし、第一審判決もいうように依然として可能性は残る。この点、控訴審判決は、たとえば一六枚にもわたる長文であることを理由として書き写しの必要性を否定するが、第一審判決もこの点を考慮した上での判断である。同様に、④について控訴審判決は、「単に抽象的な可能性をいうにすぎず、合理的判断とはいい難い」とするが、以下で述べるように、これを単に抽象的な疑いと割り切ることは疑問で、ここにも論理の飛躍がある。また、上記の疑いについて、第一審判決はそもそも「被告人三名からその旨の供述がなされたわけでもないのに、単に抽象的な可能性を取り上げているにすぎないものである」と控訴審判決は批判する。ここに至っては、控訴審判決の事実認定・合理的疑いについての理解に問題のあることが判明する。

かつて最高裁判所昭和四八・一二・一三第一小法廷判決（判例時報七二五号一〇四頁）は、「刑事裁判において『犯罪の証明がある』ということは『高度の蓋然性』が認められる場合をいうものと解される。しかし、『蓋然性』は、反対事実の存在の可能性を否定するものではないのであるから、思考上の単なる蓋然性に安住するならば、思わぬ誤判におちいる危険のあることに戒心しなければならない。したがって、右にいう『高度の蓋然性』とは、『犯罪の証明は十分』であるという確信的な判断に基づくものでなければならない」と述べる。また、この理はもっぱら情況証拠による間接事実から推論して犯罪事実を認定する場合においては、よりいっそう強調されねばならないとする。ここには、誤判を回避するため、事実認定をめぐって、心証形成過程を可能な限り適正化・可視化するための厳格なあるべきプロセスが示されているといえよう。(3) 反対事実の存在の可能性を許さないほどの確実性を志向したうえでの「犯罪の証明は十分」との判示は、蓋然性という限り反対事実存在の可能性（解釈）はどうしても残るものであり、残って当然だとしても、それを安易に切り捨てるのではなく、無罪方向の反対事実の可能性はないのか、そのような可能性を払拭できるのかと、確実性を志向し、確信的判断へと至る事実認定の手続、すなわち心証形成のプロセスが必要であることを意味する。そして、この「反対事実の可能性（疑い）」について、当事者主義の観点からは、まず弁護側が問題提起する必要がある。ただ、この最高裁が指摘した事実認定におけるプロセスは裁判所に向けられたものであり、裁判所は当事者の主張を超えて、反対事実の存在の可能性を許さないほどの確実性を志向しなければならない。また、有罪認定が確信的判断でなければならないとするならば、判断者が反対事実の存在（解釈）の可能性があるとまず考えたすべての点について、このプロセスを経る必要があり、それに「合理性」があるか、それが単にいわゆる「抽象的な疑い」にとどまるかはその結果といえる。第一審判決が、本件メモ類の存在・形状自体からオリジナルな方は報告用に使用し、コピーの方だけを手元に残したとの嫌疑をもっていたこと（蓋然性肯定）は、判示からもうかがえ、先に見た①から④等の疑問（反対事実の可能性）をあわせて考慮した上でこの間接事実の存在につき確信的判断に最終的に至らなかったものともいえよう。この観点からは、主要事実だけでなく、個々の間接事実の認定に関しても、判決の理由中に必ずしも記載されていない（あるいはできない）様々な要素も考慮をしたうえで、口頭主義・直接主義に基づく審理の中で、第一審裁判所に、一点でも疑いが残り、最終的に確信的判断に至らなかったとするならば、書面審査を基本とする事後審である控訴審は自ら心証形成し、この証明なし無罪の判断に安易に容喙すべきではない(4)。本件のような、第一審判決が証明なし無罪であった場合には、特に留意すべき点である。

第一審判決では、この中核となる間接事実（本件メモ類のオリジナル性）否定が無罪の主たる論拠となっている。第一審判決は、「これらのメモ類を鍋爆弾製造のための資料として被告人らが岩手アジトで所持していたという右の事情や、これらのメモ類の形状自体等にも照らすとき、本件で現に押収されているメモ類自体が、まさに右AⅢ型砲弾の開発が行われていた時点で作成されたオリジナルのものないしはそれと同時に作成されたカーボンコピーに当たるとまでいえるかについては、そのように一概に断定することはできないと考えるほかはない」と述べる。これは、いずれにせよメモ類のオリジナル性を否定するものであるが、この点につき、証拠である本件メモ類から情況証拠（間接事実）としてその存在・形状自体を認定するとしても、この認定された間接事実には反対解釈の可能性があり、そもそも要証事実（メモ類のオリジナル性）への推認力が弱く、要証事実認定のための間接事実とすることができないと第一審判決は判断したと考えることも可能である。前出最高裁判所昭和四八・一二・一三判決は、「被告人が争わない間接事実をそのままうけいれるとしても、証明力が薄いかまたは十分でない情況証拠を量的に積み重ねるだけであって、それによって証明力が質的に増大するものではない」とする。これは、直接証拠による事実認定であれ間接事実によるものであれ、最終的な総合評価に、存在自体に疑いの残る、あるいはたとえ存在自体は肯定できても証明力（推認力）の弱い、すなわち反対事実の存在（解釈）の可能性がある間接事実を加えてはならないことを意味し、これは「個々の情況証拠が持つ多方面の証明力の中から、有罪認定に都合のよい可能性を持つ一面を選りだして、これらを重畳的に重ね合せ（る）」（東京高裁平成一〇・七・一判決高刑集五一巻二号一二九頁）というわゆる「心証のなだれ現象」を回避するためのものである。(5)

刑事手続において「疑わしきは被告人の利益に」の原則からすれば犯罪事実（主要事実・間接事実）の挙証責任は検察官にあり、合理的疑いを超える証明が必要である。第一審判決は、たとえば、メモのオリジナル性への一定の蓋然性がひとまず認められるとしても、その間接事実（メモ類の形状等）には反対事実の存在あるいは解釈の可能性があり、確信的判断に至ることはできないとして、メモのオリジナル性という間接事実を認めず、最終的に無罪判決へと至ったもので、「疑わしきは被告人の利益に」の原則に極めて忠実であったといえよう。(6) これに対して、控訴審判決は、以下でもみるように、第一審判決が様々に考慮した上で確信的判断がもてないとした反対事実（解釈）の可能性のある間接事実をめぐって、有罪認定に都合のよい可能性をもつ一面だけを再度もちだし、心証を形成し、破棄判決へと至ったものといえる。これは、前述した事後審としての控訴審の性格にも反するし、証明力の弱い間接事実を積み重ねてのもので、この事実認定の推断の過程は合理性を欠くといわざるを得ない。

以上、「メモ類のオリジナル性」という一つの間接事実の認定をめぐり、メモ類の書き写しの可能性（反対事実存在・解釈の可能性）があるかについて検討してきた。この「メモ類のオリジナル性」の肯定が、控訴審での破棄判決のすべての前提になっているといっても過言ではない。また、控訴審判決では上述したような間接事実に対する問題のある態度が多々みられ、いわゆる「心証のなだれ現象」を起こしている。以下では、その具体例の幾つかを、控訴審判決の項目にしたがって、検討する。

(二)　本件メモ類を除く岩手アジト押収物の保管管理関係について

第一審判決は、これらの押収物全部について、「被告人らが岩手アジトに入居する以前に保管管理していたことをうかがわせる事情があるとは、本件全証拠に照らしても認定することができず、……中核派内で爆発物の製造等に関わっていた他の者から、爆発物の製造等に係る火薬類や各種の用具等とともに、これらの物品等の引継ぎもうけて保管管理するに至ったなどの可能性も決して否定することができない」とした。ここでも、第一審判決が、「本件全証拠に照らしても」という限りにおいて、「反対事実の存在の可能性を許さないほどの確実性を志向した」うえで、最終的に引継ぎもうけて保管管理するに至った可能性を排除できず、押収物全部の岩手アジトに入居する以前からの保管管理という間接事実には疑いが残り確信的判断に至らなかったのであり、この判断は尊重されるべきである。

また、控訴審判決は、「本件メモ類のうちの被告人ら作成のメモ類と関係する信管及び炸薬の開発・製造等に関わる物品が、多数、A段ボール箱に在中するなどして、岩手アジトから押収されたこと、A段ボール箱の在中品をリストアップしたと解されるリストのうち、カーボンコピー部分は、被告人Xの作成に係るものであり、少なくともこの被告人X作成部分は、岩手アジト開設前に作成されたものと認められることなどに照らすと」、「A段ボール箱及びその在中品は元々被告人Xらが保管管理していたものが(岩手アジト搬入前に、組織内の他の者らによって現実に保管等されていたことがあったにせよ)、岩手アジト開設に伴って同所に搬入されたと認め得るのであり、この認定を妨げる事情は何らうかがえない」と結論づける。しかし、これは本件メモ類のオリジナル性を前提にするものであり、前述のように前提にすることは決してできない。また、このカーボンコピー部分を岩手アジト開設前に作成されたとするが、これは単なる推測である。たとえ開設前としてもこの作成時期がいつか厳密に証拠によって確定されない限り、これらの物品等の引継ぎをうけて保管管理するに至ったとの反対事実存在・解釈の可能性は残る。

㈢　F関係証拠［Fが本件両事件に関与したことを示す証拠］の評価・価値判断の誤りについて

控訴審判決は、「各情況証拠によれば、Fが、本件両事件に関して、発射薬室の設計、開発や発射薬である黒色火薬の製造に携わったことが強く推認される」とした上で、F作成のメモにはMS実験に関する記載があり、被告人YのメモにMS実験に関連すると解される記載、決意表明があることから、「各情況証拠によれば、MS実験が行われ、Fが同実験に関与したこと、さらに、被告人らにその実験結果が伝えられ、被告人Yが、これを踏まえて、実戦品であるMS型信管を製造する決意を中核派の上層部に対し、表明・報告したことが強く推認される」と述べ、さらに、この「F関係証拠は、本件両事件に関し、被告人らとFらとの間に共謀関係があったことを推認させる重要な情況証拠である（また、先に述べた、F作成のメモと被告人Y作成のメモとの内容的関連性等から、被告人ら作成のメモ類が他のメモを基に書き写されたものであるなどという可能性を否定し、被告人ら作成のメモ類の作成時期や作成目的を明らかにする証拠でもある。）」と結論づける。この点に関しても、たとえばY作成のメモがF作成のメモに対応し、内容的関連性があるからといっても、先に指摘したように、決意を上層部に対して、表明・報告したとしてメモ類のオリジナル性を認めるのは証拠に基づかない推認である。さらに、両者のメモの時期的な関連性が明確にならない限り、共謀関係の認定にも合理的疑いが依然残っている。さらにいえば、Y作成メモとF作成メモとの対応関係から、被告人ら三名とFとの間に共謀関係があったとするのも、結論を先取りした論理の飛躍である。

⑵　第一審判決のその他の証拠評価・価値判断の誤り

被告人三名が本件両事件当時一つの班を構成していたことについて

被告人三名が昭和六〇年の秋ころには既に一つの班を構成していたとの間接事実は、被告人らが岩手アジト押収物品を本件犯行当時から保管管理していたことを支えるものとして、検察官から主張されている。

(a)　この点をめぐり、昭和六〇年の秋口から暮れに被告人三名に会ったHの検察官面前調書における「被告人らはお互いにずいぶん親しげな口ぶりで話をしており、被告人Xが被告人Yと同Zに対して『おい』などという呼びかけの言葉を使っていたことから、三人が同じ班で被告人Xがキャップなのではなかろうかと思った」旨の供述について、第一審判決は、この供述は体験した事実自体というよりは、同人のいわば判断ないし印象を述べたものにすぎないことが明らかであるし、被告人ら三名が一緒にかなり親しげに話しているところが一度目撃されたからといって直ちに被告人ら三名が一つの班を構成していたとすることにはいささか飛躍がありすぎるといわざるを得ず、結局のところ、相当に主観的な印象にすぎないといわざるを得ないところがあるとした。これに対して、控訴審判決は、「中核派内部の非公然活動である『軍』活動を行う中で経験した事柄を供述する上記H供述を、相当に主観的な印象にすぎないと評価するのは相当ではない」とする。ここで問題となる間接事実はたとえ認められても、第一審判決も述べるように、直ちに本件犯行当時から被告人らが岩手アジト押収物品を管理していたと断定できるものではなく、推認力は弱く、その活動に直接結びつくものではない。推認力の弱い間接事実はこれまで述べてきたように、たとえ認定できても事実認定の資料からは排除すべきである。また、いずれにしても主観的な印象にすぎないことには変わりなく、この判断においては書面中の供述とはいえ口頭主義・直接主義のもと証拠全体との関係で判断をした、第一審を尊重すべきである。また、もしこれが昨今の裁判員制度下での否定的な判断であったならば、果たして控訴審はこのような理由で認定を変えるのか、問うてみる必要があろう。(7)

(b)　NNR、IS及びMAの三名から構成されるNNR班の六月から八月までの月ごとの活動費の収支報告書とみられる三枚が、本件メモ類のうちにあり、これらは被告人Xにより作成されたものとされる。このメモを、検察官は被告人三名が事件当時一つの班を構成していたとの間接事実を推認するものとして主張する。これに対して、第一審判決は、「野々村」というペンネームを用い「NNR」と略称していたX以外の二人の略称に法則性があるとはいい難いこと、それぞれのペンネーム（野々村、岩下、松井）の使用は昭和六一年七月以降とのH供述があり、このメモが昭和六一年のものであるとしても、同年六月及びそれより前に被告人らがこれらの名前を用いていたとの裏付けがないこと、そもそもこのメモ自体、本件両事件の時期である同年四月一五日及び五月四日の時期を含め、六月より前にこの班が存在していたと認める根拠になるものではないこと、「くりこし」の記載もあるが、この記載があるからといって、このNNR班が五月にも存在していたとする根拠が不十分なこと等を挙げて、被告人三名が事件当時一つの班を構成していたとの間接事実肯定の根拠とはならないとする。これに対して控訴審判決は、「NNRは被告人Xが昭和六一年七月以降使っていたペンネーム野々村の略称、被告人Yと同Zのそのころのペンネームは、それぞれ岩下と松井で、その略称は、岩下はIWSあるいはIS、松井はMA、MATあるいはMAIになると認められること」、「『NNR班六月会計』は、枠及び費目の部分のみならず、各人のコード名（「NNR」、「IS」、「MA」）もカーボンコピーである上、収入の部に『くりこし』の項目があり、金額の記載もなされていることは、被告人らが前月である昭和六一年五月以前に既に一つの班を構成して活動していたことを推認させるものである」とした。

一見して、控訴審判決は自ら心証を形成し、その結論のみをただ述べるだけで、第一審判決の疑問には応えてはいないことが判明する。その上、「NNRは被告人Xが昭和六一年七月以降使っていたペンネーム野々村の略称」との表現と「NNR班六月会計」との表現は、そのメモの作成年月日が判明しない限り、明らかに矛盾している。被告人YとZについては、「その頃」のペンネームとして曖昧にしている。控訴審判決は、これらのメモがカーボンコピーであることから、本件金属製砲弾の開発・製造中に中核派の上層部への報告のための文書と関連づけようとするものであるが、この点に疑問のあることは前述したとおりである。さらに、「くりこし」についても、昭和六一年五月以前に既に一つの班を構成して活動していたことを推認させると、十分な理由なしに、結論づけた。しかし、第一審は「くりこし」の意味内容がはっきりしないとして、NNR班の五月以前、事件当時の存在を認めなかった。これを解明することなしに第一審判断を否定した控訴審判決は、事後審たる控訴審としての審査方法にもとるものであり、第一審判決に応えたことにならないであろう。控訴審判決は、多義的に解釈可能な、反対事実の可能性のあるこれら三名のメモの有罪認定に都合のよい一面を選択したのであり、推認力といっても、ごく限られたものであろう。否、先に指摘した最高裁判所昭和四八年一二月一三日判決に則していうならば、疑問点を解明することもなく、証明力の薄いかまたは十分でない情況証拠に存在意義を認めるべきではなかった。

(c)　押収された書籍から被告人らの指紋が検出されたことについて、第一審判決は、岩手アジト入居後は被告人らがこれらの物件を管理していたのであるから、被告人らが岩手アジト入居以前から一班を構成して活動していた情況証拠にはならないとする。これに対して、控訴審判決は、前出の報告文書の控えとみられるカーボンコピー（メモ）の記載内容や書籍への書き込みの状況などから、そのメモを作成するに当たり複数の岩手アジト押収書籍を参照し、引用したと考えられ、「各書籍を参照するなどした際に付着したとみるのが自然である」とし、「この指紋検出は、被告人三名が本件両事件当時、一班を構成して活動していたことの情況証拠となるものである」とする。控訴審判決の前提は、本件メモ類のオリジナル性である。しかし、前述したとおりこの点には合理的疑いが残るのであり、指紋がこれらの書籍にいつ付いたかが判明しない限り、第一審判決指摘の解釈の可能性も当然に残っている。

(d)　以上から、控訴審判決は、「遅くとも昭和六〇年秋ころ以降、被告人三名が、中核派革命軍において、被告人Xをキャップ（長）とする一つの班を構成していたことを認定することができ、これを認定しなかった原判決は、H

の検察官調書を始めとする上記各証拠の評価・判断を誤ったものといわざるを得ない」とした。しかし、これまでにみてきたように、各証拠の評価・判断を誤っているのは控訴審判決である。

(3)　第一審判決に証拠評価・価値判断の誤りがあるとの結論

控訴審判決は、この点について、「結局、被告人三名が本件各爆発物使用事犯に関し、実行正犯との間で共謀したことについて合理的疑いを入れない程度の証明がないことに帰するとの結論に至った論拠として掲げるところは、いずれも肯認することができない」とした。控訴審判決が、第一審判決の証拠の評価・価値判断の誤りを肯定する根拠は、第一に、本件メモ類のオリジナル性の肯定にある。しかし、内心状態を示す供述が伝聞証拠か非伝聞証拠であるかの問題はひとまずおくとしても、前述したように本件メモ類のオリジナル性には合理的な疑いが残る。控訴審判決はさらに、中核派の組織構造からして、カーボンコピーの原本が報告文書として組織上層部に送られたと推認する。だが、前述したように、組織上層部が具体的にどのようなものかも解明されず、この原本がどこからも発見されていない中で、被告人らが中核派であることを理由としてこれを認めることは、間接事実として推認力の全くない事実を不当に評価するものである。結局は、証拠ではなく予断と偏見に基づく根拠のない一面的な推認で、第一審判決がいうように、相当の飛躍がある。この本件メモ類のオリジナル性、組織上層部への報告文書であることが認定できることを根拠として、控訴審判決は第一審判決の証拠評価・価値判断の誤りを肯定するが、これまで縷々述べてきたように、これを認めることは決して許されない。第一審判決は、「疑わしきは被告人の利益に」の原則に忠実にしたがって、被告人ら三名が本件金属製砲弾の信管の開発・製造、炸薬の装てんを行ったことを合理的な疑いを入れない程度に証明されているものとは認められないとして、合理的疑いを認めるもので、ここに誤りはない。

2　第一審判決に審理不尽があるとの判示について

控訴裁判所が指摘した第一審判決の審理不尽の誤りには、① 金沢アジト関係証拠にかかる審理不尽と② 橿原アジト関係証拠及び関之沢林道関係証拠にかかる審理不尽がある。これらの点をめぐる控訴審判決による第一審判決には審理不尽の誤りがあるとの判断に関して、事後審としての控訴審とすれば、まずなぜ第一審が「必要なし」として却下したか検討してしかるべきであった。また、控訴審判決によると、①②の検討を、「検察官の原審における意見（平成一一年二月二三日付け「橿原アジト、関之沢林道及び金沢アジト関係証拠の立証に関する意見書」等）及び当審における証拠請求の内容」にしたがって行い、実際にこれらの関係証拠を取調べているわけではない。しかし、これらの関係証拠に証拠能力や証明力があるかどうか不明であるにもかかわらず、これらを前提にして評価・判断することにより、①については、「被告人ら」がとか、「事実が認められる可能性が高く」とか、断定的に「重要な間接事実の一つとなる」、「情況証拠の一つとして証拠価値を有することは明らか」などといったり、また②についても、「原本が被告人Yらによって中核派の上層部に提出されたこと、そして、それが、中核派内部における本件両事件に関する謀議、意思連絡の手段であったことがより一層明確になる」とか「本件両事件に関し、中核派内における多数の者の関与による組織的共謀の存在を推認させる重要な間接事実に当たる」などと断定的に述べている。このような推認や可能性の程度についての違いさらには重要性の判断といった、事実認定をめぐり積極的に一義的な結論を導くことがなぜできるのか。ここには、控訴審判決が認める間接事実を当然の前提とすることに問題があるとともに、「第一審判決に証拠評価・価値判断の誤りがあるとの判示について」において言及したように、まさに証拠に基づかない予断と偏見による結論先取り的で一面的な推測が存在する。しかもこれは証拠裁判主義にも反する。このような意味において、第一審には審理不尽の誤りがあるとの控訴審判決の結論を支持することはできない。

四　まとめ

以上、本件第一審判決と控訴審判決とを比較し、そこから浮かび上がる事実認定をめぐる問題点を検討してきた。この詳細は、「三　控訴審判決についての批判的検討」に示したので、ここでは繰り返さない。ただ、両者の比較の中で今一度強調しておきたいのは、次の点である。すなわち、第一審判決は、最高裁判所昭和四八年一二月一三日判決が示した判旨のとおり、「反対事実の存在（解釈）の可能性」を探り、その過程において様々な「疑い」が残り、最終的に「犯罪の証明は十分」であるという確信的な判断をもてないとして、刑事裁判の鉄則である「疑わしきは被告人の利益に」の原則に忠実にしたがって、証明なし無罪とした。とりわけ証明なし無罪に対する検察官控訴について、学説の中には憲法三九条「二重の危険の禁止」に反するとの違憲論も根強く存在する。(8) この点はひとまずおくとしても、証明なし無罪に対する控訴は、第一審が直接主義・口頭主義による審理の中であらゆる観点を総合して確信的判断をもつことができず無罪としたにもかかわらず、書面のみによる新たな心証形成を控訴審に許容するに等しい結果へと至る。しかし、これは、第一審に採用した直接主義・口頭主義の原則に明らかに反し、第一審以上のよりよい事実認定につながるものでは決してなく、事後審としての控訴審の性格にも反する。こうして、控訴審判決は、第一審が合理的疑いを差し挟んだ「反対事実の存在（解釈）の可能性」のある様々な間接事実について、本件メモ類のオリジナル性・組織上部への報告文書性の肯定を梃子にして、有罪認定に都合のよい可能性をもつ一面だけを再度もちだし、これらを重畳的に重ね合せて、独自に心証を形成し、破棄判決へと至ったものである。これは、前出最高裁判所昭和四八・一二・一三判決などが回避しようとする、いわゆる「心証のなだれ現象」を引き起こしていることを意味する。このような観点からも、控訴審の本件破棄差戻し判決を決して認めるわけにはいかない。第一審無罪判決は控訴審判決においても維持され、検察官の控訴は棄却されるべきであった。

（1）本件第一審の事件番号は、東京地方裁判所昭和六二年合（わ）第二二八号、同第二四七号、控訴審、最高裁判所のそれは、それぞれ東京高等裁判所平成一六年（う）第一六七三号（高等裁判所刑事裁判速報集（平一八）一二六頁）、最高裁判所平成一八年（あ）第一四〇一号である。また、差戻審の事件番号は東京地方裁判所平成一九年合（わ）第五三九号である。本稿は、本件弁護人より意見を求められ差戻審に提出した意見書をもとに、従来からの事実認定、情況証拠、控訴審をめぐる私の主張との関連で、必要最小限の註釈などを加えた。なお、差戻第一審での有罪判決に対し、被告人三名は即日控訴している。

（2）第一審では、事実認定が問題になると共に、爆発物取締罰則の違憲性、すなわちその罪刑法定主義違反、不明確性さ、刑罰の不均衡などについても弁護人側から主張されたが、いずれも排斥された。これらについても、論ずべき点があると考えるが、本稿では、もっぱら両判決からうかがえる事実認定をめぐる問題点について考察する。

（3）この点をめぐって、（本件最高裁棄却決定と同じ日、同一部により出された）最高裁判所平成一九年（あ）第三九八号同年一九・一〇・一六第一小法廷決定（刑集六一巻七号六七七頁）は、「合理的な疑いを差し挟む余地がないというのは、反対事実が存在する疑いを全く残さない場合をいうものではなく、抽象的な可能性としては反対事実が存在するとの疑いをいれる余地があっても、健全な社会常識に照らして、その疑いに合理性がないと一般的に判断される場合には有罪認定を可能とする趣旨である」とする。長坂町放火事件最高裁昭和四八年判決との関係において、「抽象的な可能性としては反対事実が存在するとの疑いをいれる余地がある」とする点では同様で、認定プロセスの重要性についての言及はないものの、両者は矛盾するものではない。もっとも、この平成一九年決定は、「健全な社会常識に照らして」これを判断するとした点に新規性がある。この点、裁判員制度が導入され、その意義が「裁判内容に国民の健全な社会常識を一層反映させるため」のものであるとするなら、事実認定の主体として個々の裁判官や裁判員を措定する限り、「健全な社会常識」をこれらの判断者が一般的に当然に有していることを前提とすべきである。そして、事実審理・評議のなかで前述の事実認定・心証形成のプロセスを経た上で、個々の判断主体に個人的に疑いが残り、有罪の確信（確信的判断）がもてないなら、その「疑い」を「合理的な疑い」と考えるべきである。本決定について、たとえば、木谷明「有罪認定に必要とされる立証の程度としての『合理的な疑いを差し挟む余地がない』の意義」平成一九年度重要判例解説（二〇〇八年）二一一頁以下参照。なお、いわゆる大阪母子殺害事件（最高裁判所平成一九年（あ）第八〇号殺人、現住建造物等放火被告事件）をめぐる最高裁判所平成二二・四・二七第三小法廷判決は、原判決（死刑）及び第一審判決（無期懲役）を破棄し、地方裁判所に差戻した。このなかで、最高裁は、とりわけ情況証拠によって事実認定をすべき場合、「被告人が犯人でないとしたならば合理的に説明することができない（あるいは、少なくとも説明が極めて困難である）事実関係」が存在するか否かという観点から審理が尽くされ、情況証拠によって認められる間接事実中にこの事実関係が含まれることを要するとした。平成一九年決定とこの平成一九年決定を引用する平成二二年判決は事実認定をめぐり「反対事実の存在の可能性を許さないほどの確実性を志向する」という厳格なプロセスを要求する前述の最高裁昭和四八年判決と同一線上にあるといえよう。さらに、情況証拠による事実認定において、結果として「合理的な疑いを差し挟む余地がない」というためには上述の「事実関係」の存在を（少なくとも）必要とし、最高裁はここにも厳格さを求めている。「合理的疑い」とは何かについて、より詳細具体的に示しており、この点評価することができる。

（4）私は、このような観点から、第一審「証明なし」無罪に対して控訴はそもそも許されないとの主張を行っている（平田元「上訴審による自由心証主義のコントロール」九大法学五二号（一九八六年）四五頁以下［本書第一章第一節］）。この問題は、控訴審の構造をどう捉えるか、第一審自由心証主義との関係で「事実誤認」をどう捉えるかに関わっている。この点をめぐっては、後藤昭「自由心証主義・直接主義と刑事控訴——平田元氏の論文を契機として——」千葉大学法学論集二巻二号（一九八八年）二一頁以下、田宮裕『刑事訴訟法［新版］』（有斐閣、一九九六年）四八六頁以下、光藤景皎『刑事証拠法の新展開』（成文堂、二〇〇一年）一九〇頁以下なども参照。

（5）情況証拠をめぐる事実認定について、平田元「救済の観点からみた証明論」刑法雑誌三九巻二号（二〇〇〇年）三二九頁以下［本書第三章第一節］、平田元「間接事実の立証——刑法学会における議論から」季刊刑事弁護二七号（二〇〇一年）三五頁以下［本書第三章第二節］参照。さらに「心証のなだれ現象」については、たとえば、秋山賢三「『なだれ現象』と証拠構造論」庭山英雄先生古稀祝賀記念論文集『民衆司法と刑事法学』（現代人文社、一九九九年）三一三頁以下参照。

（6）この点に関連して、木谷明『刑事裁判の心［新版］——事実認定適正化の方策』（法律文化社、二〇〇四年）vi頁以下参照。

（7）控訴審での審査のあり方と裁判員制度をめぐって、裁判員制度が導入され、第一審で直接主義が徹底されたとき、事実誤認に関して、控訴審で心証形成を行わない事後審制による限定的な控訴制度が可能となるとの考え方がある。この点について、たとえば後藤昭「裁判員制度に伴う上訴の構想」一橋法学第二巻一号（二〇〇三年）三頁以下、司法研修所編『裁判員裁判における第一審の判決書及び控訴審の在り方』（二〇〇九年）九二頁以下など参照。本稿の立場は、市民が刑事裁判に参加する裁判員制度あるいは陪審員制度が採られるか否かに関わらず、口頭主義・直接主義が採用され自由心証主義のもと「疑わしきは被告人の利益に」の原則にしたがって事実認定が行われるべきである限り、註（4）で示したように事実認定に関する控訴審は当然に制限される、というものである。この点に関連して、平田元「イギリスにおける刑事陪審と上訴制度——『内在的疑い（lurking doubt)』を中心に――」竹澤哲夫先生古稀祝賀記念論文集『誤判の防止と救済』（現代人文社、一九九八年）四五五頁以下〔本書第二章第一節〕も参照。

（8）たとえば、熊本典道「検察官控訴」警察研究四二巻七号（一九七一年）四九頁（熊本典道『刑事訴訟法論集』〔信山社、一九八九年〕に所収）、石川才顕『刑事訴訟法講義』（日本評論社、一九七四年）三三五頁、中野目善則「検察官上訴と二重の危険」比較法雑誌一七巻一号（一九八三年）四九頁、渥美東洋『全訂刑事訴訟法』（有斐閣、二〇〇六年）四〇八頁、白取祐司『刑事訴訟法〔第五版〕』（日本評論社、二〇〇八年）四四三頁、田口守一『刑事訴訟法〔第五版〕』（弘文堂、二〇〇九年）四三四頁などがある。

むすび

補論　刑事訴訟における片面的構成

一　これまで本書において刑事訴訟における事実認定と上訴の問題を検討し、とりわけ、第一審によりよい事実認定のために採用した自由心証主義・口頭主義・公開主義・「疑わしきは被告人の利益に」の原則から導かれる事実認定（心証形成）の片面的性格・事実認定の一回性の原則により上訴には自ずと限界があり、第一審証明なし無罪に対しては上訴が不可能であることを中心に論じ、刑事訴訟における片面的構成を試みた(1)。

すなわち、第一審有罪事実認定には客観的蓋然性だけではなく主観的確信を必要とし、第一審で最終的に主観的確信が生じなかった証明なし無罪に対しては上訴できず、事実認定をめぐる上訴は第一審有罪認定に対してのみ可能で、事実誤認に関して上訴審では客観的蓋然性の有無についての審査を行う(2)、上述の原則・主義に基づく第一審における有罪方向での心証形成のみが固有の事実認定であると主張した。この最終的には主観的なものとならざるを得ない裁判官の判断をよりよく保証するために、第一審に自由心証主義・口頭主義・公開主義の諸原則を採用している。「この生き生きとした口頭主義・直接主義は、二度目に繰り返すときは、死んだものになってしまう(3)」なら、第一審に採用された諸原則・主義、そこから導かれる固有の事実認定に相応しい上訴審を構成すべきで、これらの原則・主義を採らない上訴審を、第一審とは無関係に全く政策的に構成（解釈）することはできない[4]。

以下では、これまでの論述を前提に、証明なし無罪に対して上訴ができないとの結論を導く主張と証明なし無罪に対しても上訴を認める通説（肯定説）とはどのような違いがあるのかに焦点を当てて若干の検討を加え、むすびにかえたい。

この証明なし無罪に対して上訴ができないとの結論に対する否定的な評価として政策的な価値判断があり得る。第一審のみで真実の発見を諦めるわけにはいかない、との考慮である。すなわち、有罪・無罪いずれの事実認定についても上訴審での審査が可能でなければならないと。これに、この上訴ができないとの主張は、現行の刑訴法の規定とは異なるとの理由を付け加えることもできよう。

二　ところで、野間禮二教授は、「合理的疑いを超える証明」をめぐって、次のように述べる。「『犯罪の証明』があるとは、主観的には『確信』であるが、客観的には『合理的な疑いを超える証明』『真実の高度な蓋然性』である」、「『合理的な疑いを超える証明』があるといえる場合とは、とりもなおさず『確信』に達した場合である」、「証明の程度としては前者と後者は同一レベルのものである[5]」と。光藤景皎教授はこの主張に同意見であるとされ[6]、後藤昭教授も「第一審でも控訴審でも、事実問題の判断は、『合理的疑いを超える（有罪の）証明』の有無の基準に従って行われるべき[7]」と一元的基準によることを主張する。

もっとも、この三者すべては一元的基準に帰結するものの、「主観的確信」をめぐる対応には違いがあると思われる。後藤教授が主観的確信を事実認定の要素として認めないのに対し、野間教授は、「『確信』とは裁判官が当該被告事件が有罪であることに間違いないという心証を抱くことをいい……裁判官としての良心に従って信じることである」[8]として、主観的確信を事実認定の要素として認めている。「確信」と「合理的疑いを超える証明」とは、主観と客観という別の基準・概念であって区別して考えなければならないとしつつ、前述のように「両者は同一レベルのものであり、いずれから考察しても『犯罪の証明』の有無についての結論は常に同一でなければならない」[9]とする。両者を同一レベルで結論も同一とすることによって、一元的基準による場合と同様に、いずれにしても「合理的疑いを超える証明」の存否といういわば客観的な基準によって控訴審において事後審査が可能となる。[10]

だがしかし、「いずれから考察しても『犯罪の証明』の有無についての結論は常に同一でなければならない」との主張に関して、主観的確信は「当該裁判官が良心に従って全人格的総合判断すること」[11]であり、他方で合理的な疑いを超える証明を「客観的にみて当該裁判官に確信を抱かせるだけの証明がなされていると評価できる場合でなければならない」[12]とするとき、ここには齟齬が生じるのではないか。「客観的にみて」確信を抱かせるとは、第三者的にみてということであろう。裁判に直接臨んだ当該裁判官の自由心証主義による主体的全人格的な判断と通常人(第三者)のそれとでは結論が相違することは当然に生じうる。「結論は常に同一でなければならない」をめぐり、同一であるべきで多くの事例においては一致するであろうし好ましいが、同一裁判官とはいえ両者は判断基準が異なり、結論が相違する場合もありうる。[13][14]

「なければならない」との当為と現実の違いを考慮にいれて理論構成すべきである。この点に関連して、長島敦元最高裁判事は、かつて、事実認定が裁判官の主体的な全人格的証明であることを強調し、有罪認定に客観的な「合理的疑いを超える証明」だけではなく、内的(主観的)確信を要求された。[15]同様に、野間教授も、確信を事実認定の要素とし全人格的な総合判断であることをひとまず肯定する。しかし、事実認定に二つの要素を認めつつ、前述のとおり「結論は常に同一でなければならない」とすることは、結局は「主観的確信」を擬制することにより、一元的基準へとつながる。「合理的疑いを超える証明」という一元的基準は、その存否を通常人（第三者）の視点から客観的に判断するということを意味する。第三者の立場に立った判断を主体的・全人格的判断とは呼べないであろう。これは自由心証主義に反し、有罪認定の他律的強制を意味する。[16] 裁判・事実認定が裁判官（判断者）の良心に基づく全人格的判断であることを弱めるとともに、当該判断者の責任の契機は極めて希薄となる。[17]「主観的確信」を有罪認定の要素とするかどうかは、この点をどう考えるかにもかかっている。死刑をも含む刑罰権の前提となる有罪事実認定の重大さを考慮するとき、主体的、全人格な証明であることが求められ、「合理的疑いを超える証明」があるとは、客観的蓋然性に加えて訴因の内容は間違いないという判断（主観的確信）もその要素として必要である。[18]

また、異なる裁判官の間でも、事実認定において主観的な要素が大きな位置を現実に占めている。木谷明元裁判官は、「合理的疑いを超える証明」をめぐる「合理的疑い」の有無（「合理」・「不合理」）の判断について、その範囲をできるだけ狭く解釈しようとする裁判官とそれをやや広めに取ろうとする裁判官がおり、それは社会秩序維持に軸足を置くか無辜の不処罰を重視するかにより異なる、と指摘された。[19]「合理的疑い」の有無、すなわち有罪と無罪の判断の違いは、訴訟観を含む、「事実認定者の素質・能力、歩んできた歴史・経験などによって異なりうる」。[20] これは、「合理的疑いを超える証明」有罪・無罪の最終的判断に判断者の個別的な主観的要素が抜きがたく結びついていることを示している。「合理的疑いを超える証明」の一要素として主観的確信を位置付けることができよう。

もっとも、木谷元裁判官は、この「合理的な疑い」に関するブレは上訴によって是正すべきとする。[21] 一方で無辜の不処罰を重視し、他方で裁判官の主観的・主体的な判断によって有罪・無罪（「合理的疑いを超える証明」）の結論が異なることを認めるなら、[22] 権利としての「迅速な裁判」も含めその結論（利益）は無罪判決を受けた被告人が享受すべきではないか。当該裁判官に判断を委ねた国家はその結論を甘受すべきである。[23]

三　さらに、以上の叙述と関連するが、「主観的確信」の要求は、事実認識の構造をめぐり、ある言明が正しい（真実）かどうかは「判断主体の確信と認識客体との一致にある」[24]との、より本質的な前提からも導かれよう。刑事訴訟における事実認定においても、検察官の主張である訴因（言明）について、それが認められるか否かの判断（認識）には、立証のため提出された判断の根拠（客体）である証拠とそれを認識・判断する主観（主体）が必要で[25]、この主観（的確信）は事実の認識に不可欠な要素である[26]。現行刑事訴訟法三一七条が「事実の認定は、証拠による」とし、刑訴法三一八条が「自由な判断による」とし自由心証主義を採用することは、このことを意味している。

自説の「有罪事実の認定に客観的蓋然性に加えて主観的確信が必要」との主張に対する批判として、「『合理的疑いを超える証明』の有無というのは、立証責任の程度に関する基準である。立証責任の程度に関する基準は、裁判官ないし陪審が、事実の認定に迷ったときのための基準である。にも拘らず、この基準の外になお確信の有無という基準を要求するならば、裁判官ないし陪審は、判断停止に陥ることを避けられない」[27]がある。しかしながら、上述した事実認定（認識）の構造を踏まえるならば、犯罪の証明、すなわち「合理的疑いを超える証明」がある（事実を認識する）とは、判断対象である証拠に経験則・論理則を適用して導かれる一般人の立場からの判断である客観的蓋然性を根拠にして、判断主体がそれが間違いないとの主観的確信をもつことを意味する[28]。つまり「合理的疑いを超える証明」には「客観的蓋然性」と「主観的確信」の二つが含まれることとなる。

主観性を強調するものでは決してないが、いずれにしても、全人格的判断である事実認定から判断主体の主観性を抜くことはできず、刑事訴訟においてはこの主観性をよりよく保証するために口頭主義・公開主義を第一審に導入している。客観的基準のみによって判断するならば口頭主義・直接主義ではなく、むしろそれは書面主義により親しむものである。証明なし無罪判決に対して上訴ができないことは、事実認定の主体が職業裁判官か陪審かによるのではなく、上述の諸原則・主義採用下での事実認定の性格によるもの、といってよい。すなわち、イギリスにおける刑事上訴の考察からもうかがえるように、陪審による無罪評決には上訴はできないが有罪評決には可能で、それは「誤った評決（wrong verdict）」として破棄されうる。上訴審の性格は陪審評決の不可侵性・絶対性によるものではなく、この事実認定の性格によって基底されている。[29]

四 以上のように事実認定の性格、「合理的疑いを超える証明」を捉えるとき、第一審の有罪認定に内的（主観的）確信も要求しつつ、その心証が得られなかった無罪判決にも上訴・破棄を認める長島説[30]に対するの批判、すなわち「第一審においては『合理的疑いを超える証明』があっても内的確信が形成されなければ無罪としてもよいと言うのであれば、何故控訴審において『合理的疑いを超える証明』があると認められたというだけの理由で、無罪判決が破棄されるのであろうか」、審査する控訴審の立場からして困難が生じるとのいわゆる「基準区別説」への批判は、[31]証明なし無罪に上訴を認めない私見に対しては妥当しない。[32]

（1） 本書での片面的構成の主張に対する批判として、後藤昭「自由心証主義・直接主義と刑事控訴――平田元氏の論文を契機として――」千葉大学法学論集二巻二号（一九八八年）二二頁、光藤景皎『刑事証拠法の新展開』（成文堂、二〇〇一年）一九〇頁、田宮裕『刑事訴訟法〔新版〕』（有斐閣、一九九六年）四八七頁、河上和雄他編『大コンメンタール刑事訴訟法（第二版）九巻』（青林書院、二〇一一年）二六二頁（原田國男執筆）などがある。これらの批判への対応として、平田元「控訴審における破棄自判・有罪の問題」光藤景皎編『事実誤認と救済』（成文堂、一九九七年）一三五頁〔本書一一三頁〕註（8）、平田元「控訴審・上訴審論の展望」村井敏邦他編『刑事司法改革と刑事訴訟法（下巻）』（日本評論社、二〇〇七年）九四五頁〔本書二二八頁〕以下がある。さらに片面的構成に言及する論稿として、石井一正『刑事控訴審の理論と実務』（判例タイムズ社、二〇一〇年）四二〇頁（石井一正『刑事訴訟の諸問題』〔判例タイムズ社、二〇一四年〕に所収）、樋上慎二「事実誤認における合理性審査――最高裁平成二四年二月一三日判決を踏まえて――」刑事法ジャーナル三六号（二〇一三年）八二頁など参照。

その他、本書にかかわる批判として、「間接事実の立証」をめぐる第三章での、個々の間接事実の認定にも「疑わしきは被告人の利益に」の原則の適用があるとともに、総合評価に参加する資格として間接事実に「合理的疑いを超える証明」と単なる可能性を超える一定の推認力が必要との主張に対する、間接事実に「利益原則」は適用されず、その証明と推認力は総合評価の中で判断されてよいとする、光藤景皎「間接証拠論（四）」名城ロースクール・レビュー七号（二〇〇七年）九七頁以下がある。個々の間接事実の証明力は、間接事実存在の確実性の程度とその推認力の程度との相関関係によって生じる。平田元「刑事訴訟における片面的構成の理論的基礎」横山晃一郎先生追悼論文集『市民社会と刑事法の交錯』（成文堂、一九九七年）二〇〇頁［本書九九頁］註（11）参照。さらに、総合評価においては個々の間接事実の相関関係による相乗作用によって補強し合い最終的にその証明力は判断される。とするならば、総合評価には、その存在と推認力について質の高い間接事実が要求されよう。判例も認めるように、個々の間接事実の証明は「高度に確実で、合理的な疑いを容れない程度に達していなければならない」（最二小判昭和四五・七・三一刑集二四巻八号五九七頁。さらに最三小判平成二二・四・二七刑集六四巻三号二三三頁参照）だけではなく、個々の間接事実の相互作用による証明力の質的増加のためには、総合評価に参加する存在の認められた個々の間接事実には要証事実（主要事実）と密接に関連する、すなわち可能性を超える一定の推認力が必要である（平田元「救済の観点からみた証明論」刑法雑誌三九巻二号（二〇〇〇年）一三五頁［本書一六九頁］以下参照）。ちなみに、前述の最三小判平成二二・四・二七は、「情況証拠によって認められる間接事実中に、被告人が犯人でないとしたならば合理的に説明することができない（あるいは、少なくとも説明が極めて困難である）事実関係が含まれていることを要する」と判示し、この中で藤田宙靖裁判官の補足意見は、「個別に見れば証明力の薄い幾つかの間接証拠の積み重ねの上に」被告人を犯人とする「総合判断」の危険性を指摘している。以上の論点について、豊崎七絵「間接事実の証明・レベルと推認の規制――情況証拠による刑事事実認定論（二）」村井敏邦先生古稀記念論文集『人権の刑事法学』（日本評論社、二〇一一年）七〇一頁以下、豊崎七絵「最高裁判例に観る情況証拠論――情況証拠による刑事事実認定論（三）」法政研究七八巻三号（二〇一一年）七〇九頁以下参照。

（2）この点を捉えて、自説は事実誤認に関する判断をめぐる「基準区別説」と呼ばれている。田宮『刑事訴訟法〔新版〕』四八七頁、光藤『刑事証拠法の新展開』一九三頁、河上他編『大コンメンタール刑事訴訟法（第二版）九巻』二六三頁（原田執筆）参照。他に、後述の長島の主張（長島敦「自由心証主義と挙証責任の諸問題」法律実務講座刑事編九巻〔有斐閣、一九五六年〕二一〇九頁、長島敦『刑事司法をめぐる学理と実務』〔成文堂、一九九〇年〕に所収）も「基準区別説」として位置付けられている。

（3）平野龍一『裁判と上訴』（有斐閣、一九八二年）一四五頁。

（4）平田元「上訴審による自由心証主義コントロール」九大法学五二号（一九八六年）一〇〇頁［本書六二頁］註（20）参照。
（5）野間禮二「犯罪の証明――確信と合理的疑いを超える証明――」判例タイムズ八八八号（一九九五年）四頁、一八頁。
（6）光藤景皎『刑事証拠法の新展開』（成文堂、二〇〇一年）二〇四頁。
（7）後藤昭「自由心証主義・直接主義と刑事控訴」四六頁。樋上慎二「事実誤認における合理性審査」八四頁註（14）の「判断者の主観的確信については、合理的確信として客観的蓋然性と渾然一体のものと理解でき」るとの主張も、一元的基準に立つことを意味しよう。
（8）野間「前掲」八頁。
（9）野間「前掲」一一頁。
（10）野間禮二『刑事訴訟における現代的課題』（判例タイムズ社、一九九四年）二二四頁、野間「前掲」八頁、一五頁。
（11）野間「前掲」一五頁。
（12）野間「前掲」一四頁。さらに野間「前掲」一〇頁以下も参照。
（13）長島「自由心証主義と挙証責任の諸問題」二〇九八頁。「合理的疑を超える場合には、……当該裁判官に内面的必然性をもつ確信が生ずるのが通例であろう」とする。「通例」に対し例外があることが示されている。
（14）かつて団藤重光博士は、最高裁判事として、合理的疑いを超える程度の心証は十分にとれるが、絶対に間違いがないかというと「一抹の不安」がどうしても拭いきれない死刑事件にぶつかった、と述べられた（団藤『死刑廃止論［第六版］』［有斐閣、二〇〇〇年］八頁以下）。「合理的疑い」がないとして死刑判決を維持せざるをえなかったこの事件を一つの契機として団藤博士は死刑廃止論へと向われた。団藤博士の死刑廃止論について、内田博文「団藤刑事法学と死刑廃止論について」庭山英雄先生古稀祝賀記念論文集『民衆司法と刑事法学』（現代人文社、一九九九年）三八七頁がある。厳密には、第一審における事実認定・自由心証主義の問題ではないが、ここには刑事裁判における主体的・全人格的判断と「合理的疑いを超える証明」の問題が象徴的に現れているといえよう。また、前述した「結論は常に同一でなければならない」をめぐり、上告審での書面審理においてもこのような分裂が生じるとすれば、自由心証主義・口頭主義・直接主義を採用する第一審ではなおさらであろう。
（15）長島「自由心証主義と挙証責任の諸問題」二〇九四頁以下。また、「刑事裁判における証明は……歴史的証明としての、主体的、人格的確信・証明である」ともされる（長島「自由心証主義と挙証責任の諸問題」二〇八六頁以下。
（16）この考え方は、「法律上の推定」について「義務的・強制的推定」が推定事実の認定を義務づけるのは自由心証主義の趣旨にもとるとし、「許容的・可能的推定」と理解すべきとの主張と軌を一にするものといえよう。平野龍一『裁判と上訴』七四頁以下、三井誠『刑事手続法Ⅲ』（有斐閣、二〇〇四年）六九頁、光藤景皎『刑事訴訟法Ⅱ』（成文堂、二〇一三年）一二〇頁以下参照。

(17) 平田元「控訴審における破棄自判・有罪の問題」一三五頁〔本書一一三頁〕註（8）参照。

(18) 光藤教授はこの点につき、学説の中に主観的確信を要求するものがあるが、それは高度の蓋然性で満足することのないようにとの、一種の裁判教育的な考えである（光藤景皎『刑事証拠法の新展開』二〇三頁）とされる。しかし本文で指摘した理由から と考えるべきである。

(19) 木谷明『刑事裁判の心〔新版〕――事実認定適正化の方策』（法律文化社、二〇〇四年）vi頁。

(20) 石井一正「ブック・レビュー　木谷明著『刑事裁判の心――事実認定適正化の方策』」判例タイムズ一一四四号（二〇〇四年）四四頁、木谷明『事実認定の適正化――続・刑事裁判の心』（法律文化社、二〇〇五年）一八頁。平田元「事実認定の理論と裁判実務――自白の注意則研究を中心に――」法律時報七七巻一一号（二〇〇五年）二七頁〔本書一九四頁〕参照。

(21) 木谷『事実認定の適正化』一九頁以下。

(22) 木谷『刑事裁判の心〔新版〕』vi頁。

(23) この点は、「合理的疑い」を必ずしも積極的な無罪証拠によって裏付けられる必要がなく、判断者によって異なりうる「説明のできるような疑い」として捉えても（後藤「自由心証主義・直接主義と刑事控訴」三一頁以下）、同様であろう。

(24) 平田元「上訴審による自由心証主義コントロール」六二頁〔本書二〇頁〕。宗岡嗣郎・平田元「事実と真実――刑事訴訟における『了解』の意義について――」法の理論22（二〇〇三年）一二五頁以下参照。

(25) 長島「自由心証主義と挙証責任の諸問題」二〇九四頁参照。

(26) 平田「上訴審による自由心証主義コントロール」一〇一頁〔本書六三頁〕註（28）参照。事実認定（認識）において判断主体の主観性を考慮せざるを得ない。この主観性を最一小判昭和四八・一二・一三判例時報七二五号一〇四頁は、「『犯罪の証明は十分』であるという確信的判断」という表現によって認めているといえよう。

(27) 後藤「前掲」三〇頁。さらに、光藤『刑事証拠法の新展開』一九三頁、後藤昭『刑事控訴立法史の研究』（成文堂、一九八七年）三〇九頁参照。この批判は、客観的な「合理的疑いを超える証明」だけではなく「内的（主観的）確信」を有罪認定に要求する長島説にも当然に向けられている。この批判への自説からの言及として、平田「控訴審における破棄自判・有罪の問題」一三五頁〔本書一一四頁〕註（12）参照。

(28) 平田「控訴審における破棄自判・有罪の問題」一三五頁［本書一一三頁］註(8)参照。村井敏邦教授も、「確信する程度に心証が達した場合に、はじめて『合理的な疑いを超えた』有罪証明がされたということになる」とする（村井「刑事裁判における証明基準の憲法的基礎」杉原泰雄教授退官記念論文集『主権と自由の現代的課題』（勁草書房、一九九四年）三二四頁）。平野龍一博士も「道徳的な確実さ」(moral certainty) すなわち、裁判官が、良心に従って、まちがいないと信じたときが「合理的疑いをいれない程度」としている（平野龍一『刑事訴訟法』（有斐閣、一九五八年）一八九頁）。

(29) この点について、平田元「イギリスにおける刑事陪審と上訴制度――『内在的疑い (lurking doubt)』を中心に――」竹澤哲夫先生古稀祝賀記念論文集『誤判の防止と救済』（現代人文社、一九九八年）四五五頁［本書第二章第一節］、平田元「イギリスにおける『二重の危険』論議をめぐって――最近の法律委員会報告書を中心に――」『光藤景皎先生古稀祝賀論文集下巻』（成文堂、二〇〇一年）七五三頁［本書一五九頁］以下参照。

(30) 長島「自由心証主義と挙証責任の諸問題」二一〇九頁以下。

(31) 後藤『前掲書』三〇八頁、後藤「前掲」二八頁、光藤『前掲書』二〇三頁。

(32) 刑事訴訟、とりわけ裁判員制度導入下での控訴審のあり方をめぐり、片面的尊重論・片面的構成を批判するものとして、石井一正『刑事控訴審の理論と実務』四二〇頁以下がある。ところで、控訴審の性格について、最一小判平成二四・二・一三日刑集六六巻四号四八二頁は、控訴審の性格を事後審とし、一般論として次のように述べる。「第一審において、直接主義・口頭主義の原則が採られ、争点に関する証人を直接調べ、その際の証言態度等も踏まえて供述の信用性が判断され、それらを総合して事実認定が行われることが予定されていることに鑑みると、控訴審における事実誤認の審査は、第一審判決が行った証拠の信用性評価や証拠の総合判断が論理則、経験則等に照らして不合理といえるかという観点から行うべきものであって、刑訴法三八二条の事実誤認とは、第一審判決の事実認定が論理則、経験則等に照らして不合理であることをいうものと解するのが相当である。したがって、控訴審が第一審判決に事実誤認があるというためには、第一審判決の事実認定が論理則、経験則等に照らして不合理であることを具体的に示すことが必要であるというべきである。このことは、裁判員制度の導入を契機として、第一審において直接主義・口頭主義が徹底された状況においては、より強く妥当する」と。本書の立場からは、「証明なし無罪」に対する控訴の許容を容認することは決してできないが、第一審での直接主義・口頭主義を根拠とする控訴審の性格付け、事実誤認の意義への言及は一定の評価をすることができよう。最高裁は、裁判員制度導入下においてこのことはより強く妥当するとも述べる。しかし、この根拠となるのは、あくまでも直接主義・口頭主義であろう。裁判員による裁判と職業裁判官によるそれとに違いはない。また、本判決の「論理則・経験則等に照らして不合理」の「等」には、帰納論的に推論することが不合理な場合、すなわち「広義の経験則違反」が含まれているといえよう（平田「上訴審による自由心証主義コントロール」一一〇頁［本書七四頁］参照）。さらに中川孝博「最一小判平二四・二・一三の意義と射程」季刊刑事弁護七一巻（二〇一二年）一三一頁も参照。

本判決の事例は第一審無罪判決に対する破棄有罪事例であった。これに対し、第一審有罪判決の場合に同じ事実誤認の審査基準（経験則・論理則等違反）が適用されるか否か、本判決の射程が問題となっている。第一審有罪判決の場合、その破棄は緩やかに認めるべき、控訴審の心証を優先すべきとの主張（心証形成説）がある。この判例の射程に含まれるかどうかは別として、これらの主張は控訴審を片面的に構成することを目論む。しかし、口頭主義・直接主義を採らない事後審である控訴審において心証形成を認め、それを優先させるわけにはいかない。控訴審を被告人救済のための制度として純化するためには、「証明なし無罪」判決に対する上訴を否定するしかない。これらの点をめぐって、後藤昭「刑訴法三八二条にいう事実誤認の意義とその判示方法」平成二四年度重要判例解説（二〇一三年）一八七頁、原田國男「事実誤認の意義――最高裁平成二四年二月一三日判決を契機として――」刑事法ジャーナル三三号（二〇一二年）三七頁、中川孝博「最一小判平二四・二・一三の意義と射程」季刊刑事弁護七一巻（二〇一二年）一二九頁、井戸俊一「刑事控訴審における事実誤認の審査方法について」判例タイムズ一三五九号（二〇一二年）六三頁等参照。

平　田　　元（ひらた　はじめ）

1954年　広島県福山市に生まれる
1977年　愛媛大学法文学部卒業
1979年　九州大学大学院法学研究科修士課程修了
1982年　九州大学大学院法学研究科博士後期課程単位取得満期退学（九州大学法学部助手を経て）
1988年　三重大学人文学部講師
1989年　三重大学人文学部助教授
1995年　三重大学人文学部教授
2003年　熊本大学法学部教授
2004年　熊本大学大学院法曹養成研究科教授（現在に至る）

主要業績

「ドイツ誤判研究史」（九大法学 47 号、1984 年）
「上訴審による自由心証主義のコントロール」（九大法学 52 号、1986 年）
「刑事事件における供述分析について⑴⑵」（三重大学法経論叢 6 巻 1 号・9 巻 1 号、1988 年・1991 年）
「刑事手続と人権」上野達彦編著『あたらしい法学』（敬文堂、1998 年）
「一事不再理と二重の危険」庭山英雄他編『現代青林講義 刑事訴訟法［第 3 版］』（青林書院、2003 年）

など

刑事訴訟における片面的構成
――事実認定と上訴をめぐって――
熊本大学法学会叢書 15

2017年 9 月20日　初版第 1 刷発行

著　者　平　田　　元
発行者　阿　部　成　一

〒162-0041　東京都新宿区早稲田鶴巻町514番地
発行所　株式会社　成　文　堂
電話 03(3203)9201(代)
http://www.seibundoh.co.jp

製版・印刷　三報社印刷　　製本　佐抜製本

ISBN 978-4-7923-5213-4 C3032

定価（本体 5000 円＋税）

熊本大学法学会叢書